COLEÇÃO
ABERTURA
CULTURAL

Copyright © 2004 by Gertrude Himmelfarb
Tradução publicada a partir de acordo com Alfred A. Knopf, um selo do
The Knopf Doubleday Group, uma divisão da Random House, Inc.
Copyright da edição brasileira © 2011 É Realizações
Título original: *The Roads to Modernity*

Editor
Edson Manoel de Oliveira Filho

Produção editorial, capa e projeto gráfico
É Realizações Editora

Preparação de texto
Heloisa Beraldo

Revisão
Lucimara Carvalho e Ana Tavares

Reservados todos os direitos desta obra. Proibida toda e qualquer reprodução desta edição por qualquer meio ou forma, seja ela eletrônica ou mecânica, fotocópia, gravação ou qualquer outro meio de reprodução, sem permissão expressa do editor.

Dados Internacionais de Catalogação na Publicação (CIP)
(Câmara Brasileira do Livro, SP, Brasil)

Himmelfarb, Gertrude
   Os caminhos para a modernidade : os iluminismos britânico, francês e americano / Gertrude Himmelfarb ; tradução de Gabriel Ferreira da Silva. – São Paulo : É Realizações, 2011.

   Título original: The roads to modernity : the British, French, and American enlightenments.
   ISBN 978-85-8033-017-5

   1. Estados Unidos - Vida intelectual - Século 18. 2. Filosofia moderna - Século 18. 3. França - Vida intelectual - Século 18. 4. Grã-Bretanha - Vida intelectual - Século 18. 5. Iluminismo - Estados Unidos. 6. Iluminismo - França. 7. Iluminismo - Grã-Bretanha 8. Vida intelectual - História. I. Título.

11-03374					CDD-190.033

Índices para catálogo sistemático:
1. Iluminismo : Século 18 : Filosofia   190.033

É Realizações Editora, Livraria e Distribuidora Ltda.
Rua França Pinto, 498 · São Paulo SP · 04016-002
Telefone: (5511) 5572 5363
atendimento@erealizacoes.com.br · www.erealizacoes.com.br

Este livro foi reimpresso pela A. S. Pereira Gráfica e Editora Ltda., em outubro de 2023. Os tipos são da família Sabon Light Std e Frutiger Light. O papel do miolo é o Avena 80 g., e o da capa, cartão Ningbo C2S 250 g.

OS CAMINHOS PARA A MODERNIDADE

Os Iluminismos britânico, francês e americano

Gertrude Himmelfarb

TRADUÇÃO DE **GABRIEL FERREIRA DA SILVA**

4ª impressão

Para meu marido,
uma vez mais e para sempre.

Sumário

Prefácio à edição brasileira 7

Prefácio 15

Prólogo 19

PARTE I – O Iluminismo britânico: A sociologia da virtude 45

Capítulo 1 | "Afecções sociais" e disposições religiosas 47

Capítulo 2 | Economia política e sentimentos morais 81

Capítulo 3 | O Iluminismo de Edmund Burke 103

Capítulo 4 | Dissidentes radicais 129

Capítulo 5 | Metodismo: "Uma religião social" 157

Capítulo 6 | "A era da benevolência" 175

PARTE II – O Iluminismo francês: A ideologia da razão 195

PARTE III – O Iluminismo americano: A política da liberdade 243

Epílogo | 287

Índice remissivo 297

Prefácio à edição brasileira

O FIM DO SILÊNCIO – *POR LUIZ FELIPE PONDÉ*

O silêncio da historiadora Gertrude Himmelfarb no Brasil acabou. Finalmente teremos acesso a uma das intelectuais americanas mais importantes da atualidade, que é muito presente no debate sobre política, moral e cultura no cenário internacional.

O prazer de poder ler Himmelfarb em português começa com o lançamento desta obra seminal, *Os Caminhos para a Modernidade: Os Iluminismos Britânico, Francês e Americano*, de 2004, mas teremos em seguida, também lançados pela Editora É, dois outros livros dela, *One Nation, Two Cultures*, de 2001, e *On Looking into the Abyss: Untimely Thoughts on Culture and Society*, de 1994.

O primeiro desses dois livros, ainda esperando o lançamento no Brasil, trata do conflito cultural norte-americano desde a contracultura dos anos 1960; o segundo, publicado nos EUA ainda nos anos 1990, discute o relativismo e o niilismo como fenômenos da cultura ocidental no final do século XX (momento conhecido como "pós-modernidade"). Ambos são essenciais para compreendermos as controvérsias filosóficas (costumes, família, afetos e política) no cenário do final do século XX.

Mas a presente obra tem mais como intenção fazer uma história das ideias do que propriamente debater a cultura ou moral contemporâneas. De certa forma, o objetivo da historiadora em *Os Caminhos para a Modernidade* é explicar o movimento de ideias conhecido como Iluminismo e, com isso, iluminar a gênese da modernidade.

A princípio, nada de "original": mais um livro de história do Iluminismo e suas consequências.

Entretanto, sua hipótese de trabalho nega essa aparente falta de originalidade, principalmente para nós, no Brasil, que fomos e somos colonizados intelectualmente pelos franceses. O centro de gravidade de sua hipótese é que muito mais do que francês, o Iluminismo, que "fundou" a modernidade, foi múltiplo e, além disso, mais britânico do que parece, apesar de isso ser um pouco invisível aos nossos olhos num primeiro momento.

Para além do debate propriamente histórico acerca das raízes da modernidade, Himmelfarb faz com sua obra uma afirmação implícita de enorme desdobramento político e moral: o Iluminismo não foi na sua "totalidade" um movimento identificado com a Revolução Francesa (como costumamos pensar), mas foi em grande parte um movimento de ideias que trouxe à tona o que chamamos normalmente de "pensamento conservador", e este modo de pensar a modernização fez críticas sérias ao senso comum "revolucionário". O Iluminismo também foi "contrarrevolucionário". Estranho? Nem tanto, se estudarmos um pouco mais o labirinto de autores e temas tratados entre o Reino Unido, a França e os Estados Unidos a partir do século XVII.

Esse seu caráter um tanto inesperado para quem normalmente está acostumado a "rezar" no altar da Revolução Francesa como único símbolo da modernidade é desdobramento necessário de sua afirmação de que o Iluminismo foi plural e que nunca existiu uma homogeneidade no movimento de ideias, nem mesmo entre aquelas mais próximas.

Talvez uma das formas mais simplificadoras de compreensão do Iluminismo tenha sido a afirmação de que foi um movimento "centrado na razão". Sem entrar no mérito do que tal conceito (razão) quer dizer na história da filosofia, tomando-a como simplesmente uma espécie de faculdade da alma (no sentido de "coisa pensante"), a razão iluminista seria materialista, cientificista, antirreligiosa e contra o conhecimento aceito pelos ancestrais (ou seja, sofreria de uma neurose contra o passado). Segundo Himmelfarb, tal afirmação não somente é empobrecedora como enviesada.

A preferência pela razão como "senhora do mundo e do pensamento" foi apenas uma das faces do Iluminismo, mais especificamente a francesa (e nem mesmo na totalidade dos filósofos franceses, havendo sérias contradições entre, por exemplo, Voltaire e Rousseau, e, por outro lado, Montesquieu e o restante dos "racionalistas franceses", porque este foi mais "britânico" na sua forma de pensar do que propriamente "francês").

Esta preferência pela razão, Himmelfarb a denomina "ideologia da razão", no sentido de que o Iluminismo francês foi pouco empírico (pensava pouco na "vida como ela é") e mais pautado por um projeto de "reinvenção" do homem e da sociedade a partir do "marco zero" do pensamento, a razão. Esta "criaria do zero" noções de direitos sem considerar a natureza humana e suas contradições intrínsecas demonstradas pela história acumulada da humanidade. Outros exemplos dessa "ideologia da razão" seriam as noções de liberdade, de igualdade e de "tolerância" abstratas, sem levar em conta os limites e constrangimentos necessários ao convívio de um ser (o homem), nem sempre "racional" (graças a Deus...), e o projeto de "vida para o progresso tecnocientífico" como valor autoevidente, sem levar em conta os riscos da velha *hybris* humana, conhecida desde a Antiguidade mítica bíblica e grega.

Himmelfarb chama esta cegueira ideológica de "mantra": a repetição contínua da santidade da razão por grande parte dos iluministas franceses soa para ela como um mantra da "correta orientação da mente", como numa obsessão religiosa. Para Himmelfarb, "ser racional" não é necessariamente adotar a "ideologia da razão", mas usar a faculdade da razão para analisar de modo mais empírico o comportamento humano, sua história, suas necessidades, seus afetos e seu anseio de autonomia. Não se trata de negar o valor do Iluminismo francês, mas de "acomodá-lo" nas contradições filosóficas que tornaram possível a experiência moderna real: controversa, mas em grande medida bem-sucedida no seu intento de criar um mundo menos "supersticioso" e tirânico, e mais racional, empírico e livre.

Aliás, a autora usa três termos básicos, bastante ilustrativos, para definir sinteticamente cada uma das formas do Iluminismo: o britânico teria sido uma sociologia da moral ou dos afetos sociais (virtudes e vícios), o francês, como dito acima, uma ideologia da razão, e o americano, uma política da liberdade. Na soma dos três, fica claro o olhar da historiadora: o Iluminismo foi uma tentativa de examinar três formas básicas da experiência humana a partir do exercício livre do pensamento, a saber, a moral, o conhecimento e a política.

Os caminhos para a modernidade seriam então essas três formas de abordar a experiência humana a partir do século XVII e com isso "re-fundar" a vida em sociedade examinando conjuntos de ideias acerca das relações entre "razão e religião, liberdade e virtude, natureza e sociedade", nas palavras da própria Himmelfarb.

A erudição da autora é vertiginosa e faz de sua atividade de historiadora uma filosofia moral, social e política, muito diferente de uma história diletante (com ares pós-modernos) ou obsessiva com o sentido redentor da história (na chave hegeliano-marxista). Ler Himmelfarb nos ajuda a saber quem somos, e esta é sempre uma das marcas do grande estudioso de uma época.

Mas deixemos a autora falar com suas próprias palavras como ela entende o Iluminismo de modo sintético:

> Essas ideias transbordaram do domínio dos filósofos e homens letrados para o dos políticos e dos homens de negócios, penetrando no que os recentes historiadores chamam de mentalités do povo, e o que Alexis de Tocqueville chama de moeurs: os "hábitos do intelecto" e os "hábitos do coração" que perfazem "a totalidade do estado moral e intelectual de um povo". Em certo momento crítico na história, esses três Iluminismos representaram diferentes aproximações à

modernidade, hábitos intelectuais e emocionais alternativos de consciência e sensibilidade.[1]

Vemos assim que, sob a pena da autora, o Iluminismo deixa de ser uma obsessão contra tudo que não seja o racionalismo levado à exaustão (o mantra da razão) e assume sua verdadeira face: uma mudança de hábitos da alma, do corpo, das relações sociais e morais, enfim, das expectativas e esperanças humanas que, partindo dos homens de letras, atinge os homens de negócios e nesse movimento cria a modernidade de modo concreto.

A própria terminologia que ela usa em sua definição ilumina sua discreta preferência pelo Iluminismo britânico: hábitos do coração e do espírito (*moeurs*, no francês de Alexis de Tocqueville, um exemplo de um pensador francês que pensava como britânico), estado moral e intelectual de um povo. Mas, por sua vez, a palavra "hábito" foi criada no seu uso filosófico moderno pelo escocês David Hume (século XVIII), um cético representante do Iluminismo britânico ao contrapor o hábito à fé excessiva da razão em suas próprias conclusões – para Hume, a razão era facilmente dominada pelos afetos, daí que se fazia necessário pensar essa dominação pensando os afetos. Para um cético, hábitos são essenciais para nos mover num mundo do qual não temos grandes certezas contínuas. Assim sendo, um ceticismo de fundo com relação às possibilidades de uma razão excessivamente autoconfiante é também parte do Iluminismo, e o "espírito conservador" iluminista será fruto direto desse ceticismo com relação ao mantra do racionalismo político.

Esta terminologia (hábitos, espírito, coração, estados, afetos) remete à "atmosfera" de sua argumentação: a "sociologia da moral" da qual fala ao apresentar o Iluminismo britânico.

Afinal, o que seria pensar como "britânico"? Seria identificar as condições de possibilidade que uma sociedade tem para gerar afetos

---

[1] Prólogo, adiante, p. 15-16.

morais positivos como as virtudes ou, seu contrário, os vícios. Outra marca do Iluminismo britânico seria operar a partir de uma "fidelidade" à experiência concreta do homem e não da ideia de como deve ser um homem, mais típica dos processos ideológicos. A herança do empirismo de Locke (século XVII) ou mesmo do nominalismo de Ockham (século XIV) é evidente. Conhecer racionalmente os homens não é projetar como eles deveriam ser, mas sim observar, anotar, fazer induções a partir de comportamentos que se repetem, conhecer o passado como depositário da "verdade" do comportamento humano, com seus sucessos e seus fracassos, enfim, fazer sociologia da moral (dos hábitos, dos comportamentos, das expectativas).

Uma conclusão aparente dessa "ciência empírica da moral" é que não podemos idealizar o homem se quisermos construir uma sociedade baseada numa razão atenta ao mundo concreto. Se, por um lado, assumir que o homem seja um "pecador miserável" é reduzir suas capacidades a suas dificuldades, assumir o contrário, que o homem seja um animal de possibilidades "infinitas" de autoinvenção, é reduzir suas capacidades a seus delírios de autoimagem.

Não é muito diferente a posição do Iluminismo americano. Os pensadores americanos eram já "homens práticos" que assumiam funções de Estado e exerciam a liderança no comércio das ideias. Não havia, portanto, uma separação entre "mundo das ideias" e "mundo da ação" no Iluminismo americano. A preocupação com a liberdade no pensamento americano advém antes de tudo de uma dupla relação: de um lado, uma desconfiança das formas de controle político experimentadas na história europeia a serviço da tirania e não da ordem pública em si, e, por outro lado, uma aposta de que os homens não são "tão maus assim" se a eles é dada a possibilidade de reduzir o sofrimento em suas vidas. The "pursuit of happiness" como princípio prático cria o afeto correto para uma liberdade construtiva dentro dos limites de uma ordem que preserva as pessoas dos abusos contra esta mesma felicidade.

Por outro lado, a colônia americana foi fundada em suas origens por vítimas dos conflitos religiosos europeus, daí que os americanos sempre tiveram consciência de que liberdade não se declina do plano "natural" nem do plano ideal, mas sim do plano "artificial", isto é, criado pela lei e mantido pela lei. Uma reflexão sobre virtude e vícios não basta, a espada da lei deve estar do lado do indivíduo que busca sua felicidade (sem destruir a dos outros) em paz.

Mas se, por um lado, o Iluminismo americano tende à mesma ciência da moral que o britânico e, portanto, desconfia da "metafísica francesa" do novo homem, nem por isso os americanos aceitam facilmente uma certa reverência ao passado presente em muitos autores britânicos. Para alguns autores americanos, a "tirania do túmulo", como referência ao poder do passado sobre o presente, também é uma forma de metafísica podre. A liberdade de "escolher individualmente a cada momento do presente" a forma de viver é essencial porque liberta o homem de fantasmas do passado e de fantasmas do coletivo abstrato.

Enfim, o Iluminismo que brota da letra de Gertrude Himmelfarb é uma narrativa de aventura cujo enredo não se limita ao conhecido capítulo francês, mas que envolve uma batalha entre diferentes concepções de vida moral, racional e política, delineando o mundo em que vivemos hoje em dia, banhado em agonia e paixão.

Boa leitura.

Prefácio

Em uma das minhas primeiras coleções de ensaios, *Victorian Minds*, havia uma seção intitulada "Protovitorianos". Não "Pré-vitorianos – "proto", que, de acordo com meu dicionário, sugere não somente o primeiro em relação ao tempo, mas também o primeiro em grau ou importância. "Proto", naquela ocasião, tinha como intenção incluir Edmund Burke, Jeremy Bentham e Thomas Malthus. Outros livros meus ampliaram essa categoria para admitir Adam Smith, John Wesley, Thomas Paine e os Fundadores americanos. Fico feliz agora em trazer à tona o que esteve em segundo plano, em prestar a devida homenagem aos pensadores e movimentos do século XVIII sem os quais o XIX e, certamente, o XX e o XXI seriam impensáveis.

Após esses muitos anos, retorno ao cenário da minha juventude. Meu primeiro livro, sobre Lord Acton, trouxe-me ao coração da Inglaterra vitoriana. Mas eu cheguei a Acton através da Revolução e do Iluminismo franceses. Era esse o assunto que eu estava estudando com um dos principais conhecedores do período nos Estados Unidos, Louis Gottschalk; minha dissertação de mestrado foi sobre Rousseau e Robespierre. E foi a obra de Acton sobre a Revolução Francesa que me apresentou ao mais erudito e profundo historiador do período e, assim, à riqueza da Inglaterra vitoriana. Retorno, então, ao Iluminismo francês humildemente, por conta da riqueza de estudos que praticamente transfiguraram esse assunto na segunda metade do século passado, mas que não obscureceram os problemas que me intrigavam e que ainda são um desafio para os historiadores.

Fui impelida a retornar ao Iluminismo por dois convites: o primeiro, em agosto de 1996, para participar de um colóquio em Castel Gandolfo, presidido pelo papa; o segundo, em maio de 2001, para proferir a *Elie Kedourie Lecture* na Academia Britânica de Londres.[1] O assunto do colóquio em Roma foi "Iluminismo Hoje", e a conferência que me foi pedida foi sobre pobreza e o Iluminismo.[2] Esse aspecto do Iluminismo não havia me ocupado anteriormente – nem tampouco ocupado a maioria dos historiadores do Iluminismo – e, pesquisando-o, encontrei uma dicotomia entre os Iluminismos francês e britânico ainda maior do que eu suspeitava. Em minha posterior conferência na Academia Britânica, desenvolvi o tema dos dois Iluminismos para além do foco estreito da pobreza e em direção às questões sociais e filosóficas mais amplas que separaram os dois países. No presente livro, expandi ainda mais o tema para abarcar o Iluminismo americano, introduzindo uma terceira dimensão política ao Iluminismo – ou Iluminismos, como eu agora os penso.

Este livro é mais um ensaio interpretativo do que uma narrativa acadêmica abrangente. Entretanto, ele é baseado, assim espero, na melhor evidência acadêmica. Procuro citar extensivamente a partir das fontes (especialmente das primárias), em parte porque algumas das minhas teses contrariam os conhecimentos tradicionalmente

---

[1] Em 1993, a Academia Britânica criou um fundo em memória ao historiador e filósofo político Elie Kedourie, para a organização de uma conferência anual sobre história moderna, com ênfase nos temas ligados ao Oriente Médio e à história moderna europeia. (N. T.)

[2] A conferência em Castel Gandolfo, proferida em 10 de agosto de 1996, foi publicada na Alemanha em *Klet-Cotta Sonderdruck* (1997). A conferência na Academia Britânica, de 15 de maio de 2001, foi publicada em *Proceedings of the British Academy* (2001) sob o título "Two Enlightments: a Contrast in Social Ethics". Uma versão com várias revisões da conferência na Academia Britânica, "The Idea of Compassion: the British vs. The French Enlightment", está em *The Public Interest* (outono de 2001).

transmitidos e, portanto, necessitam de confirmação e justificativa, mas também porque os escritores contemporâneos eram notavelmente articulados e cuidadosos. Seria pecaminoso tentar parafrasear Smith, Burke, Tocqueville, os Fundadores americanos e outros que se expressaram de maneira tão vigorosa e elegante, que qualquer resumo ou reformulação só os banalizaria e vulgarizaria.

Meu respeito por esses eminentes pensadores também me fez respeitosa quanto ao seu vocabulário. Assim, eu mantive "América" onde dizemos hoje "Estados Unidos"; *A Democracia na América*, de Tocqueville, significa algo completamente diferente de *A Democracia nos Estados Unidos* (mais tarde, em 1893, James Bryce publicaria sua monumental obra sob o título *The American Commonwealth*). Assim, também o substantivo e o pronome masculino, como eram usados à época, tinham conotação geral, não de gênero sexual, sentido que seria corrompido caso fossem expressos sob a forma considerada correta atualmente.

Devido ao fato de os Iluminismos americano e francês terem me trazido a um terreno com o qual eu não estava senão relativamente familiarizada, sou grata a Alan Kors, da Universidade da Pennsylvania, pela leitura do primeiro esboço do capítulo sobre a França, e a Wilfred McClay, da Universidade do Tennessee, pela leitura do capítulo sobre a América. Ambos fizeram a leitura crítica que eu lhes havia pedido, além de fornecerem sugestões muito úteis, bem como algumas referências bibliográficas. E a ambos eu estendo a usual absolvição, que os exime da responsabilidade por minhas visões ou meus erros.

Sou grata também à Biblioteca do Congresso Americano por estender a mim não apenas seus recursos, mas também a assistência e o conselho de alguns dos membros de sua equipe, incluindo Carol Ambruster, da seção europeia, e Prosser Gifford e Lester Fogel, do Escritório de Programas Acadêmicos. O *American Enterprise Institute* facilitou o empréstimo dos livros da biblioteca, bem como dos serviços de seus colaboradores, Hans Allhoff e Erin Conroy, que, durante sucessivos anos, encontraram livros, fotocopiaram artigos e pesquisaram ocasionais referências elusivas.

Este projeto me deu o grande prazer de trabalhar uma vez mais com Ashbel Green, na Knopf. Este é o nono livro meu que ele viu ser publicado nos últimos 35 anos, o que é algo digno de nota, penso eu, nesta época de relações voláteis entre editor e autor. É particularmente conveniente que Ash seja o editor deste livro, já que um de seus antepassados fez uma breve aparição nesta história: um certo Ashbel Green serviu na Guerra da Revolução, foi capelão do Congresso e, posteriormente, foi o reitor da Faculdade de Nova Jersey (hoje Princeton), e ainda o biógrafo de um dos primeiros reitores daquela faculdade, John Witherspoon, que ajudou a trazer o Iluminismo britânico para a América.

Finalmente, agradeço ao meu marido, Irving Kristol, que leu e comentou todo o manuscrito, como fez com todos os meus livros anteriores. Muitos outros autores o homenagearam como editor ou mentor, mas nenhum outro ganhou mais com seus sábios conselhos, sua natureza bondosa e sua inabalável devoção.

Prólogo

Este livro é uma tentativa ambiciosa (mais ambiciosa do que seu tamanho aparenta) de recuperar o Iluminismo – de seus críticos que o caluniam e de seus defensores que o aclamam acriticamente; dos pós-modernos que negam sua existência e de historiadores que o menosprezam ou o depreciam; e, sobretudo, dos franceses que o dominaram e o usurparam.[1] Ao recuperar o Iluminismo, proponho-me a restituí-lo, em grande parte, aos britânicos que ajudaram a criá-lo – mas que criaram, na verdade, um iluminismo muito diferente daquele criado pelos franceses.

O estudo do Iluminismo é tradicionalmente focado na França, sobre as ideias criadas pelos *philosophes*[2] e na ampla exportação delas ao mundo. Essas ideias têm sido sempre assunto de disputa, mas nunca tanto quanto hoje, pois não é esta ou aquela ideia que se discute, mas as ideias em geral. O Iluminismo, que foi preeminentemente um movimento de ideias, é especialmente vulnerável a esse tipo de ceticismo intelectual. O "projeto iluminista", como é por vezes hostilmente denominado, é considerado obsoleto, uma ilusão ou mesmo

---

[1] Grafo "Iluminismo", com maiúscula, quando o termo se refere às escolas históricas ou aos movimentos intelectuais associados ao século XVIII, e "iluminismo" quando se trata de um contexto não histórico.

[2] Em francês, no original. Preferimos manter o termo tal qual grafado pela autora, pois se refere aos filósofos de expressão francesa do período e se esvaziaria de seu sentido caso fosse traduzido simplesmente por "filósofos". (N. T.)

desilusão da modernidade. Remete-nos a um tempo no qual termos como "razão", "natureza", "direitos", "verdade", "moralidade", "liberdade" e "progresso" podiam ser usados sem aspas e sem o sentido irônico que hoje acompanha esses conceitos "privilegiados". Ele supõe, como nos diz um escritor (em um livro apropriadamente intitulado *Enlightenment's Wake* [O Despertar do Iluminismo]), uma "emancipação e uma civilização universais", que nada mais são do que uma encarnação do "imperialismo cultural ocidental".[3] "Iluminismo", nos explica outro, "é para a pós-modernidade o que o 'Antigo Regime' foi para a Revolução Francesa (...) [Ele] simboliza o moderno contra o qual o pós-moderno se revolta".[4] Onde os *philosophes* o viam como uma liberação para enaltecer a razão acima da religião, o pós-moderno vê a razão tão tirânica e "totalizante" como a própria religião.

Outros historiadores fazem objeção não às ideias, mas à própria concepção de que o Iluminismo seja maciçamente erigido sobre ideias. Para eles, o Iluminismo foi um movimento tanto (ou mais)

---

[3] John Gray, *Enlightenment's Wake: Politics and Culture at the Close of the Modern Age*. Londres, 1995, p. VIII.

[4] Daniel Gordon (org.), introdução a *Postmodernism and the Enlightenment: New Perspectives in Eighteenth-Century French History*. Nova York, 2001, p. 1. Gordon e os outros colaboradores deste volume defendem o Iluminismo contra os pós-modernos, mas sempre na sombra da crítica pós-moderna. Atualmente, há uma literatura considerável sobre o "projeto iluminista", como é chamado (geralmente de forma pejorativa), a começar por uma das fontes desta crítica, Michel Foucault, *What Is Enlightenment*, in: Paul Rabinow (org.), *The Foucault Reader*. Nova York, Vintage, 1984. Para contribuições mais recentes a este debate, ver Keith Michael Baker e Peter Hamns Reill, *What's Left of Enlightenment? A Postmodern Question*, Stanford, Calif, 2001; Nicholas Capoldi, *The Enlightenment Project in Twentieth-Century Philosophy*, in: John C. McCarthy (org.), *Modern Enlightenment and the Rule of Reason*, Washington, D.C., 1998; James Schmidt, *What Enlightenment Project?*, in: *Political Theory* (dezembro de 2000) e o subsequente diálogo entre Christian Delacampagne e Schmidt, *Political Theory* (fevereiro de 2001). Richard Rorty faz uma distinção entre a política do Iluminismo, que ele aprova, e sua metafísica, que ele rejeita (cf. *Objectivity, Relativism and Truth: Philosophical Papers*, Cambridge, 1991, I, p. 21 e seguintes).

social do que intelectual, e pode ser mais bem entendido pelo exame dos movimentos de classes e instituições, relações sociais e forças materiais, que, na França, conspiraram para subverter o Antigo Regime e preparar o caminho para a Revolução.[5] Robert Darnton aplicou essa análise à *Encyclopédie*,[6] veículo principal dos *philosophes*, tratando-a como um fenômeno econômico e social ao examinar seu modo de produção e distribuição, os tipos de autores que dela se aproximaram e a censura que ela atraiu e da qual se afastou. Mais recentemente, Darnton desviou-se do "Alto Iluminismo", como ele o denomina, para a sua "face inferior" ou a "ralé" do Iluminismo: a literatura pornográfica, sensacionalista e os escândalos que permeavam a cultura popular da época.[7]

Este livro é, em contraste, um exercício na história das ideias. Não é apologético nem irônico ao tratar das ideias acerca da razão e da religião, da liberdade e da virtude, da natureza e da sociedade, que, de diferentes modos e níveis, deram as formas características aos Iluminismos dos três países que foram drasticamente afetados por eles: França, Grã-Bretanha e América.[8] Essas ideias transbordaram

---

[5] Uma versão sofisticada desta abordagem está em Daniel Roche, *France in the Enlightenment*. Cambridge, Harvard University Press, 1998.

[6] Em francês, no original. Refere-se à obra de D'Alembert e Diderot, de 35 volumes, cujos últimos tomos foram publicados em 1780 e para a qual também colaboraram Voltaire, Rousseau e Montesquieu. (N. T.)

[7] Há outra "face inferior" do Iluminismo: os escritos de Denis Diderot, por exemplo, que foram publicados apenas postumamente e que revelam uma personalidade e um pensador muito diferentes do *philosophe* que nos é familiar. Hoje, o autor de *O Sobrinho de Rameau* nos parece uma figura muito mais interessante, complexa e talvez mais agradável do que aquela do editor da *Encyclopédie*. Entretanto, este último é o Diderot público e que entrou para a história, o Diderot do Iluminismo.

[8] Não tratarei aqui dos Iluminismos na Itália, Alemanha, Espanha, Rússia ou em qualquer outro lugar. Excelentes e concisos relatos destes encontram-se em Roy Porter e Mikulas Teich (orgs.), *The Enlightenment in National Context*. Massachusetts, Cambridge University Press, 1981.

do domínio dos filósofos e homens letrados para o dos políticos e dos homens de negócios, penetrando no que os recentes historiadores chamam de *mentalités* do povo, e o que Alexis de Tocqueville chama de *moeurs*: os "hábitos do intelecto" e os "hábitos do coração" que perfazem "a totalidade do estado moral e intelectual de um povo".[9] Em certo momento crítico na história, esses três Iluminismos representaram diferentes aproximações à modernidade, hábitos intelectuais e emocionais alternativos de consciência e sensibilidade.

É nesse sentido que eu concebo o fenômeno conhecido como "o Iluminismo" e, por isso, proponho restituí-lo aos seus progenitores, os britânicos. Até os franceses creditaram à venerável trindade inglesa – Bacon, Locke e Newton – as ideias que inspiraram seu próprio Iluminismo. Indo mais além, dirijo minha atenção não a esses precursores do Iluminismo, como eu os vejo, mas ao século XVIII em si mesmo, desafiando, assim, os franceses no terreno, tempo e espaço de que eles se apropriaram. Foi, então, no início do século XVIII, que o Iluminismo britânico originou-se e tomou uma forma muito diferente daquela de sua contraparte continental (ou mesmo de sua própria descendência ultramarina).[10] O ponto fundamental não é meramente

---

[9] Alexis de Tocqueville, *Democracy in America*. Tradução e edição de Harvey C. Mansfield e Delba Winthrop. Chicago, Chicago University Press, 2000 (1. ed. francesa, 1835, 1840), p. 275 (vol. I, parte 2, cap. 9). O conceito de *moeurs*, diz Tocqueville, era fundamental em suas ideias, a "verdade comum", o "ponto central" o "fim de todas as minhas ideias" (p. 295).

[10] Ira O. Wade, *The Intellectual Origins of French Enlightenment*. Princeton, Princeton University Press, 1971. O autor data, nessa obra, o Iluminismo a partir do Renascimento. Em obra posterior – *The Structure and Form of French Enlightenment*, vol. I: *Esprit Philosophique*. Princeton, Princeton University Press, 1977 –, ele modifica sua opinião reconhecendo a época da morte de Luís XVI como "um ponto de viragem, ainda que não uma ruptura" (p. XII). Jonathan I. Israel, *Radical Enlightenment: Philosophy and the Making of Modernity, 1650-1750* (Oxford, 2001), também faz recuar o Iluminismo ao século XVII, dando a Espinosa um papel central. Assumo uma visão mais restrita do Iluminismo, confinando-o ao século XVIII, no qual ele emergiu não

estabelecer a prioridade cronológica do Iluminismo britânico, mas também estabelecer seu caráter único e sua importância histórica.

Trazer o Iluminismo britânico ao palco da história – isto é, ao centro do palco –, é redefinir a própria ideia de Iluminismo. Na litania de traços associados ao Iluminismo – razão, direitos, natureza, liberdade, igualdade, tolerância, ciência, progresso –, "razão" invariavelmente encabeça a lista. O que é conspicuamente ausente é "virtude". Mas foi "virtude", mais do que "razão", que teve primazia no Iluminismo britânico; não a virtude pessoal, mas as "virtudes sociais" – compaixão, benevolência, simpatia –, que, assim como acreditavam os filósofos britânicos, natural, instintiva e habitualmente unem as pessoas. Eles não negavam a razão; não eram de modo algum irracionalistas. Mas deram à razão um papel secundário, instrumental, diferente do papel primário e determinante dado a ela pelos *philosophes*. Resgatar a proeminência do Iluminismo britânico é, portanto, voltar a atenção a um tema normalmente dissociado do Iluminismo, que é a ética social explícita ou implícita em cada um desses Iluminismos.

Redefinir o Iluminismo dessa forma é também redefinir, em certo sentido, o Iluminismo britânico em si mesmo, expandindo-o de modo a incluir pensadores e agentes normalmente não identificados com ele, alguns dos quais, de fato, comumente associados ao "contra-Iluminismo" – Edmund Burke e, mais audaciosamente, John Wesley, assim como um número de bem menos conhecidos (em nossa época, embora não na deles) filantropos e reformadores, que deram um sentido prático àquela ética social. Dessa forma, me engajo em um exercício duplamente revisionista: tornar o Iluminismo mais britânico e fazer do Iluminismo britânico algo mais inclusivo.

Falar de "o Iluminismo" como tenho feito é uma concessão ao uso popular do termo. Poucos acadêmicos dividem atualmente a confiança

---

apenas como um episódio na história da filosofia, mas como um movimento social e intelectual, um evento histórico com consequências políticas e sociais.

de Peter Gay *no* Iluminismo, um único Iluminismo, muito embora essa seja ainda a concepção geral que se tem dele. "Houve apenas um único Iluminismo", anuncia Gay na primeira sentença de sua trilogia. Em vários momentos ele apresenta esse Iluminismo como uma família, um coro, um exército, um partido, contendo diferentes indivíduos em diferentes países com diferentes opiniões, mas todos eles unidos com um objetivo comum, um "único estilo de pensamento". Ainda mais significativo é seu uso da palavra philosophes – sem itálico – para descrever todos esses indivíduos, sob a justificativa de que a palavra francesa significa "um tipo internacional".[11] Essa palavra, que nem na época nem posteriormente foi aclimatada à língua inglesa, sugere o que o livro de Gay amplamente demonstra que *o* Iluminismo como ele o concebe foi essencialmente gaulês em sua origem e espírito.

Apesar das mais recentes demonstrações de historiadores de que o Iluminismo foi tão variado, entre países e entre indivíduos, a ponto de contestar o uso do termo no singular,[12] o Iluminismo ainda é associado, quase invariavelmente, com o Iluminismo francês, e os termos

---

[11] Peter Gay, *The Enlightenment: An Interpretation*, vol. I: *The Rise of Modern Paganism*. Nova York, 1975, (1. ed. 1966), p. x, 3, 7-8, 10. Ver, também, do mesmo autor, *The Party of Humanity: Essays in the French Enlightenment*, Nova York, 1971.

[12] A crítica dessa visão de uma unidade do Iluminismo foi primeiramente anunciada por Betty Behrens no *Historical Journal* (1968). Para uma visão pluralista do Iluminismo, com ênfase nas diferenças nacionais, ver Roy Porter e Mikulas Teich (orgs.), *The Enlightenment in National Context*, Massachusetts, Cambridge University Press, 1981; Roy Porter, *The Creation of the Modern World: The Untold Story of the British Enlightenment*, Nova York, 2000; J. G. A. Pocock, "Post-Puritan England and the Problem of the Enlightenment", in: P. Zagorin (org.), *Culture and Politics from Puritanism to the Enlightenment*, Berkeley, 1980; J. G. A. Pocock, *The Enlightenments of Edward Gibbon*, vol. I: *Barbarism and Religion*, Cambridge, 1999; Charles R. Kesler, "The Different Enlightenments: Theory and Practice in the Enlightenment", in: William A. Rusher e Ken Masugi (orgs.), *The Ambiguous Legacy of the Enlightenment*, Lanham, Md., 1995; e Arthur Herman, *How the Scots Invented the Modern World: The True History of How Eastern Europe's Poorest Nation Created Our World and Everything in It*, Nova York, 2001.

do discurso são aqueles com os quais os *philosophes* nos familiarizaram. O motivo disso é quase um enigma. A razão mais óbvia é a realização ou concretização existencial do Iluminismo francês (ou assim pareceu aos contemporâneos da época e a muitos historiadores desde então) em um dos eventos mais dramáticos da modernidade, a Revolução Francesa, o qual tem sido amplamente considerado (novamente, à época e desde então) como a inauguração do mundo moderno. "Foi dito", observou Hegel, "que a Revolução Francesa resultou da filosofia". Ao menos uma vez ele concordou com a sabedoria convencional. "Nunca, desde que o Sol apareceu no firmamento e os planetas giraram em volta dele, havia-se percebido que o centro da existência humana está em sua cabeça, isto é, no Pensamento, a partir do qual o homem constrói o mundo da realidade."[13]

Poder-se-ia dizer, no entanto, que a república americana também foi produto do "pensamento", não obstante de um tipo diferente de pensamento. Ao promulgar uma "nova ciência da política", os americanos tiveram êxito em criar – em "fundar", palavra notável por si mesma – a primeira república viável dos tempos modernos. Mesmo Hegel reverencia a América como um fenômeno da História do Mundo: "A América é, portanto, a terra do futuro onde, nas eras que estão diante de nós, o peso da História do Mundo deverá se revelar".[14] Aquela "terra do futuro", conforme reconhece ele, não deve nada aos franceses, mas muito aos ingleses, cuja constituição havia lhe permitido manter-se firme "em meio à convulsão geral".[15]

A América pode bem ter sido a terra do futuro. Mas não foi a Revolução Americana que inspirou futuras revoluções. Nos últimos dois séculos, o paradigma de revolução popular, assim como o paradigma de Iluminismo, foi aquele da França. "A triste verdade sobre

---

[13] Georg Wilheim Friedrich Hegel, *The Philosophy of History*. Trad. J. Sibree. Nova York, 1944 (1ª trad. de Sibree, 1899), p. 436-37.

[14] Ibidem, p. 86.

[15] Ibidem, p. 453-54.

o assunto", disse Hannah Arendt, "é que a Revolução Francesa, que terminou em desastre, fez história no mundo, enquanto a Revolução Americana, tão triunfantemente bem-sucedida, permaneceu um evento de importância pouco mais que local".[16]

Não foi somente a associação com a Revolução Francesa que deu ao Iluminismo francês a primazia que tem hoje, mas também o caráter deliberado, autoconsciente, decerto, o caráter autoindulgente de seus proponentes – uma consciência aguda de sua própria identidade e (muito antes de Hegel) de seu lugar na história mundial. Em 1751, no "Discurso Preliminar" que precedeu o aparecimento do primeiro volume da *Encyclopédie*, o editor falava em "séculos de iluminismo" que culminaram no "século de iluminismo" atual e explicava que a *Encyclopédie* forneceria um conspecto do conhecimento apropriado a esse estágio mais avançado de esclarecimento.[17] Foi certamente a empreitada mais ambiciosa desse tipo que já havia sido feita: 28 volumes (incluindo as gravuras) lançados entre 1751 e 1772, com sete volumes adicionais até 1780 – isso comparado com a *Cyclopaedia* inglesa de Chambers, que tinha dois volumes (e que havia sido recém-traduzida para o francês) e com a *Encyclopaedia Britannica* de três volumes (não traduzida) publicada entre 1768 e 1771. (Esta última, inspirada, ou motivada, pelo exemplo da *Encyclopédie*, expandiu para dez volumes até 1784 e para vinte até o final do século, sendo o último volume agudamente crítico da *Encyclopédie*.) Os títulos dessas obras são significativos em si mesmos, faltando à francesa o adjetivo nacional que identificava a britânica (ela não se apresentava como a *Encyclopédie française*), estabelecendo, assim, suas credenciais universais. Os subtítulos são igualmente sugestivos:

---

[16] Hannah Arendt, *On Revolution*. Nova York, 1963, p. 49.
[17] Jean le Rond d'Alembert, "Preliminary Discourse". In: Stephen J. Gendzier (org. e trad.), *Denis Diderot's The Encyclopedia: Selections*. Nova York, 1967, p. 12.

o britânico, *A Dictionary of Arts and Sciences*;[18] o francês, omitindo o modesto artigo indefinido e adicionando um portentoso adjetivo, *Dictionnaire raisonné des sciences, des arts et des métiers*.[19]

A *Encyclopédie* também tinha uma autoria impressionante: "*Une Société de Gens de Lettres*".[20] Essa atribuição sugere ainda outra razão pela qual o Iluminismo francês goza da proeminência que tem, pois remete a um grupo coeso, a uma "sociedade" de homens de letras, ou *philosophes*, com caráter e propósito coesos. Essa sociedade, a vanguarda do Iluminismo francês que de fato era, presidiu não só a *Encyclopédie*, mas também os salões de Paris, fazendo dessa cidade a capital intelectual da Europa. O notável historiador Franco Venturi nega que tenha havido algo como um Iluminismo inglês, e baseia-se no fato de que os pensadores ingleses, ao contrário de seus confrades franceses, nunca se consideraram uma classe ou um grupo distintos. "Eles não tinham organização ou ritmo próprios. E, portanto, não operavam como uma força política nova e autônoma, que visava questionar ou substituir órgãos herdados do passado." Apenas na Escócia, disse ele, poder-se-ia encontrar os elementos essenciais de um Iluminismo, "uma nova *intelligentsia*, cônscia de sua própria função e força", como se contrária às classes dominantes tradicionais. Venturi concede a Gibbon o *status* de "gigante inglês do Iluminismo", mas prossegue dizendo que ele foi uma "figura isolada em seu próprio país, uma figura solitária", já que não houve Iluminismo na Inglaterra.[21]

---

[18] Um dicionário de Artes e Ciências. (N. T.)

[19] Dicionário Sistemático de Ciências, Artes e Ofícios. Em francês, no original. (N. T.)

[20] Uma sociedade de homens de letras. Em francês, no original. (N. T.)

[21] Franco Venturi, *Utopia and Reform in the Enlightenment*. Cambridge, 1971, p. 126-27, p. 132-33. Venturi considera a possibilidade de que os integrantes da Comuna do século XVIII – republicanos e deístas (ou panteístas) que eram os herdeiros de John Toland, John Trenchard e também seus colegas no século precedente – constituíam algo como um grupo organizado

Se os ingleses não tinham uma *intelligentsia*, no sentido de Venturi – uma classe de intelectuais organizada, dissidente e potencialmente revolucionária –, tinham ao menos pensadores, escritores, pregadores e reformadores que operavam em seus próprios ritmos e que fizeram de Londres, assim como de Glasgow e Edimburgo, um vibrante centro intelectual. Londres pode não ter tido os salões que eram o orgulho de Paris, ou as universidades que conferiam elegância a Glasgow e Edimburgo, mas tinha cafés e clubes que desempenhavam algo da mesma função social e atingiam muito mais pessoas.

Londres também tinha jornais populares que davam vazão para escritores que podiam alcançar uma audiência muito maior do que a disponível aos *philosophes*. Joseph Addison and Richard Steele, empreendedores intelectuais responsáveis pelo *Tatler* e pelo *Spectator*, eram completamente conscientes do propósito de suas empreitadas. "Foi dito acerca de Sócrates", escreveu Addison no *Spectator*, "que ele trouxe a filosofia dos céus para fazê-la habitar entre os homens; e eu devo ser ambicioso para dizê-lo de mim, que eu trouxe a filosofia para fora das estantes e das bibliotecas, escolas e faculdades, para fazê-la morar nos clubes e assembleias, nas mesas de chá e nos cafés".[22] Por fim, o *Spectator* provou ser popular também na França. O periódico foi traduzido para o francês em 1714, apenas cinco anos depois de sua primeira aparição em Londres; o *Tatler* foi traduzido vinte anos depois. Em suas *Confissões*, Jean-Jacques Rousseau relembra ter lido esses jornais quando era jovem e vivia com sua benfeitora Mme.

---

comparável aos *philosophes*. Mas, de acordo com Caroline Robbins, a grande especialista no assunto, eles não eram uma "oposição organizada", nem um "partido coeso" e, certamente, não eram revolucionários. Assim sendo, não se qualificariam como um Iluminismo inglês pelos padrões de Venturi. Ver Caroline Robbins, *The Eighteenth-Century Commonwealthmen: Studies in the Transmission, Development and Circumstance of English Liberal Thought from the Restoration of Charles II Until the War with the Thirteen Colonies*. Cambridge, Massachusetts, 1959, p. 3, 381, 383.

[22] Citado por Porter, "The Enlightenment in England", p. 5.

de Warens no sul da França; o *Spectator*, dizia, era "particularmente agradável e útil para mim".²³ Em seu romance *Emílio*, ele recomendava uma troca de livros entre Emílio e Sofia; ela deveria lhe dar seu *Telemachus* e ele lhe daria seu *Spectator*.²⁴

Da mesma forma, os americanos tiveram pensadores, escritores, pregadores e, sobretudo, estadistas que constituíram uma eminente classe intelectual – uma classe que, além disso, tornou-se uma força política e revolucionária, como os próprios *philosophes* nunca foram. Eles também se organizaram para produzir trabalhos, *The Federalist* sendo o mais relevante, que foram menos volumosos que a *Encyclopédie*, porém mais influentes e duradouros. Um século depois, John Morley concluiu suas simpáticas considerações sobre a *Encyclopédie* com o pensamento de que assim que ele substituísse aqueles enormes e empoeirados volumes de sua estante, eles provavelmente nunca mais seriam lidos e seriam, então, uma "ruína monumental".²⁵ O mesmo não pode ser dito do *The Federalist*, que nunca ficou esgotado, tem sido amplamente traduzido (mais recentemente, em hebraico) e cujos princípios e argumentos continuam a ser citados não apenas nos Estados Unidos, mas também por democracias (ou aspirantes a democracias) estrangeiras. (A *Encyclopédie* nunca foi reimpressa e apenas artigos selecionados foram traduzidos.)

Talvez a vantagem decisiva da França sobre a Grã-Bretanha e a América tenha sido o termo "iluminismo". Aqui os pós-modernos marcam um ponto: a linguagem frequentemente é a realidade ou o que se passar por ela. *Siècle des lumières* [Século das Luzes] foi usado já no ano de 1733 pelo abade Dubos; por Rousseau, no *Primeiro*

---

[23] Jean-Jacques Rousseau, *Confessions* (1781, 1782). Trad. e org. M. Hedouin. Londres, s.d., p. 98.

[24] Idem, *Emile* (1762). Trad. Allan Bloom. Nova York, 1979, p. 450.

[25] John Morley, *Diderot and the Encyclopedists*. Nova York, 1878, p. 163.

Discurso, em 1750; no ano seguinte, pelo coeditor da *Encyclopédie*, Jean le Rond d'Alembert, em seus *Discursos Preliminares à Encyclopédie*; e por muitos outros ao longo do século XVIII. Na Alemanha, onde a própria linguagem e a cultura prestam-se a tais abstrações, o termo *Aufklärung* foi formalmente inaugurado em 1784 em um debate sobre a questão "O que é o Iluminismo [*Aufkläfung*]?"; "Vivemos, atualmente, numa era esclarecida?", perguntava Immanuel Kant. "A resposta é: não, mas em uma era de esclarecimento."[26]

Na Grã-Bretanha, que teve a realidade do Iluminismo, mas não teve uma linguagem apropriada (onde, pode-se dizer, a realidade desencoraja a abstração), o substantivo não foi utilizado até muito mais tarde. A primeira tradução inglesa do ensaio de Kant, em 1798, evitava o substantivo, lançando mão de palavras como "esclarecedor" [*enlightening*] ou "esclarecido" [*enlightened*] em lugar de "iluminismo" [*enlightenment*].[27] Embora o substantivo não existisse na Grã-Bretanha, o adjetivo já era familiar. Em seu *Reflections on the Revolution in France* (1790), Burke fala, ironicamente, de "crimes patrióticos de uma época esclarecida", do "refinamento na injustiça pertencente à filosofia desta época esclarecida [*enlightened*]", dos "usurários 'esclarecidos'" ("esclarecidos", aqui, entre aspas) que confiscavam propriedades da Igreja, das "densas trevas desta época esclarecida".[28]

---

[26] Immanuel Kant, "What is Enlightenment?". In: Carl J. Friedrich (org.), *The Philosophy of Kant: Immanuel Kant's Moral and Political Writings*. Nova York, 1949, p. 138. Sobre o contexto desse debate, ver James Schmidt, *What is Enlightenment? Eighteenth-Century Answers and Twentieth-Century Questions*. Berkeley, 1996.

[27] James Schmidt, "Inventing 'the Enlightenment': Stirling, Hegel and the Oxford English Dictionary". In: *Journal of the History of Ideas* (no prelo).

[28] Edmund Burke, *Reflections on the Revolution in France*. Nova York, 1961 (1. ed. 1790), p. 86, 155, 208, 259. Para outras referências sobre "esclarecido [*enlightened*]", cf. p. 78, 100, 101, 129 e 155. O termo aparece já na primeira obra de Burke, *A Vindication of Natural Society* (1756). In: *The Works of Edmund Burke*. Londres, 1909, I, 38.

Levou mais de um século para o termo aparecer em inglês. Em 1837, Thomas Carlyle, em seu *History of the French Revolution*, cunhou o termo "filosofismo" para descrever o sistema adotado pelos *philosophes*.[29] Quatro décadas mais tarde, John Morley, que ajudou a chamar a atenção do público britânico para os *philosophes* em suas biografias de Diderot, Voltaire e Rousseau, usou o termo "Iluminação [*Illumination*]".[30] Só mais tarde, em 1899, o tradutor inglês da *Filosofia da História*, de Hegel, disse que teria de usar a palavra francesa *Eclaircissement* porque "não há um termo no inglês corrente que denote aquele grande movimento intelectual".[31] Um historiador registra "um divisor de águas" em 1910 com a publicação de um livro chamado *The Philosophy of the Enlightenment*, escrito, significativamente, por um hegeliano americano.[32] Ainda no ano seguinte, a famosa 11ª edição da *Encyclopaedia Britannica* foi publicada sem um verbete sobre o Iluminismo. O primeiro verbete sobre o tema apareceria na 14ª edição, em 1929, onde o termo foi aplicado primordialmente aos alemães

---

[29] James Schmidt, "Inventing 'the Enlightenment'", p. 7.

[30] John Morley, *Diderot and the Encyclopaedists*, p. 6, 117; "iluminismo", em minúscula e sem o sentido de uma escola ou movimento, apareceu uma vez, em uma citação de Friedrich Grimm, o filósofo alemão e amigo dos *philosophes* (p. 373). Morley ocasionalmente usava o adjetivo "esclarecido [*enlightened*]" (p. 87, 401).

[31] Hegel, *Philosophy of History*, p. 438. O *Oxford English Dictionary* registra o mais primitivo uso de "Iluminismo [*Enlightenment*]", como traduções de "*Aufklärung*", nos livros de J. H. Sterling sobre Hegel em 1865 e, sobre Kant, de Edward Caird, em 1889 (*A New English Dictionary on Historical Principles*. Oxford, 1897, vol. III, parte 2, p. 191). Cf. James Schmidt, "Inventing 'the Enlightenment'", para uma análise da controvérsia acerca dessa entrada no *OED*, particularmente sobre a informação enganosa a respeito da citação de Caird. Uma rara ocorrência de "Iluminismo" aparece em 1894, na tradução de *Geschichte der Philosophie*, de Wilhelm Windelband. Essa obra tem o mérito de reverenciar a Inglaterra como progenitora do Iluminismo (Schmidt, "Inventing 'the Enlightenment'", p. 7).

[32] James Schmidt, "Inventing 'the Enlightenment'", p. 15.

como uma tradução de *Aufklärung* e apenas incidentalmente aos ingleses (Locke e Newton) e franceses.³³

Mesmo a Escócia, que possuía algumas das características exigidas por Venturi para um Iluminismo – uma escola distinta e autoconsciente –, não ganhou o título de "Iluminismo" até muito tarde. O termo "Iluminismo escocês", tão familiar atualmente, foi cunhado primeiramente em 1900 para descrever os filósofos escoceses conhecidos como *"moral philosophers"* (que ostentavam o título, como professores).³⁴ Adam Smith foi professor de filosofia moral na Universidade de Glasgow, assim como Francis Hutcheson havia sido antes dele, e Thomas Reid seria após ele; Dugald Stewart sucedeu Adam Ferguson na cadeira de filosofia moral na Universidade de Edimburgo. David Hume não obteve nenhum título professoral ou posição, mas nasceu e cresceu em Edimburgo, frequentou aquela universidade (sem obter nenhuma titulação), lá viveu a maior parte de sua vida e pertenceu, indubitavelmente, àquela escola. Muitos desses filósofos, contudo, escolheram identificar-se com os britânicos do norte mais do que com os escoceses, e alguns tentaram evitar qualquer alusão a um provincianismo escocês. Smith, durante seus seis anos em Oxford, fez um deliberado e bem-sucedido esforço para desfazer-se de seu sotaque escocês. Como os outros, ele publicou seu trabalho em Londres

---

³³ *Encyclopaedia Britannica: A New Survey of Universal Knowledge.* 14. ed. Londres, 1929, vol. VIII, p. 613.

³⁴ Paul Wood, "Introduction: Dugald Stewart and the Invention of 'the Scottish Enlightenment'". In: Paul Wood (org.), *The Scottish Enlightenment: Essays in Reinterpretation.* Rochester, 2000, p. 1. Wood atribui o termo a William Robert Scott em 1900, mas aponta que a ideia de tal escola teve origem com Dugald Stewart, ele mesmo membro daquela escola (Stewart sucedeu Adam Ferguson na cadeira de filosofia moral em Edimburgo e foi o biógrafo e editor de Adam Smith). John Lough filia o termo a Hugh Trevor-Roper em 1967 (Lough, "Reflections on Enlightenment and Lumières", *British Journal of Eighteenth-Century Studies* [primavera de 1985], p. 9). Ponderando sobre os pensadores e as ideias discrepantes abarcados por esses termos, Lough propõe abandoná-los inteiramente à França, assim como a outros países (p. 14).

e escreveu grande parte de *A Riqueza das Nações* no período em que lá viveu. Hume, que mudou seu nome do escocês "Home" para o anglicizado "Hume", teve menos êxito do que Smith em camuflar seu sotaque, mas teve o cuidado de remover expressões tipicamente escocesas de suas obras.

O Iluminismo escocês, todavia, não foi tão provinciano ou exclusivamente escocês como se possa pensar; tampouco foi o Iluminismo confinado à Escócia. John Locke e Isaac Newton são frequentemente designados como os pais do Iluminismo britânico. Quanto a mim, eu conferiria tal mérito ao terceiro conde de Shaftesbury, muito embora ele não fosse nem escocês nem professor. Mas todos os três foram indubitavelmente ingleses, como o foram outros ilustres do Iluminismo, por exemplo, o bispo Joseph Butler, William Paley, Joseph Addison, Joseph Priestley, Thomas Paine, William Godwin e Edward Gibbon. Aqueles que eram galeses ou irlandeses de nascimento – Richard Steele, Richard Price, Edmund Burke – viveram e trabalharam na Inglaterra.[35]

Até muito recentemente, entretanto, não havia o reconhecimento de um Iluminismo britânico porque os ingleses foram patentemente deixados de fora. Essa foi a posição não somente de Venturi, mas também de outros historiadores tão eminentes quanto, como é o caso de Alfred Cobban, que escreveu, em 1960, "o termo 'Iluminismo' é

---

[35] Gibbon representa um problema especial para aqueles historiadores que não reconhecem o componente inglês do Iluminismo britânico. Assim como Franco Venturi, ao negar aos ingleses qualquer participação no Iluminismo, teve de abrir uma exceção a Gibbon, uma figura "isolada" e "solitária" em seu país (isso dito de um autor *best-selling* e uma celebridade). Um historiador mais recente, Arthur Herman, fazendo a maior reivindicação em favor dos escoceses, que, segundo ele, "inventaram o mundo moderno", insiste que Gibbon modelou sua obra a partir da escola histórica escocesa e foi "para todos os efeitos (...) intelectualmente um escocês". Cf. Franco Venturi, *Utopia and Reform in the Enlightenment*, Cambridge, 1971, p. 126-27, 132-33; Arthur Herman, *How the Scots Invented the Modern World*, p. 225-26.

dificilmente incorporado na Inglaterra";[36] ou Robert R. Palmer, em 1976, "O termo 'Iluminismo inglês' seria dissonante e incongruente caso fosse ouvido";[37] ou Henry S. Commager, no ano seguinte, que declarou a Inglaterra "um pouco excluída do Iluminismo".[38] Somente na década de 1980, a Inglaterra estreou naquele seleto grupo por força de John Pocock e Roy Porter, que, finalmente, legitimaram a ideia de um Iluminismo britânico, distinto do escocês.[39]

A exclusão dos britânicos do Iluminismo, por seus contemporâneos ou mesmo por historiadores, é ainda mais estranha porque houve uma grande interação entre os pensadores franceses e britânicos daquela época. Eles liam, traduziam, resenhavam e visitavam uns aos

---

[36] Alfred Cobban, *In Search of Humanity: The Role of Enlightenment in Modern History*. Londres, 1960, p. 7. Devo a Arthur M. Wilson, "The Enlightenment Came First to England", in: Stephen B. Baxter (org.), *England's Rise to Greatness, 1660-1763*, Berkeley, 1983, essa citação, assim como as que se seguem. Entretanto, o próprio ensaio de Wilson, focado inteiramente em pensadores como Locke, Hobbes, Milton e os deístas, argumenta que sua existência foi obscurecida porque "quase tudo isso ocorreu durante o século XVII" (p. 4). Assim, ele também deixa o Iluminismo do século XVIII para os franceses.

[37] Wilson, "The Enlightenment Came First to England", p. 3, citando o artigo de Robert R. Palmer no *Journal of Law and Economics* (1976).

[38] Ibid., p. 17, citando Henry Steele Commager, *The Empire of Reason: How Europe Imagined and America Realized the Enlightenment*. Garden City, Nova York, 1977, p. 242. Commager, ainda no mesmo livro, assinala o início do "Iluminismo do Velho Mundo" a partir da fundação da Real Sociedade em 1660 e a publicação dos *Principia* de Newton, em 1687 (p. 4).

[39] Ver os artigos e livros de Pocock e Porter na nota 12. Uma resenha crítica do livro de Porter, publicada sob o título de "Unenlightened England", sustenta que não houve Iluminismo na Inglaterra porque não houve a compreensão acerca das "sociedades comerciais modernas" (isso dito de um país cujos estadistas e pensadores reverenciavam Adam Smith) e que não contava com um grupo de filósofos notáveis por suas visões de "governo, economia e sociedade" (*pace* Burke e Gibbon, Paine and Price) (John Robertson, "Unenlightened England", in: *Prospect*, p. 62, jan. 2001.

outros. Voltaire, tendo vivido na Inglaterra de 1726 a 1728, admitia ser culpado por uma certa "anglomania". Suas *Cartas Sobre a Nação Inglesa* foram publicadas primeiramente em Londres, em inglês, em 1733, e somente um ano depois em Paris, sob o título *Lettres philosophiques*. (Embora fluente em inglês, Voltaire escreveu o livro em francês.) Em um livro posterior, o *Dicionário Filosófico*, ele faz referência a seu encontro com George Berkeley e cita Locke, Shaftesbury e, com especial reverência, Isaac Newton.

Montesquieu, que foi mais verdadeiramente anglófilo do que Voltaire (e que, poder-se-ia discutir, foi mais um representante do Iluminismo britânico do que do francês), viveu na Inglaterra de 1729 a 1731 pelo propósito deliberado de estudar as instituições políticas inglesas. Como o celebrado autor das *Cartas Persas*, ele encontrou os líderes dos Whigs, frequentou a Câmara dos Comuns e recebeu a mais alta honraria britânica, sendo eleito membro da Real Sociedade. O elogio de Burke a Montesquieu, no final de seu "Appeal from the New to the Old Whigs" (uma vigorosa crítica da Revolução Francesa), foi tão entusiasmado que não encontra par em nenhum dos elogios de seus próprios compatriotas franceses.[40] No entanto, outro *philosophe*, o Barão d'Holbach, em visita à Inglaterra em 1765, reforçou sua visão desfavorável do país. Rousseau, que admirava ainda menos a Inglaterra, refugiou-se lá em 1766, depois que teve prisão decretada na França devido a sua impiedade expressa no *Emílio*; foi na Inglaterra que escreveu grande parte de suas *Confissões*.[41]

---

[40] Edmund Burke, *An Appeal from the New to Old Whigs* (1791). In: *Works*, vol. III, p. 113.

[41] Esse é um dos episódios mais bizarros do Iluminismo. Hume, que tinha intelectual e temperamentalmente pouca coisa em comum com Rousseau, mas simpatizava com seu empenho, arranjou para este um refúgio na Inglaterra, acompanhando-o na viagem e encontrando acomodações para ele e sua amante. (Ela viria separadamente, acompanhada por James Boswell.) Hume ofereceu-se até para solicitar uma pensão a Rousseau junto a George III, proposta que o francês inicialmente rejeitou, mas posteriormente aceitou um

Cruzando o Canal na outra direção, havia celebridades britânicas como David Hume, Adam Smith, Edward Gibbon, Laurence Sterne, Horace Walpole, Thomas Paine e Joseph Priestley. Hume, que escreveu sua obra-prima, *Tratado sobre a Natureza Humana*, enquanto vivia na França como um jovem dos anos 1730, retornou trinta anos mais tarde para trabalhar como secretário na embaixada britânica em Paris e para gozar da fama que lhe veio não por seu *Tratado*, mas por sua imensa obra em vários volumes, *História da Inglaterra*. Smith, que residiu em Paris de 1765 a 1766, nominalmente como tutor do jovem duque de Buccleuch, tornou-se bem conhecido por sua *Teoria dos Sentimentos Morais* e foi oportunamente festejado nos salões. Tendo começado a trabalhar em seu *A Riqueza das Nações*, ele teve o prazer de conhecer grandes fisiocratas como Anne-Robert-Jacques Turgot e François Quesnay (sem, contudo, converter-se às suas opiniões). Gibbon esteve em Paris apenas brevemente, a caminho de Lausanne, em 1763, mas nesses poucos meses conheceu Claude Helvétius, o barão d'Holbach e outras eminências do Iluminismo. (Gibbon havia encontrado Voltaire em Lausanne muitos anos antes.) Paine mudou-se para a França depois da publicação de *Direitos do Homem*, em 1792, e tornou-se membro honorário da Convenção Nacional. Priestley tinha um assento honorário na Assembleia Nacional, embora tivesse escolhido viver na América.

Livros e ideias circularam ainda mais prontamente que seus autores. Diderot nunca visitou a Inglaterra, mas sua primeira obra, em 1745, foi uma tradução de *An Inquiry Concerning Virtue or Merit*, de Shaftesbury. Seu próprio livro, *Pensées Philosophiques*, publicado

---

tanto relutante. Contudo, isso se passou não muito antes de Rousseau se voltar contra Hume, acusando-o de pôr em circulação uma carta satírica sobre ele escrita por Horace Walpole e de conspirar para arruinar sua reputação. O caso todo tornou-se público, para grande embaraço de Hume, que foi obrigado a defender-se publicando suas correspondências.

no ano seguinte, foi descrito por Venturi como "comentários nas margens do escritor inglês". (Embora a descrição do livro feita por Venturi – "um vigoroso apelo às paixões a fim de libertar o homem de tudo o que o oprime" – dificilmente esteja no espírito de Shaftesbury, que apelava às paixões não para libertar o homem, mas para torná-lo moral.[42]) O livro *Teoria dos Sentimentos Morais*, de Smith, foi traduzido duas vezes para o francês (uma delas pela esposa de Condorcet), assim como seu *A Riqueza das Nações*, logo após sua publicação em 1776. O próprio Condorcet escreveu um resumo do livro o qual foi, então, traduzido ao espanhol.

A *Encyclopédie* teve uma carreira bastante diferente na Grã-Bretanha. A primeira edição podia ser encontrada em diversas bibliotecas universitárias, incluindo a da Universidade de Glasgow, que a havia recebido como presente de Smith. Houve projetos para a sua tradução: um projeto a ser lançado em fascículos baratos (oito partes – 24 folhas – foi publicado em 1752); outro projeto, em 1768, resultou na publicação de seleções do primeiro volume. A própria *Encyclopédie* recebeu apenas algumas breves resenhas, uma delas uma carta anônima de Smith, em 1756, no *Edinburgh Review*, recomendando-a com algumas reservas. Ela foi mais frequentemente plagiada do que citada por Oliver Goldsmith e por compiladores de dicionários ingleses. O próprio Smith tomou emprestada a famosa ilustração da fábrica de alfinetes de *A Riqueza das Nações* do artigo "Épingle" (alfinete) do quinto volume da *Encyclopédie*.[43]

Tanto Smith quanto Hume tiveram um vivo interesse nas questões intelectuais francesas. Em 1759, Hume recomendou que Smith lesse *De l'esprit*, de Helvetius e *Cândido*, de Voltaire, que haviam

---

[42] Venturi, *Utopia and Reform*, p. 73.

[43] John Lough, *The* Encyclopédie *in Eighteenth-Century England and Other Studies*. Newcastle, 1970, p. 14. Sobre as relações entre os intelectuais ingleses e franceses, ver, também, Wade, *Structure and Form of the French Enlightenment*, vol. I, p. 120-27.

sido recém-publicados.⁴⁴ (Hume, entretanto, não acedeu ao pedido de Helvetius para que traduzisse o *De l'esprit*.) Alguns anos antes, na recém-fundada *Edinburgh Review*, Smith referiu-se favoravelmente aos *Discursos Preliminares*, de D'Alembert e resenhou (não acriticamente) os *Discursos*, de Rousseau, incluindo um extenso excerto do livro. Em um ensaio posterior, Smith citou o *Dictionnaire de musique* de "um autor mais capaz de sentir intensamente do que de analisar acuradamente, Sr. Rousseau, de Genebra".⁴⁵ Em *Teoria dos Sentimentos Morais*, ele cita *A Era de Luís XIV*, de Voltaire, assim como se refere de passagem às suas obras literárias, além de incluir o autor entre os homens bem-dotados de todas as épocas que "muito frequentemente se distinguem pelo mais impróprio, e até mesmo insolente, desprezo por todos os decoros ordinários da vida e da conversação e que, assim, exibem o mais pernicioso exemplo àqueles que desejam se assemelhar a eles".⁴⁶

A despeito da familiaridade pessoal, bem como entre suas obras, britânicos e franceses diferiam profundamente no espírito e na substância de seus respectivos Iluminismos. Os britânicos podiam simpatizar com a hostilidade dos *philosophes* para com uma igreja papista e uma monarquia autoritária, ambas descartadas por eles próprios, e os franceses podiam admirar a liberdade religiosa e política que encontravam na Inglaterra e que tanto almejavam. Mas ambos perseguiam o iluminismo para si e para seus compatriotas de modos

---

⁴⁴ John Reeder (org.), *On Moral Sentiments: Contemporary Responses to Adam Smith*. Bristol, 1997, p. 5.

⁴⁵ Adam Smith, "Of the Nature of that Imitation which Takes Place in What are Called the Imitative Arts". In: *Essays on Philosophical Subjects*. Ed. W. P. D. Wightman e J. C. Bryce. Oxford, 1980, p. 198.

⁴⁶ Adam Smith, *The Theory of Moral Sentiments*. Ed. D. D. Raphael e A. L. Macfie. Oxford, 1976 (reimpressão da 6. ed. 1790), p. 214-15 (parte VI, seção 1).

bastante diferentes. Na França, a essência do Iluminismo – literalmente sua *raison d'être* – foi a razão. "Razão é para o filósofo", declarava a *Encyclopédie*, "o que a Graça é para o cristão".[47] Certamente, isso não valia para Rousseau e Montesquieu, mas valia para Voltaire, Diderot, D'Alembert e a maioria dos que contribuíram para a *Encyclopédie*. A ideia de razão definiu e permeou o Iluminismo como nenhuma outra.[48] Em certo sentido, o Iluminismo francês foi uma Reforma atrasada, uma Reforma empreendida não por uma religião mais excelsa e mais pura, mas por mais excelsas e puras autoridade e razão. Foi em nome da razão que Voltaire lançou sua famosa declaração de guerra contra a Igreja, "*Écrasez l'infâme*" [Esmague o infame], e que Diderot propôs "enforcar o último rei com as tripas do último padre".

Esse não era, entretanto, o Iluminismo como ele apareceu nem na Grã-Bretanha nem na América, no qual a razão não teve papel tão preeminente, e a religião, seja como dogma ou instituição, não foi o inimigo supremo. Os Iluminismos britânico e americano foram liberais em termos de religião, compatíveis com um amplo espectro de crença e descrença. Não houve um *Kulturkampf*[49] nesses países para

---

[47] Verbete "*Philosophe*" na *Encyclopédie*, vol. XII, p. 509. Conferindo um papel principal a Espinosa em seu livro *Radical Enlightenment*, Jonathan Israel identifica o "Iluminismo radical" com o ataque à religião.

[48] Ernst Cassirer, em seu trabalho seminal sobre o Iluminismo, viu a razão como o "poder formativo homogêneo" daquele tempo: "'Razão' tornou-se o ponto central unificador daquele século, expressando tudo o que ele desejava e pelo que se esforçava, bem como a todos as suas conquistas (...) O século XVIII é imbuído de uma crença na unidade e na imutabilidade da razão (...) Razão é a mesma para todos os sujeitos pensantes, todas as nações, épocas e culturas". Nesse contexto, a "mentalidade" iluminista era a essencialmente francesa, tomando Newton por seu modelo, mas encontrando sua expressão mais coerente na *Encyclopédie* (cf. Cassirer, *The Philosophy of the Enlightenment*, trad. Fritz C. A. Koelln e James P. Pettergrove. Princeton, 1951 [1. ed. alemã 1932], p. 5-6).

[49] *Kulturkampf*, "luta pela cultura", refere-se a um conflito que opôs o então chanceler do Reich, Otto von Bismarck, à Igreja Católica e ao Zentrum,

perturbar e dividir o populacho, jogando o passado contra o presente, confrontando sentimentos iluministas com instituições retrógradas e criando divisões intransponíveis entre razão e religião. Ao contrário, a variedade de seitas religiosas foram garantia de liberdade e, por diversas vezes, um instrumento de reforma social, bem como de salvação espiritual.

A força propulsora do Iluminismo britânico não foi a razão, mas as "virtudes sociais" ou "afecções sociais." Na América, foi a liberdade política a força motriz de seu Iluminismo, bem como o motivo de sua revolução e a base para a república. Para os filósofos morais britânicos e para os Fundadores americanos, a razão foi um instrumento para a obtenção de um fim social mais amplo, e não o fim em si. E, para ambos, a religião foi uma aliada, não uma inimiga. Um livro sobre o Iluminismo britânico ou americano nunca pode exibir o subtítulo que Peter Gay dá ao primeiro volume de sua obra sobre o Iluminismo: O *Surgimento do Paganismo Moderno*.

Eu encapsulei os três Iluminismos em frases emprestadas de outros e adaptadas aos meus propósitos. Assim, o Iluminismo britânico representa "a sociologia da virtude"; o francês, "a ideologia da razão"; o americano, "a política da liberdade".[50] Os filósofos morais

---

partido católico alemão, em favor do secularismo e contra a influência da Igreja Católica. (N. T.)

[50] William Kristol, "The Politics of Liberty, the Sociology of Virtue". In: Mark Gerson (org.), *The Essential Neo-Conservative Reader*. Reading, Massachusetts, 1996, p. 434 ss. A expressão "sociologia da virtude" é associada de maneira mais frequente ao sindicalista francês do final do século XIX, início do XX, Georges Sorel. Ver, por exemplo, John L. Stanley, *Sociology of Virtue: The Political and Social Theories of Geroges Sorel* (1981). O sociólogo Robert Nisbet mescla os dois termos quando descreve o conservadorismo como a "política da liberdade" ou a "busca pela virtude política" (Robert Nisbet, *Conservatism: Dream and Reality*. Minneapolis, 1986, p. x). "Ideologia da razão" é minha própria formulação.

britânicos eram mais sociólogos do que filósofos; preocupados com o homem em relação à sociedade, eles viam as virtudes sociais como base para uma sociedade saudável e humana. Os franceses tinham uma missão mais excelsa: fazer da razão o princípio condutor tanto da sociedade quanto das mentes; "racionalizar", por assim dizer, o mundo. Os americanos, mais modestamente, visavam criar uma "nova ciência da política", que estabeleceria a nova república sobre a sólida fundação da liberdade.

O centro deste livro é uma explicação – e uma apreciação – do Iluminismo britânico, juntamente com o francês e o americano que lhe servem de realce. No interior de cada um desses Iluminismos, havia importantes variações e diferenças; estritamente falando, cada um deles deveria ser pluralizado. Na Grã-Bretanha, Burke e Paine, obviamente, mas também Francis Hutcheson e Hume, certamente protestariam contra uma associação entre eles. (Hutcheson atrapalhou por duas vezes a candidatura de Hume à docência.) Assim também, na América, Thomas Jefferson e Alexander Hamilton, os Federalistas e os Antifederalistas, toleravam-se polidamente enquanto disputavam entre si com vigor. E, na França, Montesquieu e Rousseau foram uma dupla bastante excêntrica e foram ainda mais estranhos em relação aos outros *philosophes*. ("Nunca tamanha inteligência", diria Voltaire rebatendo Rousseau certa vez, "sendo empregada com o objetivo de nos tornar estúpidos."[51]) Mesmo histórica e sociologicamente, esses foram Iluminismos bastante distintos, sobretudo se os compararmos entre eles. Todos compartilharam alguns traços comuns: um respeito pela razão e pela liberdade, pela ciência e indústria, justiça e bem-estar. Mas essas ideias assumiram formas significativamente diferentes e foram perseguidas por diferentes caminhos em cada país.

---

[51] Citado por Terence Marshall, "Rousseau and Enlightenment". In: Jim MacAdam, Michael Neumann e Guy La France (orgs.), *Rousseau Papers*. Montreal, 1980, p. 39.

Os três Iluminismos tiveram implicações e consequências sociais e políticas profundamente diferentes. Houve muitos debates, que remontam quase aos eventos, sobre a relação entre o Iluminismo francês e a Revolução Francesa, mas muitos historiadores concordam que, em certo sentido e em certo nível, o que eu chamei de "ideologia da razão" assentou as bases para a Revolução. A conexão entre a "política da liberdade" desenvolvida no *Federalist* e a Constituição americana era mais imediata e óbvia. Assim como entre a "sociologia da virtude" e o temperamento reformista não revolucionário que caracterizou a Grã-Bretanha naquela época de revoluções.

Isso não quer dizer que aquelas ideias foram os fatores determinantes em cada um desses países. As situações históricas foram, óbvia e talvez decisivamente, diferentes. Do mesmo modo que a Grã-Bretanha teve uma experiência de reforma religiosa mais cedo, também teve uma "Revolução Gloriosa", o que afiançou uma base política permanente. A França, não tendo experimentado nem uma reforma religiosa nem uma revolução política, foi, em certo sentido, ávida pelas duas. E a América, tendo recebido ambas como um legado dos britânicos, buscou a independência que considerava parte desse legado.

Contudo, certamente as ideias influenciaram essas experiências e circunstâncias. A Grã-Bretanha poderia ter tido (como Paine e Priestley talvez desejassem) um *Kulturkampf* como o da França, determinado a desestabilizar a Igreja da Inglaterra juntamente com a monarquia. A França poderia ter tomado o caminho de Montesquieu rumo a uma revolução mais reformista e moderada. E os americanos poderiam ter injetado em sua revolução uma missão largamente utópica, mais do que pragmática, cujo temperamento cauteloso torna-se visível no *The Federalist* e na Constituição americana. O fato de esses países não terem tomado esses caminhos tem bastante a ver com as ideias e atitudes que prevaleceram entre cada um dos pensadores, polemistas e líderes políticos influentes, o que ajudou a estruturar os termos do discurso e, assim, afetou o temperamento da época.

Uma das desafortunadas consequências da identificação do Iluminismo com a França é a tendência a ver o resultado dos outros Iluminismos à luz da experiência francesa – tratar a Revolução Americana, por exemplo, como um prelúdio ou uma versão menor da Revolução Francesa; ou ver a não revolução britânica como um tipo de contrarrevolução (ou alguns aspectos do Iluminismo britânicos como uma espécie de contra Iluminismo). Perceber as distinções desses Iluminismos é perceber a singularidade de cada situação histórica. E enfocar, como fiz, o Iluminismo britânico, é lembrar daqueles "hábitos do intelecto" e "hábitos do coração" que produziram uma ética social facilmente ignorada à luz dos apelos mais dramáticos do Iluminismo francês.

Não vou tão longe a ponto de creditar ao Iluminismo britânico, como faz Roy Porter, a "criação do mundo moderno"; muito menos concordo com Arthur Herman, que "os escoceses inventaram o mundo moderno".[52] No entanto, penso que os britânicos (não apenas os escoceses) confrontaram o mundo moderno com bom-senso – o "senso comum", como seus filósofos o viram – que tão bem os serviu em um período tumultuado e que ecoa ainda hoje em um estágio posterior da modernidade.

---

[52] Ver nota 35.

PARTE I

O Iluminismo Britânico: A Sociologia da Virtude

Capítulo 1 | "Afecções Sociais" e
Disposições Religiosas

Os britânicos não tiveram *philosophes*. Eles tiveram filósofos morais, um tipo bastante diferente. Aqueles historiadores que subestimam ou desprezam a ideia de um Iluminismo britânico o fazem porque não reconhecem as características dos *philosophes* nos filósofos morais britânicos – e por uma boa razão: a fisiognomia é um tanto diferente.

É irônico que os franceses tenham reconhecido John Locke e Isaac Newton como os espíritos que os guiaram em seu próprio Iluminismo, enquanto os britânicos, embora sempre respeitosos com ambos, tiveram uma relação mais ambígua com eles. Newton foi elogiado por David Hume como "o maior e mais raro gênio que já surgiu para o ornamento e a instrução das espécies",[1] e por Alexander Pope em um epitáfio muito citado: "Nature and Nature's laws lay hid in night; / God

---

[1] David Hume, *The History of England: From the Invasion of Julios Caesar to the Revolution in 1688*. Filadélfia, 1828, 4 volumes (1. ed. 1754-1762), IV, p. 434. Alguns comentadores de Adam Smith encontram em sua obra um modo de análise newtoniano. Um deles aponta que Smith "deliberadamente" aplica princípios newtonianos usando analogias mecânicas e metáforas (Alan Macfarlaine, *The Riddle of the Modern World: Of Liberty, Wealth and Equality*, Nova York, 2000, p. 82; ver, também, Ian Simpson Ross, *The Life of Adam Smith*, Oxford, 1995, p. 179, muito embora haja apenas uma referência, de passagem, a Newton em *Teoria dos Sentimentos Morais* (sobre o descaso público para com ele) e nenhuma referência em *A Riqueza das Nações*.

said, *Let Newton be!* And all was the light".² Mas seu *An Essay on Man* tem uma mensagem bem diferente: "o estudo próprio da humanidade é o homem", o que implica que o materialismo e a ciência poderiam penetrar nos mistérios da natureza, mas não nos do homem. Em um ensaio anterior, a alusão a Newton era mais óbvia; era a natureza humana, não a astronomia, dizia Pope, que era "o objeto mais útil à razão humana", e era "mais consequente ajustar a verdadeira natureza e as medidas do certo e do errado do que determinar a distância dos planetas e computar o tempo de suas circunvoluções".³ Enquanto Newton recebia a adulação de seus compatriotas (ele foi chefe da Casa da Moeda e presidente da *Royal Society*, foi feito cavaleiro e recebeu um funeral de estado) e seu método científico era louvado, sua influência sobre os filósofos morais ou sobre assuntos que dominavam o Iluminismo britânico era mínima. (Sua *Óptica*, no entanto, serviu de inspiração para poetas, que foram enlevados pelas imagens e metáforas da luz.⁴)

John Locke também teve uma formidável presença no século XVIII britânico – era um autor *best-selling* e uma figura reverenciada. Contudo, ele foi admirado mais por sua política do que por sua metafísica entre os filósofos morais. De fato, os princípios básicos das filosofias deles implicavam um repúdio das ideias de Locke. O que os fez filósofos morais mais do que filósofos *tout court* foi a crença em um

---

² "A Natureza e as leis da Natureza jaziam escondidas na noite. / Deus disse: *Faça-se Newton!* E tudo foi luz." Carlos Voigt, linguista e poeta, ex-reitor da Unicamp, propõe uma tradução que nos parece interessante, preservando a rima: "A natureza e as suas leis jaziam na noite escondidas. / Disse Deus "Faça-se Newton" e houve luz nas jazidas.". Ver Carlos Voigt, "A Física em Três Tempos de Poesia". In: *Multi-Ciência: Revista Interdisciplinar dos Centros e Núcleos da Unicamp*, n. 7, out. 2006. Disponível em: http://www.multiciencia.unicamp.br/art03_4.htm. Acesso em: 24 nov. 2010. (N. T.)

³ Ver A. R. Humphreys, *The Augustan World: Society, Thought, and Letters in Eighteenth-Century England*. Nova York, 1963, p. 207.

⁴ Sobre a influência estética de Newton, conferir o elegante e vigoroso livro de Marjorie Hope Nicolson, *Newton Demands the Muse: Newton's Opticks and the Eighteenth-Century Poets*. Hamdem, Connecticut, 1963 (1. ed. 1946).

"senso moral" que se presumia ser inato ao espírito humano (como Shaftesbury e Francis Hutcheson pensavam), de tal modo arraigado na sensibilidade humana, na forma de simpatia ou sentimento de solidariedade (como pensavam Adam Smith e David Hume), como se as mesmas forças os impelissem como ideias inatas.

Locke não podia ter sido mais explícito em sua rejeição às ideias inatas, sejam elas morais ou metafísicas. O espírito (*mind*) era uma tábula rasa a ser preenchida por sensações, experiências e por reflexões surgidas a partir delas. O título do primeiro capítulo de seu *Ensaio sobre o Entendimento Humano* era "Não há princípios especulativos inatos" (isto é, princípios epistemológicos); o segundo, "Não há princípios práticos inatos" (princípios morais). Mesmo a regra de ouro, a "mais inabalável regra da moralidade e fundamento de toda virtude social", seria desprovida de sentido para alguém que nunca tivesse ouvido tal máxima e que poderia muito bem questionar, por uma razão que a justificasse, o que "patentemente mostra que não é inata". A virtude era geralmente aprovada porque era "vantajosa", contribuía aos interesses próprios e à felicidade, à promoção do prazer e à evasão da dor. Desse modo, as coisas poderiam ser julgadas boas ou más apenas em referência ao prazer ou à dor, que eram, eles mesmos, produto de sensações.[5]

O *Ensaio* de Locke foi publicado em 1690. Nove anos depois, o conde de Shaftesbury escreveu um ensaio que era, com efeito, uma refutação ao de Locke. Esse fato era, por si, irônico, já que Shaftesbury, o terceiro conde, cresceu na casa de seu avô, o primeiro, que foi um admirador de Locke e o havia empregado na supervisão da educação de seus netos. Foi essa experiência que inspirou Locke a escrever seus *Pensamentos sobre Educação* – assim como inspirou, talvez, a rejeição dos ensinamentos do mestre por seu pupilo.[6] O ensaio de Shaftesbury,

---

[5] John Locke, *An Essay Concerning Human Understanding*. Chicago, 1952 (1. ed. 1690), p. 95, 103, 105 (livro I, cap. 1 e 2); p. 176 (livro II, cap. 20).

[6] Lawrence E. Klein sugere que a relação pessoal de Shaftesbury com Locke conferiu a "intensidade emocional" à sua busca pela própria "identidade

An Inquiry Concerning Virtue or Merit, foi publicado (sem sua permissão, mas com grande recepção) em 1699 e revisto e reimpresso em 1711 no *Characteristics of Men, Manners, Opinions, Times*. Essa obra em três volumes, relançada postumamente três anos depois e em mais dez edições no decurso do século, rivalizou com o *Segundo Tratado*, de Locke (um tratado político, não metafísico), como o trabalho mais frequentemente reimpresso de seu tempo. O ensaio de uma centena de páginas sobre a virtude era a parte central desses volumes.

Virtude, segundo Shaftesbury, derivava não da religião, do egoísmo, da sensação ou da razão. Esses eram os instrumentos que auxiliavam ou obstruíam a virtude, mas não eram sua fonte primária ou imediata. O que os antecedia era o "senso moral", o "senso de certo e errado".[7] Esse senso era "preponderante (...), internamente ligado a nós e implantado em nossa natureza"; "um primeiro princípio em nossa constituição" e tão natural quanto "as próprias afecções naturais".[8] Essa "afecção natural" era, além do mais, "afecção social", uma afeição pela sociedade e pelo povo que, longe de estar em desacordo com os interesses privados ou com a autoestima, contribuía

---

filosófica", assim como ao seu ataque aos princípios lockeanos (*Shaftesbury and the Culture of Politeness: Moral Discourse and Cultural Politics in Early Eighteenth-Century England*, Cambridge, 1994, p. 15).

[7] O "senso moral" de Shaftesbury era muito diferente do sentido recente utilizado por John Rawls. Para Shaftesbury, esse é um senso inato do certo e do errado; para Rawls, é uma convicção intuitiva da retidão da liberdade e da igualdade. Anthony Ashley Cooper, terceiro conde de Shaftesbury, *Characteristics of Men, Manners, Opinions, Times*, Indianápolis, 2001, 3 volumes (1711; reimp. da 1. ed. 1737-1738), II, 27 (livro I, parte 3, seção 2); p. 18 (livro I, parte 2, seção 3 e passim). "Senso moral" aparece apenas uma vez no texto do ensaio (p. 27), mas é claramente sinônimo de "senso de certo e errado", que aparece repetidas vezes. Na edição de 1714, "senso moral" também aparece nas notas marginais e no índice. (Aqui, e durante todo o livro, modernizei a capitalização, pontuação e ortografia dos escritores do século XVIII. Mantê-los no original desviaria a atenção e, no caso das letras maiúsculas em substantivos comuns, seria enganador, pois conferiria uma ênfase indesejada às palavras.)

[8] Ibidem, p. 80 (livro II, parte 2, seção 1); p. 25 (livro I, parte 3, seção 1).

para o prazer e a felicidade pessoal.[9] Uma pessoa cujas ações fossem motivadas inteira, ou mesmo predominantemente, pela autoestima – pelo amor-próprio, interesses próprios ou em busca de vantagens pessoais – não era virtuosa. De fato, ela seria, "em si mesma, ainda corrompida", posto que a pessoa virtuosa não seria motivada por nada senão "uma afeição natural pela sua espécie".[10]

Não se trata de uma idealização rousseauniana da natureza humana, do homem antes de ser corrompido pela sociedade. Tampouco uma expectativa de Poliana de que todos ou mesmo a maioria dos homens comportariam-se virtuosamente durante todo o tempo ou ao menos na maior parte dele. O senso moral atesta o senso de certo e errado em todos os homens, o conhecimento do certo e do errado mesmo quando eles escolhem o errado. De fato, uma boa parte do ensaio de Shaftesbury tratava da variedade das "paixões detestáveis" – inveja, malícia, crueldade, lascívia – que assolam a humanidade. Mesmo a virtude, advertia Shaftesbury, poderia tornar-se vício quando perseguida ao extremo; um grau imoderado de ternura, por exemplo, destrói o "efeito do amor", assim como a piedade excessiva torna o homem "incapaz de prestar auxílio".[11] A conclusão do ensaio era um inspirador testamento de uma ética, que, por sua própria natureza – a natureza comum dos homens –, era uma ética social: "Assim, a sabedoria daquilo que governa, e que é primeiro e essencial na natureza, fez estar de acordo com o interesse privado e o bem de todos, o trabalho em vista do bem comum; de tal modo que se uma criatura cessa de empregá-lo, ela está verdadeiramente ausente de si mesma e deixa de engendrar sua própria felicidade e seu próprio bem-estar. (...) Logo, Virtude é o bem; o Vício, a enfermidade de todos".[12]

---

[9] Ibidem, p. 45 (livro II, parte 1, seção 1); p. 57 (livro II, parte 1, seção 1).

[10] Ibidem, p. 14 (livro I, parte 2, seção 2).

[11] Ibidem, p. 16 (livro I, parte 2, seção 2).

[12] Ibidem, p. 100 (livro II, parte 2, seção 3). Sobre "natureza comum", ver p. 45-46 (livro II, parte 1, seção 1).

O contraste, não apenas com Thomas Hobbes, mas também com Locke, não poderia ser mais óbvio.[13] Nenhum deles foi explicitamente citado por Shaftesbury, talvez por respeito a Locke, que ainda era vivo quando o ensaio foi escrito (embora tenha falecido à época do seu relançamento). Mas nenhum leitor minimamente informado poderia equivocar-se acerca da intenção de Shaftesbury. Em 1709, ele escreveu a um de seus protegidos que Locke, ainda mais do que Hobbes, era o vilão da peça, pois o personagem de Hobbes e seus "princípios [de governo] básicos sem originalidade tiraram o veneno de sua filosofia", ao passo que o caráter de Locke e seus louváveis princípios de governo fizeram sua filosofia ainda mais repreensível.

> Foi o sr. Locke quem solapou todos os fundamentos, atirou toda ordem e virtude para fora do mundo. (...) Virtude, de acordo com o sr. Locke, não tem outra medida, lei ou regra além do uso ou do costume: moralidade, justiça, equidade dependem apenas da lei e da vontade. (...) E, assim, nem certo nem errado, nem virtude ou vício são qualquer coisa em si mesmos; tampouco há algum traço ou ideia deles *naturalmente impressos* no espírito humano. Nossa experiência e nossa catequese ensinam-nos tudo![14]

---

[13] Outros historiadores disputam sobre essa interpretação da relação de Locke com os filósofos morais. Frank Balog, por exemplo, argumenta a favor da "posição fundamental de Locke" no Iluminismo escocês. Ele cita a primeira obra inglesa sobre o assunto, James McCosh, *Scottish Philosophy from Hutchinson to Hamilton* (1875): "Os metafísicos escoceses eram fortemente embebidos do espírito de Locke; todos eles se referiam a ele com profundo respeito, e nunca divergiram dele sem expressar pesar ou oferecer uma desculpa". Mas Balog admite que os filósofos escoceses divergiam de Locke em "um assunto fundamental, a natureza da consciência e da moralidade" – para os filósofos morais, realmente um tema fundamental. E ele cita Hume criticando Locke por este ser "não histórico e subversivo" (Balog, "The Scottish Enlightenment and the Liberal Political Tradition". In: *Confronting the Constitution*. Ed. Allan Bloom. Washington, 1990, p. 193, 207, 205.

[14] Citado por Klein, *Shaftesbury and the Culture of Politeness*, p. 65.

Da mesma forma que Shaftesbury não menciona Locke no *Inquiry*, Bernard Mandeville não menciona Shaftesbury em seu *The Fable of the Bees* – ao menos não na primeira edição, publicada em 1714. Mas por seu surgimento um ano depois da morte de Shaftesbury e à época da segunda edição de *Characteristics*, os leitores de Mandeville podiam bem tomá-lo como uma réplica ao trabalho de Shaftesbury. O subtítulo, *Private Vices, Public Benefits* [Vícios Privados, Benefícios Públicos], soa como um manifesto contra Shaftesbury.[15]

A versão original de *Fable*, publicada em 1705 como um panfleto barato (e pirateado, sob a queixa de Mandeville, em papel de valor ainda mais baixo), consistia em trinta versos descrevendo uma sociedade, uma colmeia de abelhas onde todos eram patifes e na qual a desonestidade servia a um propósito valioso. Todo vício tinha sua virtude concomitante: avareza contribuía para a prodigalidade; luxúria, para a diligência; loucura, para a ingenuidade. O resultado era uma colmeia zuniada, mas produtiva, onde "(...) toda parte era cheia de Vício, / Mas toda a massa era o Paraíso". Uma tentativa bem-intencionada de livrar a colmeia do vício teve como resultado o desaparecimento da colmeia, e todas as abelhas "abençoadas com contentamento e honestidade" abandonaram a produção e se refugiaram em uma árvore oca.[16]

Para que o sentido moral não escapasse de seus leitores, Mandeville relançou o poema em 1714 com um ensaio introdutório,

---

[15] Um dos editores de *Fable* disse que Mandeville não havia lido Shaftesbury quando da publicação da primeira edição do livro em 1714 [*The Fable of the Bees*. Ed. Philip Harth. Londres, 1970 (reimp. 1723), p. 32]. Mas o livro possuía tantos ecos de Shaftesbury – retroativamente –, que isso parece improvável. É improvável que Mandeville não tivesse lido um livro publicado três anos antes e que fora tão louvado quanto discutido. O editor também sugere que *Fable* pode ser entendido como uma sátira, "um notável ornamento da maior época da sátira inglesa" (p. 43). No entanto, afirmar isso é levar o livro muito menos a sério do que seus contemporâneos o levaram.

[16] Ibidem, p. 67, 75.

"A Origem da Virtude Moral", e muitas "Notas" que ampliaram as linhas do poema; às edições de 1723 e 1724 foram adicionados ainda outros ensaios e notas. Em sua versão estendida (agora verdadeiramente um livro), Mandeville aperfeiçoou sua tese. Amor-próprio, que seria redutível ao prazer e à dor, era a motivação primária de todos os homens, e o que é geralmente chamado piedade ou compaixão – o "sentimento de solidariedade e condolência pelos infortúnios e calamidades de outros" – era uma paixão inteiramente espúria, que infelizmente afligia mais os espíritos mais fracos.[17] Moralistas e filósofos, reconhece ele, geralmente assumiam a visão oposta, concordando com o "nobre escritor" conde de Shaftesbury: "como o homem é criado para a sociedade, deve nascer com um tipo de afeição pelo todo do qual ele é uma parte, e deve estar propenso a buscar o bem-estar dele".[18] A conclusão de Mandeville era afiada e inflexível:

> Eu me deleito em ter demonstrado que nem as qualidades amigáveis nem as outras afecções do gênero são naturais ao homem, nem as virtudes reais que ele é capaz de adquirir pela razão e abnegação são os fundamentos da sociedade; mas o que chamamos mal nesse mundo, tanto moral quanto natural, é o grande princípio que nos faz criaturas sociáveis, a base sólida, a vida e o sustentáculo de todos os negócios e empresas, sem exceção; devemos, portanto, olhar para a verdadeira origem de todas as artes e ciências e ver que, no momento em que o mal cessa, a sociedade se deteriora, se não se dissolve totalmente.[19]

The Fable of the Bees chocou profundamente seus contemporâneos, provocando um frenesi que culminou em uma decisão proferida pelo grande júri de Middlesex, condenando a obra como "perturbação da ordem pública". Participaram da condenação quase universal muitos dos grandes do século XVIII – o bispo Berkeley, Francis Hutcheson, Edward

---

[17] Ibidem, p. 158, 165, 264.
[18] Ibidem, p. 329.
[19] Ibidem, p. 370.

Gibbon e Adam Smith. Smith expressou o sentimento geral ao declarar a teoria de Mandeville "licenciosa" e "completamente perniciosa".[20]

Mandeville representou uma intrépida, mas fútil, tentativa de abortar a ética social que foi a característica distintiva do Iluminismo britânico. Essa ética não derivava nem do interesse pessoal nem da razão (ainda que ambos lhe fossem congruentes), mas de um senso moral que inspirava simpatia, benevolência e compaixão pelos outros. Assim, onde Locke, negando qualquer princípio inato, visava à educação a fim de inculcar nas crianças o sentimento de "humanidade", "benignidade" ou "compaixão",[21] Shaftesbury enraizava esse sentimento na natureza e no instinto, mais do que na educação ou na razão. "Compadecer-se", escreveu ele, "isto é, participar no padecimento [de outrem] (...) Ter isso como finalidade de vida é certo e bom; nada mais harmonioso; e ser sem isso, ou não senti-lo, é antinatural, horrível, inumano."[22]

Dois anos após a publicação da versão expandida de *Fable*, Francis Hutcheson entrou no debate com *An Inquiry Concerning the Original of Our Ideas of Beauty and Virtue* [Uma Investigação

---

[20] Adam Smith, *The Theory of Moral Sentiments*. Ed. D. D. Raphael e A. L. Macfie. Oxford, 1976 (reimpr. da 6. ed. 1790), p. 306, 308. Muitos anos depois, Gibbon elogiou William Law por atacar "a doutrina licenciosa" que afirmava que vícios privados eram benefícios públicos (ver Harth, introdução à *Fable*, p. 14). Smith ofendeu-se não apenas pelo amoralismo de Mandeville, por sua recusa em distinguir vício e virtude, mas também por suas visões mercantilistas, que foram um subproduto de sua filosofia. Porque não há senso moral natural e, portanto, não há harmonia natural entre os homens, Mandeville assumia que o governo tinha de intervir para converter "vícios privados" em "virtudes públicas". Mandeville é frequentemente tomado como um apologista do capitalismo, mas é o mercantilismo que é a dedução lógica de sua filosofia.

[21] Ver Locke, *Some Thoughts Concerning Education* (1693), especialmente a discussão de por que as crianças deveriam ser ensinadas a não serem cruéis com os animais.

[22] *The Life, Unpublished Letters and Philosophical Regimen of Anthony, Earl of Shaftesbury*. Ed. Benjamin Rand. Londres, 1900, p. 158.

Acerca da Origem de Nossas Ideias de Beleza e Virtude], relançado no ano seguinte com *Virtue or Moral Good* [Virtude ou Bem Moral], substituindo *Beauty and Virtue*. O subtítulo da edição original dava sua procedência: *In Which the Principles of the Late Earl of Shaftesbury Are Explained and Defended, Against the Author of the Fable of the Bees* [Em que os Princípios do Último Conde de Shaftesbury São Explanados e Defendidos, Contra o Autor da Fábula das Abelhas]. Foi aqui que Hutcheson enunciou pela primeira vez o princípio "a maior felicidade para o maior número".[23] Diferentemente de Helvétius e Jeremy Bentham, que são comumente creditados por esse princípio e que o baseiam nos cálculos racionais de utilidade, Hutcheson o deduz da moralidade mesma – o "senso moral" e a "benevolência".[24] Essas palavras, "senso moral" e "benevolência", aparecem como um refrão ao longo do livro. O senso moral, explica repetidas vezes Hutcheson, antecede o interesse porque é universal em todos os homens. "Solidariedade" não pode ser um produto do interesse pessoal porque envolve a associação de alguém com as experiências dolorosas, assim como com os sofrimentos e aflições de outrem. Assim, também a "inclinação à compaixão" é essencialmente desinteressada, uma preocupação com "o interesse de outros,

---

[23] Francis Hutcheson, *An Inquiry Concerning the Original of Our Ideas of Virtue or Moral Good* (2. ed. 1726), reimpresso em *British Moralists*, ed. L. A. Selby-Bigge, Oxford, 1897, I, 107.

[24] Ibidem, p. 118. Ver, também, Hutcheson, *A Short Introduction to Moral Philosophy in Three Books*, 5. ed. Filadélfia, 1788 (1. ed. 1747), p. 12-13, 21-22. O tema reaparece em seu *Observations on the Fable of the Bees* (1726) e em *An Essay on the Nature and Conduct of the Passions and Affections, with Illustrations on the Moral Sense* (1728). Bentham mesmo atribuiu várias vezes esse princípio a Montesquieu, Barrington, Beccaria e Helvétius, "mas principalmente a Helvétius". Smith erroneamente atribuiu a origem do "senso moral" mais a Hutcheson do que a Shaftesbury. Ver Timothy L. S. Sprigge (org.), *The Correspondence of Jeremy Bentham*, Londres, 1968, I, 134n., e II, 99 (carta a John Forster, abr.-maio 1778); Smith, *Moral Sentiments*, p. 321 (parte VII, seção 3, cap. 3).

sem visar nenhuma vantagem privada".[25] Tal inclinação também seria anterior à razão ou à instrução. Como Burke, posteriormente, Hutcheson advertia sobre a fragilidade da razão:

> Não obstante nos elevemos acima dos animais pela poderosa razão, seus processos são muito lentos, cheios de dúvida e hesitações para nos servir em todas as exigências, ou para nossa própria preservação, sem os sentidos externos, ou para dirigir nossos atos para o bem do todo, sem aquele senso moral.[26]

Em outra passagem, ele nos explica que a razão é "apenas um poder subserviente", capaz de determinar os meios para promover o bem, mas não o fim mesmo, o impulso inato ao bem.[27]

"Benevolência", "compaixão", "simpatia", "solidariedade", "afeição natural pelos outros" – sob um rótulo ou outro, esse senso moral (ou sentimento, como preferia Smith) seria a base da ética social que conformou o discurso moral e filosófico britânico durante todo o século XVIII. A geração de filósofos que se seguiu a Shaftesbury classificava seus ensinamentos em um aspecto ou outro, diferindo entre si sobre a natureza precisa e a função do senso moral. Mas todos eles concordavam que tal senso (ou algo muito parecido com isso) era o atributo natural, necessário e universal do homem, fosse ele rico ou pobre, educado ou inculto, ilustrado ou ignorante. Também concordavam que tal senso era um corolário da razão e do interesse, mas anterior e independente de ambos.

Em seus dois sermões sobre "Compaixão", o bispo Butler explicava que a razão sozinha não seria "suficiente para a virtude em uma criatura como o homem"; ela deveria estar associada à compaixão, que seria "um chamado, um pedido da natureza para consolar o infeliz, como a fome é um chamado natural por comida" (o infeliz incluía

---

[25] Hutcheson, *Inquiry*, p. 86, 93, 140-43; *Short Introduction*, p. 9, 12.
[26] Hutcheson, *Inquiry*, p. 156.
[27] Hutcheson, *A System of Moral Philosophy*. Londres, 1755, I, p. 69-70.

o "indigente e o aflito").²⁸ Não haveria contradição, insiste ele, entre a benevolência do homem e seu amor-próprio, entre "as afecções públicas e privadas" porque ambos são integrantes de sua natureza e essenciais para sua felicidade. "Há no homem um princípio natural de benevolência que é, em certo grau, para a sociedade o que o amor-próprio é para o indivíduo."²⁹ Para o filósofo Thomas Reid, é o "senso comum", não a razão, a qualidade singular do "homem comum". Se o homem fosse dotado apenas de razão, a raça haveria sido logo extinta. Felizmente, a razão é complementada por "afecções benevolentes", que são "não menos necessárias para a preservação da espécie humana do que os apetites de fome e sede".³⁰ Do mesmo modo, Adam Ferguson fez da "solidariedade" ou "humanidade" um "pertence da natureza humana", sendo uma "característica da espécie".³¹

Mesmo Hume, que tinha uma visão insensível da natureza humana, acreditava em um "sentimento", um "senso moral", um "gosto moral" comum a todos os homens.³² Prazer e dor estariam relacionados àquele senso moral, na medida em que o vício conduziria à dor e, a virtude, ao prazer. É uma falácia da filosofia, tanto antiga quanto moderna, observa Hume, tratar a razão como motivo principal ou princípio do comportamento humano, já que a razão sozinha não poderia nunca prevalecer sobre a vontade e as paixões ou fornecer o

---

²⁸ Joseph Butler, *Fifteen Sermons Preached at the Rolls Chapel*. Londres, 1970 (1. ed. 1726), p. 86 (sermão 5); p. 101 (sermão 6).

²⁹ Ibidem, p. 19-20 (sermão 1). Ver, também, sermão 11.

³⁰ Thomas Reid, *Essays on the Active Powers of Man* (1788). In: *Scottish Moralists: On Human Nature and Society*. Ed. Louis Schneider. Chicago, 1967, p. 105.

³¹ Adam Ferguson, *Principles of Moral and Political Science* (1792). In: Schneider (ed.), *Scottish Moralists*, p. 88.

³² David Hume, *A Treatise on Human Nature*. Ed. Ernest C. Mossner. Baltimore, 1969 (1. ed. 1739-1740), p. 632 (livro III, parte III, seção 1); p. 522 (livro III, parte I, cap. 2); p. 652 (livro III, parte III, cap. 3).

incentivo para a virtude. O último livro do *Tratado sobre a Natureza Humana* se inicia com uma seção intitulada "Distinções Morais Não Derivam da Razão", seguida por outra, "Distinções Morais Derivam de um Senso Moral".[33]

Hutcheson criticava Hume por rejeitar a ideia de benevolência como uma faculdade primária, inata. Mas Hume aceitava a ideia de simpatia como a "principal fonte de distinções morais", e a fonte, em particular, do "bem público", "o bem da humanidade".[34] E embora não lhe concedesse o caráter de um senso inato, fazia da ideia de simpatia um traço comum a todos os homens. "O espírito [*mind*] de todos os homens é similar em seus sentimentos e em suas operações; nenhum homem pode ser influenciado por alguma afecção à qual todos os outros não sejam, em algum nível, suscetíveis. Como em cordas igualmente feridas, o movimento de uma comunica-se às restantes; assim, toda afecção passa prontamente de uma pessoa a outra, e produz movimentos correspondentes em toda criatura humana."[35] Como se fosse para satisfazer Hutcheson, em um livro posterior, *Investigação sobre os Princípios da Moral*, Hume usou a ideia de benevolência como sinônimo de simpatia e criticou o "sistema egoísta da moral" de Hobbes e Locke, que falhavam em reconhecer a "benevolência geral" ou "a benevolência desinteressada" – ou seja, a benevolência divorciada de relações e afetos pessoais – como uma qualidade essencial da natureza humana. Era evidentemente assim, argumentava Hume, com os animais, as espécies inferiores; como não haveria de ser assim com o homem, a espécie superior?[36] Pois encontrava o sentimento de benevolência tão bem fundado na experiência que podia assumi-lo "sem maiores provas". Certamente, ele não era uma qualidade inata

---

[33] Ibidem, p. 507 (livro III, parte 1, seção 1); p. 522 (livro III, parte 1, seção 2).

[34] Ibidem, p. 668 (livro III, parte 3, seção 6); p. 635 (livro III, parte 3, seção 1).

[35] Ibidem, p. 626-27 (livro III, parte, cap. 1).

[36] David Hume, *An Enquiry Concerning the Principles of Morals*. La Salle, Ill., 1938 (reimp. de 1777 – 1. ed. 1751), p. 138-43 (apêndice II, "Of Self-Love").

dos seres humanos, conforme Hutcheson o via, mas era uma "tendência" que tinha virtualmente o mesmo efeito. "Parece que uma tendência ao bem público e para a promoção da paz, da harmonia e da ordem em sociedade sempre, por afetar os princípios benevolentes de nossa estrutura, nos move ao lado das virtudes sociais." E, novamente, de maneira ainda mais eloquente: "Há certa benevolência, embora pequena, infusa em nosso peito; alguma centelha de amizade pelo gênero humano; alguma partícula de inocência misturada em nossa constituição, junto dos elementos do lobo e da serpente".[37]

A afirmação mais nuançada dessa doutrina, e a mais influente, apareceu no livro *Teoria dos Sentimentos Morais*, de Adam Smith. Hoje (exceto entre acadêmicos), Smith é identificado quase totalmente com *A Riqueza das Nações*. Em seu próprio tempo, ele foi bem mais reconhecido, tanto em sua terra como alhures, como o autor de *Teoria dos Sentimentos Morais*. Publicado em 1759, *Teoria dos Sentimentos Morais* teve quatro edições antes que *A Riqueza das Nações* aparecesse em 1776, e mais uma poucos anos depois. Longe de ser considerado obsoleto, o livro anterior permaneceu no primeiro plano do pensamento de Smith, bem como de seus contemporâneos. Adam Smith devotou o último ano de sua vida à revisão e à expansão de *Teoria dos Sentimentos Morais*, não para ajustá-lo à obra posterior, mas para fortalecer sua mensagem. A mudança mais importante foi a adição do capítulo "Da Corrupção de Nossos Sentimentos Morais, que é Ocasionada por Essa Disposição para Admirar o Rico e o Grande, e Desprezar e Negligenciar Pessoas de Condição Pobre e Inferior".

A sentença que abre o *Teoria dos Sentimentos Morais* já define seu tom e seu tema:

---

[37] Ibidem, p. 67, 109.

Não importa quão egoísta possa ser um homem qualquer que se suponha, há evidentemente alguns princípios em sua natureza que lhe trazem o interesse na sorte de outros e tornam a felicidade deles necessária a ele, embora isso não lhe traga nada exceto no prazer de observá-la. Desse tipo é a piedade ou compaixão, a emoção que sentimos pela miséria de outros quando a vemos ou a concebemos vivamente. (...) Pela imaginação nós nos colocamos em suas situações (...), entramos, por assim dizer, em seus corpos e nos tornamos em certa medida uma mesma pessoa com eles.[38]

"Piedade", "compaixão", "benevolência", "empatia" – Smith usava palavras quase, mas não completamente, sinônimas para denotar essas qualidades elementares da natureza humana que constituem nossos sentimentos morais. "Por isso que sensibilizar-se muito pelos outros e pouco por nós mesmos, que refrear nosso egoísmo e favorecer nossas afecções benevolentes, constitui a perfeição da natureza humana."[39] Por isso também o homem encontra sua própria satisfação em favorecer essas afecções benevolentes. Sendo virtuoso, o homem está consumando sua própria natureza para seu próprio benefício. "O homem naturalmente deseja não apenas ser amado, mas ser amável. (...) Ele naturalmente teme não só ser odiado, mas ser odiável. (...) Ele deseja não apenas louvar, mas ser louvável. (...) Ele teme não apenas a culpa, mas a culpabilidade."[40] E ainda: "Nós desejamos tanto ser respeitáveis quanto respeitados. Nós temos tanto ser desprezíveis quanto sermos desprezados".[41]

São essas as virtudes "positivas" incitadas pelo senso de "solidariedade" que Smith elevou sobre aquelas que chamava virtudes "negativas" da justiça. É isso o que distingue Smith da tradição dos

---

[38] Smith, *Moral Sentiments*, p. 9 (parte I, seção 1, cap. 1). Smith usou as palavras "piedade", "compaixão" e "empatia" como intercambiáveis, embora diferencie, em certo momento, "empatia" dos outros termos (p. 10).

[39] Ibidem, p. 25 (parte I, seção 1, cap. 5).

[40] Ibidem, p. 113-14 (parte III, cap. 2).

[41] Ibidem, p. 62 (parte I, seção 3, cap. 3).

antigos "humanistas civis".⁴² Essa tradição, derivada do Renascimento e esposada pelos *commonwealthmen* no século XVII, considerava os afazeres públicos e a integridade política como a essência da virtude. Para Smith, o domínio público, governado pelo princípio de justiça, tinha importância secundária se comparado com o domínio privado, onde os sentimentos de simpatia e benevolência prevalecem.

> Embora a mera ausência de beneficência pareça não merecer punição por parte dos iguais, as grandes aplicações dessa virtude parecem merecer a mais alta recompensa. Sendo produtoras dos mais elevados bens, elas são objetos naturais e louváveis da mais vivaz gratidão. Embora a violação da justiça, ao contrário, exponha à punição, a observância das regras dessa virtude parecem carecer do merecimento de qualquer recompensa. Há, sem dúvida, um bem na prática da justiça, e ela merece, por sua conta, toda a aprovação que é devida a tal bem. Mas como ela não realiza nenhum bem real positivo, a ela é designada uma pequena gratidão. A mera justiça não é, na maioria dos casos, senão uma virtude negativa, e apenas impede-nos de ferir nosso vizinho.⁴³

Antecipando a má interpretação comum de suas opiniões, Smith refuta mais uma vez a ideia de que a empatia estaria fundada no amor-próprio. Empatia não pode ser encarada como um "princípio egoísta", pois ela não vem do fato de se imaginar alguém na miserável condição de outro, mas do imaginar o outro mesmo nesta condição. Desse modo, um homem pode ter empatia com uma mulher

---

[42] A distinção de Smith entre virtudes "positivas" e "negativas" era similar à distinção de Hume entre virtudes "naturais" e "artificiais" – ética e justiça. Esse não é o uso comum dos termos feito por comentadores recentes, em que "virtude" caracteriza o discurso dos humanistas cívicos, e "justiça" o de Smith e Hume. Ver, por exemplo, os ensaios de Ivan Hont, Michael Ignatieff e J. G. A. Pocock em *Wealth and Virtue: The Shaping of Political Economy in the Scottish Enlightenment*, ed. Hont e Ignatieff, Cambridge, 1983. Para o conceito de "humanismo cívico", ver J. G. A. Pocock, *The Machiavellian Moment: Florentine Political Thought and the Atlantic Republican Tradition*, Princeton, 1975.

[43] Smith, *Moral Sentiments*, p. 81-82 (parte II, seção 2, cap. 1).

em trabalho de parto, embora ele não consiga conceber a si mesmo sofrendo suas dores "em sua própria pessoa e individualidade".[44] Tampouco a empatia pode ser suficientemente calculada pela razão. A razão é, seguramente, a fonte das regras gerais da moralidade, mas seria "completamente absurdo e ininteligível supor que as primeiras percepções de certo e errado podem ser derivadas da razão". Virtude "necessariamente é deleitável por si só", "como certamente causa desprazer" o vício, não devido à razão e reflexão, mas por conta do "senso e da sensação imediatos".[45]

Se razão e interesse tinham um papel secundário no esquema moral desses filósofos, assim também era com a religião. Eles tampouco encontraram a fonte da moralidade fora da religião ou, como Shaftesbury, na "religião natural"; ou invocaram a ortodoxia religiosa, como o bispo Butler o fez, como uma aliada da moralidade. Em todo caso, havia uma patente ausência de certo tipo de ânimo religioso – certamente nada comparável à hostilidade entre razão e religião, que desempenhou um papel tão grande no Iluminismo francês. Mesmo o newtonianismo, que pode ter sido presumido como fomento para um ceticismo extremo, não teve tal efeito. O Deus de Newton não meramente colocou o universo em movimento: Ele era um agente vivo, ativo no mundo. "Ele *sempre* é e está presente em todos os lugares. (...) Ele é todo olhos, todo ouvidos, todo cérebro, todo braço, todo força dos sentidos, do entendimento e da ação."[46] E o *Principia*, como

---

[44] Ibidem, p. 317 (parte VII, seção 3, cap. 1).

[45] Ibidem, p. 320 (parte VII, seção 3, cap. 2). É interessante que, em um breve exame da filosofia moral desde os antigos até os modernos, Smith mencione Locke apenas uma vez, quando contrasta sua visão acerca da "reflexão" com o "senso moral" de Hutcheson, para conceder a vantagem a este, p. 322 (VII, III, cap. 3). Há apenas uma outra passagem que faz referência a Locke no livro inteiro (p. 241.)

[46] James Gleick, *Isaac Newton*. Nova York, 2003, p. 108.

geralmente se crê, fornece ampla evidência do arranjo providencial do universo. O próprio Newton, enquanto negava a trindade (assim como Locke também o fez), e teve grandes sofrimentos para corrigir a Bíblia com base nos cálculos astronômicos, foi (como Voltaire, seu maior admirador declarado) um cristão devotado, não um deísta.[47]

Shaftesbury definiu o tom, no início do século, invocando para uma "bem-humorada religião", que desceria das "altas regiões da divindade" à "moral sinceramente honesta".[48] Esse bom humor foi exibido nas famosas coleções de suas conversas com um amigo sobre a multitude de seitas no mundo. "Todos os homens sábios são da mesma religião", dizia ele. "E qual era essa religião?", perguntou uma dama. "Madame", respondeu Shaftesbury, "homens sábios nunca falam".[49] (Esse chiste tem sido atribuído a muitos outros homens sábios, incluindo Hume. Winston Churchill, que adorava citá-lo, apontava como fonte um personagem de *Endymion*, romance de Benjamin Disraeli.)

Hume foi o mais cético dos filósofos. Seu ensaio sobre milagres (prudentemente eliminado do *Tratado Sobre a Natureza Humana*, mas impresso posteriormente nos *Ensaios Filosóficos Acerca do Entendimento Humano*) lhe valeu a pecha de "ateu". Ele não foi, de fato, um ateu – um agnóstico, talvez, ou mesmo um deísta. Se por um

---

[47] Newton foi também, por muitos anos, um zeloso alquimista (e talvez tenha sido um criptoalquimista durante grande parte de sua vida). Seu biógrafo lembrou uma astuta observação de Nietzsche, dois séculos depois: "Você acredita, então, que as ciências iriam surgir e se tornariam grandes se não fossem anteriormente precedidas por mágicos, alquimistas, astrólogos e bruxos que ansiaram por poderes abscônditos e proibidos?". Ibidem, p. 104.

[48] Shaftesbury, "A Letter Concerning Enthusiasm" (1708). In: *Characteristics* I, 21, 26.

[49] B. W. Young, "'Scepticism in Excess': Gibbon and Eighteenth-Century Christianity", *The Historical Journal* (1998), p. 181 (citando o ensaio de John Toland, publicado em 1720). Leslie Stephen cita esse chiste, creditando-o a Hume, em sua *History of English Thought in the Eighteenth Century*, Nova York, 1962 (1. ed. 1876), I, p. 289.

lado criticou as bases filosóficas da religião natural ("teologia natural", como ele a denominou), por outro, nunca descartou a crença em si mesma. E, embora temesse o "fanatismo", ele era notavelmente complacente em relação a certo "fervor [*enthusiasm*]". Após a publicação do volume final do *Tratado*, Hume publicou um ensaio sobre "Superstição e Fervor", caracterizando ambos como corrupções da verdadeira religião, mas muito diferentes em suas naturezas e em seus efeitos. Ao passo que a superstição era favorável ao poder sacerdotal, o fervor era mais oposto à hierarquia religiosa que a própria razão. O fervor começava, certamente, produzindo as mais cruéis desordens na sociedade, "mas sua fúria é como aquela do trovão ou da tempestade, que se exaurem em pouco tempo e deixam o ar mais calmo e puro do que antes". Assim, a superstição era "uma inimiga da liberdade civil", e o fervor, "um aliado dela". Os quakers, por exemplo, começaram fervorosos e tornaram-se "grandes livres-pensadores", assim como os jansenistas na França, que mantiveram vivas, naquele país, "as pequenas faíscas do amor à liberdade".[50] (Como muitos de seus contemporâneos, contudo, Hume era menos tolerante com os católicos).

Foi por uma boa razão que os *philosophes* acharam Hume insuficientemente ateu, enquanto ele os achava excessivamente dogmáticos. Edward Gibbon, relembrando sua visita a Paris em 1763, sentiu-se perturbado pelo "zelo intolerante" dos *philosophes*, que "riam do ceticismo de Hume e pregavam os princípios do ateísmo com o fanatismo dos dogmáticos, e condenavam todos os crentes ao ridículo e ao desprezo".[51] No ano seguinte, um amigo de Hume, que vivia em Paris, relatou a um correspondente inglês: "pobre Hume,

---

[50] David Hume, "Of Superstition and Enthusiasm". In: Schneider (ed.), *Scottish Moralists*, p. 173-77.

[51] *The Autobiographies of Edward Gibbon*. Ed. John Murray. Londres, 1896, p. 127. (Essa é uma edição dos seis rascunhos deixados por Gibbon como material bruto para suas memórias. Ela varia um pouco da *Autobiography of Edward Gibbon*, editada por seu amigo e executor de seu testamento, lorde Sheffield, e publicada em 1796. Ver nota 72.)

que do seu lado do mar é considerado de tão pouca religião, é aqui considerado como tendo muita".[52] De fato, Hume possuía religião suficiente para prestar auxílio à igreja oficial, em parte como um corretivo ao fanatismo, mas também porque a crença em Deus e na imortalidade tivesse um efeito salutar na vida das pessoas. Aqueles que tentaram alijar as pessoas dessas crenças, dizia ele, "podem, de qualquer modo, ser bons pensadores, mas não posso dizer que sejam bons cidadãos e políticos".[53] Em *História da Inglaterra* (o trabalho mais popular em sua época), ele foi tão longe a ponto de argumentar que "deve haver uma ordem eclesiástica e uma autoridade pública em religião em toda comunidade civilizada".[54] Hume foi especialmente escolhido pela Igreja da Escócia, aceitando com prazer sua indicação como seu patrono, e usou sua influência para fazer avançar as opiniões e as carreiras dos Moderados – cristãos estoicos, como eles próprios se viam –, que aspiravam reconciliar a fé e a ética secular, Cristianismo e comércio.[55]

Se Hume foi o mais cético dos filósofos daquela geração, o bispo Butler foi o menos cético. Ainda assim, mesmo Hume foi respeitoso para com Butler e considerava sua *Analogy of Religion* como a obra teológica mais séria do século.[56] A *Analogy* foi uma sóbria crítica do deísmo e uma sofisticada defesa do teísmo. O Deus de Butler, "o Autor

---

[52] Ernest Campbell Mossner, *The Life of Hume*, Londres, 1954, p. 485, citando uma carta de James Macdonald de 6 de junho de 1764.

[53] Will R. Jordan, "Religion in the Public Square: A Reconsideration of David Hume and Religious Establishment", *Review of Politics*, outono de 2002, p. 693.

[54] Hume, *History of England* (III, p. 134-35).

[55] Mossner, *Life of Hume*, p. 239-40. Ver, também, Jordan, "Religion in the Public Square"; Ingrid A. Merikoski, "A Different Kind of Enlightenment", *Religion and Liberty*, nov.-dez. 2001; e Ingrid A. Merikoski, "The Challenge of Material Progress: The Scottish Enlightenment and Christian Stoicism", *Journal of the Historical Society*, inverno de 2002.

[56] Mossner, *Life of Hume*, p. 110.

inteligente da natureza e o natural governador do mundo"⁵⁷, era o Deus da revelação, assim como da natureza. Ele era, além disso, o Deus que não apenas criou o universo – isso os deístas concediam –, mas que intervinha ativamente nele, o que aqueles negavam. Era também o Deus que fornecia a sanção última para a moralidade. Butler concordava com os outros filósofos que nem a razão nem o amor-próprio eram bases suficientes para a virtude, mas discordava com eles na atribuição da virtude a um senso moral inato. Era a religião a fonte da "mais forte obrigação à benevolência" e era ela que conduzia, juntos, a razão e o amor-próprio na busca daquela virtude.⁵⁸

Mesmo Hutcheson, que seguia Shaftesbury mais de perto ao afirmar a primazia do senso moral, concedia que o homem é o que é porque Deus o criara assim. Hutcheson não derivava o senso moral de Deus; em vez disso, derivava Deus, tal como era – um Deus benevolente –, do senso moral. Uma vez que a felicidade do homem consistia em uma "benevolência universalmente eficaz", seguia-se que Deus era "benevolente de modo mais universalmente imparcial".⁵⁹ Um firme crédulo na tolerância religiosa, Hutcheson não estendia tal tolerância ao ateísta que negava a "providência moral" ou ao cidadão que negava as "virtudes morais ou sociais"; ambos eram tão prejudiciais ao bem-estar do Estado que deveriam ser reprimidos pela força de um magistrado.⁶⁰

Para além das discordâncias que Hutcheson e Hume tinham acerca da natureza precisa do senso moral, Adam Smith foi um grande

---

⁵⁷ Joseph Butler, *The Analogy of Religion, Natural and Revealed, to the Constitution and Course of Nature*. Londres, 1900 (1. ed. 1736), p. 5.

⁵⁸ Butler, *Sermons*, p. 109 (sermão 11).

⁵⁹ Hutcheson, *Inquiry*, p. 176-77 (seção 7, XIII).

⁶⁰ Hutcheson, *A System of Moral Philosophy*. Nova York, 1968 (reimpressão da 1. ed. de 1755), p. 313 (volume II, livro III, cap. 9).

admirador de ambos. Alguns comentadores sugeriram que Smith estava mais para um deísta como Hutcheson do que para um cético como Hume.[61] Seja como deísta, seja como cético, ele exibia em seus escritos uma tolerância e uma visão afável para com a religião, típica da maioria de seus colegas. Se ele não fez da religião a fonte da moralidade, considerou-a ao menos como uma aliada natural da moralidade inerente ao homem. Razão e religião tinham funções equiparadas, mas diferentes, com a razão proporcionando as regras gerais do certo e do errado, e a religião reforçando tais regras pelos mandamentos e leis da divindade. Ao agir de acordo com essas regras e prestando a elas a devida reverência, o indivíduo cooperava com a divindade e fazia avançar o plano da Providência. Na realidade, essas regras eram os "representantes de Deus entre nós", carregando consigo as sanções de recompensa e punição – o "contentamento" que advinha do seguimento das regras e a "vergonha interna e a autocondenação" que vinham com suas violações.[62]

Mesmo a crença na imortalidade, dizia Smith, era inspirada não apenas por nossa fraqueza, nossas esperanças e nossos medos, mas também por nossos melhores e mais nobres motivos, "o amor à virtude (...) e a aversão ao vício e à injustiça". A religião reforçava, assim, o senso natural do dever. Por isso uma grande confiança era depositada na probidade dos religiosos – que cuidavam para que os princípios

---

[61] Uma carta escrita por Smith quando Hume estava morrendo é tomada por vezes como uma evidência que ele compartilhava das mesmas visões de Hume: "O pobre David Hume está morrendo muito rápido, mas com grande alegria e bom humor, e com uma real resignação para com o curso necessário das coisas do que qualquer cristão lamuriento que já morreu com uma resignação fingida à vontade de Deus". Adam Smith, *Moral Sentiments*, p. 19 (carta a Alexander Wedderburn, de 14 de agosto de 1776, citada na introdução do editor). Alguns comentadores viram uma diminuição da religiosidade em certas mudanças das muitas edições dessa obra, por exemplo, p. 91-92 (parte II, seção 2, cap. 3); p. 383-87 (apêndice II). Penso que se tenha dado uma importância excessiva a essas revisões.

[62] Ibidem, p. 163, 166 (parte III, cap. 5).

naturais da religião não fossem corrompidos pelo "zelo sedicioso e partidário de alguma conspiração desprezível", assim como cuidavam também para que uma pessoa religiosa reconhecesse como seu dever primeiro o cumprimento de todas as obrigações da moralidade, colocando a justiça e a benevolência acima das "frívolas observâncias" da religião.[63] Poderia ter sido Burke explicando o porquê de a religião ser um sustentáculo mais seguro para a moralidade do que a razão ou a filosofia. "A religião, mesmo em sua forma mais rude", dizia Smith, "deu uma sanção às regras da moralidade muito antes da época do raciocínio artificial e da filosofia. Que os terrores da religião devessem assim reforçar o senso natural do dever foi de muito mais importância para a felicidade da humanidade do que a natureza tê-la deixado dependente da vagareza e da incerteza da investigação filosófica".[64]

Smith foi um homem prudente e talvez esses testemunhos qualificados sobre a religião tenham servido para velar sua própria inclinação cética. Na edição final de *Teoria dos Sentimentos Morais*, ele adicionou uma seção sobre a prudência, explicando que o homem prudente era sempre "sincero", mas nem sempre "franco e aberto". Ele dizia a verdade, mas nunca toda a verdade. Acima de tudo, respeitava "com um escrúpulo quase religioso todos os decoros estabelecidos e cerimoniais da sociedade". Entre aqueles homens eminentes que ao longo das gerações falharam em observar tais decoros e eram, "por isso, transformados em um exemplo muito pernicioso" para seus admiradores, Smith incluía seus próprios contemporâneos Swift e Voltaire.[65]

Essas reflexões sobre a prudência podem ter sido motivadas por um episódio que perseguiu Smith por muitos anos. Hume, pouco antes de sua morte, pediu a Smith que cuidasse da publicação de um livro sobre o qual ele havia trabalhado longamente e lhe deixou uma

---

[63] Ibidem, p. 169-70.
[64] Ibidem, p. 164.
[65] Ibidem, p. 214 (parte VI, seção 1).

pequena herança para tal propósito. O livro era *Diálogos sobre a Religião Natural*, que até amigos que compartilhavam da mesma opinião haviam pedido que Hume não publicasse, porque a obra negava a validade não apenas da religião revelada, mas também da religião natural. Smith sentiu-se obrigado a dizer a seu melhor amigo, em seu leito de morte, que não poderia honrar seu pedido, alegando alguma frágil razão para sua recusa. (Ao editor ele explicou que pensara que o "clamor" provocado pelo *Diálogos* afetaria a venda da nona edição da obra de Hume.) Talvez para tranquilizar sua consciência, Smith anexou ao *My Own Life*, de Hume, publicado no ano seguinte, um tributo, concluindo com um epitáfio retirado do *Fédon*: "Acima de tudo, eu sempre o considerei, tanto durante a sua vida quanto desde sua morte, como cada vez mais próximo da ideia de um homem perfeitamente sábio e virtuoso, como talvez jamais a fragilidade da natureza humana permita". Tal elogio, Smith observaria mais tarde, "rendeu-me dez vezes mais insultos que o ataque violentíssimo que fiz acerca de todo o sistema comercial da Grã-Bretanha".[66] Rendeu-lhe também um obituário bem menos panegírico no *Times*, que relembrou seu "elaborado elogio sobre o estoico fim de David Hume".[67]

Hume faleceu em 1776. No mesmo ano, *A Riqueza das Nações* foi publicado. Próximo ao fim do livro, em uma seção sobre educação, Smith fez algumas observações sobre religião que eram ao mesmo tempo prudentes e práticas. O estado, explicava ele, tinha um interesse na educação dos jovens porque quanto mais educados eles fossem, menos sujeitos estariam àquelas "ilusões do fervor e da superstição", que, nos países atrasados, foram motivo de terríveis desordens. Citando uma longa passagem de *History of England*, de Hume, que defende

---

[66] Ian Simpson Ross, *The life of Adam Smith*. Oxford, 1995, p. 339-40.
[67] Donald Winch, *Riches and Poverty: An Intellectual History of Political Economy in Britain, 1750-1834*. Cambridge, 1996, n. 4, p. 168.

a tese de que o estado deve sustentar o clero das seitas Dissidentes,[68] sobre a base de que, se os clérigos fossem deixados aos seus próprios recursos, eles seriam mais vigorosos em promover suas próprias seitas e mais inclinados a infundir sua religião com superstições e ilusões. Indolência, mais do que energia, era a aspiração última, e podia ser atingida através do pagamento de um salário fixo ao clero. Smith refina a proposta de Hume apontando que o zelo seria mais perigoso se só existissem poucas seitas na sociedade. Se existissem várias seitas, nenhuma seria forte o suficiente para perturbar a ordem pública. Cada seita, surpreendida por muitos adversários, acharia conveniente respeitar as outras e fazer concessões para seus benefícios mútuos. Depois de um tempo, suas doutrinas seriam basicamente reduzidas a "uma religião pura e racional, livre de toda mistura de absurdidade, impostura ou fanatismo". Isso, observa Smith, é o que os homens sábios sempre vislumbraram e poderia ser atingido sem a intervenção da lei positiva, que, em si mesma, tende a ser influenciada pela superstição e pelo fervor religioso.[69]

Seitas religiosas seriam valiosas também na promoção de um *éthos* característico.

---

[68] Os Dissidentes ingleses eram cristãos que, entre os séculos XVI e XVIII, se separaram da Igreja oficial aglutinando-se em diversas seitas, como os Anabatistas, os Familitas e os Adamitas. (N.T.)

[69] Adam Smith, *An Inquiry into the Nature and Causes of the Wealth of Nations*. Ed. Edwin Cannan. Nova York, 1937 (1. ed. 1776), p. 740-46. O argumento de Smith recorda o de Voltaire qual meio século antes: "Se apenas uma religião fosse permitida na Inglaterra, o governo seria possivelmente arbitrário. Mas se fossem permitidas duas, as pessoas cortariam os pescoços umas das outras. Mas como há uma tal multitude, eles todos vivem felizes e em paz", Voltaire, *Letters Concerning the English Nation*, Nova York, 1974, p. 35, carta 6; Robert Scigliano (ed.), *The Federalist: A Commentary on the Constitution of the United States*, Nova York, 2001, p. 61 (*Federalist* 10). *The Federalist* fez, mais tarde, a mesma observação: "Uma seita religiosa pode degenerar em uma facção política em alguma parte da Confederação; mas uma variedade de seitas dispersas por toda sua extensão deve proteger os conselhos nacionais contra qualquer perigo desse tipo".

> Em cada sociedade civilizada, em cada sociedade onde a distinção de classes já foi completamente estabelecida, há sempre dois esquemas diferentes ou sistemas correntes de moralidade ao mesmo tempo, dos quais um pode ser chamado de estrito e austero; o outro, liberal, ou se você preferir, sistema frouxo. O primeiro é geralmente admirado e reverenciado pelas pessoas comuns; o último é comumente mais estimado e adotado por aqueles chamados da alta sociedade.[70]

O sistema "liberal" ou "frouxo", favorecido pela "alta sociedade", seria propício aos "vícios de frivolidade" – "luxúria, devassidão e todo gozo desordenado, a busca do prazer a um nível de intemperança, o rompimento da castidade". O sistema "estrito ou austero", ao qual geralmente aderem "as pessoas comuns" que olham para tais vícios, para si próprios e em qualquer grau, com "extrema aversão e ódio", porque sabem – ou ao menos "os mais sábios e de melhor classe" entre eles sabem – que esses vícios os fariam quase sempre cair em ruínas; uma simples devassidão de uma semana poderia arruinar um pobre trabalhador para sempre. Esse é o porquê, explica Smith, de seitas religiosas terem brotado e crescido entre as pessoas comuns, pois elas pregam o sistema de moralidade adequado ao bem-estar do pobre.[71]

Se a visão de Smith sobre a religião era ditada, ao menos em parte, pela prudência, era tanto a prudência pública quanto a pessoal que o movia. Ele teria sido, em público, mais bem disposto à religião do que era privadamente inclinado a ser. Porém, ele genuinamente acreditava na utilidade moral e social da religião. E a utilidade não apenas da religião natural ou da religião da igreja estabelecida, que poderia ser pensada como um instrumento valioso para a estabilidade e a ordem pública, mas a religião daquelas seitas dissidentes, que, em nome de uma fé mais pura e mais rigorosa, inspirou uma moralidade mais estrita e mais austera. A esse respeito, Smith foi talvez um maior

---

[70] Smith, *Wealth of Nations*, p. 746.
[71] Ibidem, p. 746-47.

apreciador da religião do que aqueles seus colegas que possuíam posições oficiais nas igrejas estabelecidas – mais notadamente o bispo Butler ou os Moderados na Igreja da Escócia.

O ano de 1776 foi verdadeiramente um *annus mirabilis* [ano maravilhoso] na história do Iluminismo britânico e não menos do que na história da república americana. Ele viu a publicação de duas obras reconhecidas como clássicas, tanto em seu próprio, como em nosso tempo: *An Inquiry into the Nature and Causes of the Wealth of Nations* e o primeiro volume de *The Decline and Fall of the Roman Empire*. Edward Gibbon não foi um filósofo moral, mas foi um historiador moral, e sua grande obra foi uma contribuição notável ao Iluminismo britânico. Seu amigo Hume escreveu a ele logo após a aparição do primeiro volume (e apenas alguns meses antes de sua morte), alertando-o de que ele poderia ser afetado pelas mesmas acusações que haviam sido levantadas contra ele próprio. Elogiando Gibbon por ter mostrado um "temperamento bastante prudente", Hume temia que os últimos dois capítulos do livro criassem um "clamor" contra ele. "O prevalecimento da superstição na Inglaterra", predisse, "prognostica a queda da filosofia e a decadência do gosto; e embora ninguém seja mais capaz do que você para revivê-los, provavelmente encontrará um desafio em seus primeiros avanços".[72]

De fato, o livro desafiou a predição de Hume e foi um sucesso para além das expectativas de Gibbon ou de seu editor. A primeira edição de mil cópias esgotou-se em poucos dias, assim como duas outras reimpressões que rapidamente a seguiram, apesar do fato de os capítulos provarem ser tão provocativos quanto Hume havia dito. Enquanto alguns resenhistas e leitores saudaram o livro como

---

[72] *Autobiography of Edward Gibbon* (1796). Ed. Lord Sheffield. Oxford, World's Classics, 1950, p. 181 (carta de Hume a Gibbon, 18 de março de 1776).

uma obra-prima, outros vilipendiaram o autor como um ateu. O capítulo que introduzia o tema do cristianismo foi enganosamente intitulado "O Progresso da Religião Cristã e os Sentimentos, Modos, Números e Condições dos Cristãos Primitivos". Mas o progresso do cristianismo, como Gibbon o descrevia, era sinônimo do progresso da superstição, em evidência do que ele aduz a crença em milagres, a doutrina da imortalidade, a vida após a morte que consigna descrentes ao inferno eterno e a suspensão das leis da natureza para o benefício da igreja. Enaltecendo os cristãos primitivos, cuja fé era sustentada por virtudes pessoais, Gibbon observara que suas vidas eram não só mais puras e mais austeras do que as de seus contemporâneos pagãos, mas também mais do que as vidas de seus "sucessores degenerados". Ele falava ironicamente de uma igreja que havia se tornado exteriormente mais esplêndida mesmo tendo perdido sua pureza interna; e do pobre que devia alegremente contemplar a promessa de uma felicidade futura no reino dos céus, enquanto o rico se contentava com suas posses neste mundo.[73] Recontando a perseguição sofrida pelos primeiros cristãos, da parte dos romanos, ele concluiu o capítulo seguinte com "a verdade melancólica que se impõe à mente relutante": que os cristãos, no decurso de suas próprias dissensões, haviam "infligido severidades muito maiores uns aos outros do que experienciaram do zelo dos infiéis".[74]

Em *Memórias*, escrito muitos anos depois, refletindo sobre o enorme sucesso de sua obra – "meu livro estava em todas as mesas e quase em todo toalete" –, Gibbon amargamente relembra as acusações de impiedade: "Tivesse eu acreditado que a maioria dos leitores ingleses fosse tão credulamente ligada ao nome e à sombra do cristianismo; tivesse eu previsto que os piedosos, os tímidos e os prudentes sentiriam ou se afetariam com uma sensibilidade tão

---

[73] Edward Gibbon, *The Decline and Fall of the Roman Empire*. Chicago, 1952 (1. ed. 1776-1788), p. 190-91, 205-6.
[74] Ibidem, p. 233.

refinada, poderia, talvez, ter abrandado os dois capítulos hostis, o que criaria muitos inimigos e conciliaria poucos amigos". Felizmente, acrescentou ele, essas vozes clamorosas não foram persuasivas.[75] E havia outras vozes para aliviar seu ego ferido, não apenas Hume, mas Smith, que o confortou após a publicação dos volumes finais: "Não consigo expressar a você o prazer que me dá perceber que o assentimento universal de todo homem de bom gosto e culto que eu conheça, ou com o qual me corresponda, o coloca no topo de toda a classe literária existente presentemente na Europa".[76]

É difícil caracterizar o tipo de descrença de Gibbon, se é que ela existiu. Tem-se dito que seu ceticismo foi mais o de um historiador do que o de um teólogo.[77] No primeiro dos capítulos "hostis", o próprio Gibbon sugere: "A um teólogo se pode perdoar a agradável tarefa de descrever a Religião como descida dos Céus, vestida em sua pureza nativa. Um dever mais melancólico é, no entanto, imposto ao historiador. Ele deve descobrir a mistura inevitável de erro e corrupção que ela contraiu em uma longa estada sobre a terra, em meio a uma fraca e degenerada raça de seres".[78] O historiador e o teólogo, entretanto, não eram tão nitidamente distintos, o ceticismo de um, inevitavelmente, informa o do outro. Além disso, o ceticismo de Gibbon não era a defesa familiar do cristianismo primitivo em contraste com o posterior, corrompido pela Igreja; foram os milagres e as superstições do cristianismo em seu princípio que Gibbon toma como sendo a fonte do mal. Não foi apenas a Igreja Católica ou, de fato, alguma igreja, que ele contesta; ele foi igualmente crítico da religião natural dos deístas modernos e dos Dissidentes, que desejavam preservar a forma da religião sem sua substância, fé sem revelação. Essa foi uma

---

[75] Gibbon, *Autobiography*, p. 180, 185.

[76] Ross, *Life of Smith*, p. 285.

[77] O assunto foi matéria de muita controvérsia. Um excelente resumo acerca disso é o de Young, "Scepticism in Excess", p. 179-99.

[78] Gibbon, *Decline and Fall*, p. 179.

das críticas de Joseph Priestley, que, por sua vez, censurou Gibbon por zombar da ideia da vida após a morte.

Gibbon foi, então, um cético radical – um cético, contudo, não um ateu. O ateísmo era muito dogmático e entusiasmado para satisfazer o historiador ou o cidadão. Como Shaftesbury, ele não via utilidade para a espécie dos "ateus entusiastas".[79] O comentário de Gibbon acerca dos *philosophes*, que "pregavam as bases do ateísmo com o fanatismo dos dogmáticos",[80] foi atribuído ao Gibbon mais maduro, mais do que ao jovem autor de *Decline and Fall*. Mesmo em seus primórdios, ele nutria uma pequena simpatia por eles. Nas raras ocasiões em que ele citou a *Encyclopédie*, Gibbon o fez com muita desaprovação e não a julgava importante o suficiente a ponto de comprar a obra para sua própria biblioteca.[81] Sugeriu-se que ele teria sido mal interpretado pelos comentadores vitorianos posteriores que tentaram se apropriar dele para seu próprio racionalismo secular.[82] Se não teve a completa "sensibilidade quase-religiosa" que esses historiadores lhe atribuíram, ele certamente teve um espírito de uma tolerância cética que fez o latitudinarismo da Igreja da Inglaterra muito mais adequado a ele do que o ateísmo. Longe de querer desestabilizar a Igreja, ele desejava mais lançar uma suspeita sobre o fanatismo dos rebeldes contra ela do que sobre os fiéis religiosos.

Não é posto em dúvida que Gibbon foi um membro eminente do Iluminismo britânico. No entanto, ele próprio sentia que precisava reassegurar seus leitores acerca de sua confiança naquele Iluminismo.

---

[79] Shaftesbury, "A Letter Concerning Enthusiasm". In: *Characteristics*, I, 34.

[80] Ibidem, p. 40.

[81] J. G. A. Pocock, *Barbarism and Religion*. Cambridge, 1999, I, p. 151. Pocock descreve a resposta de Gibbon ao *Discours préliminaire* de d'Alembert, em 1761, como "instantaneamente hostil" (p. 139). Mas a querela de Gibbon não estava relacionada com as visões religiosas de d'Alembert, mas com sua difamação da "erudição" (ver, também, Pocock, p. 67 e passim).

[82] Young, "Scepticism in Excess", p. 199.

Ele imaginava que seu tema, o declínio e a queda do Império Romano, poderia ser tomado como objeto de estudo para seu próprio tempo. As grandes civilizações da modernidade não cairiam presas das mesmas forças das trevas que haviam engolfado aquela grande civilização da Antiguidade? Sua resposta foi inequívoca: as realizações da civilização não seriam perdidas. "Nós talvez possamos aquiescer", diz fechando o terceiro volume, "na agradável conclusão de que toda época do mundo acrescentou, e ainda acrescenta, real riqueza, felicidade, conhecimento e talvez virtude à raça humana".[83]

É interessante, especialmente em se contrastando com a situação na França, ver quão longe alguns dos representantes do Iluminismo britânico podem ir na "naturalização" da religião sem repudiá-la, e quão longe outros podem ir na rejeição da religião natural sem rejeitar a igreja – de fato, quão longe, mesmo os clérigos entre eles, podem ir sem arriscar sua posição na igreja. Muitos anos atrás, o historiador H. R. Trevor-Roper traçou as origens dessa atitude tolerante até o século XVII com a emergência do arminianismo e do socinianismo; o primeiro celebrando o livre-arbítrio e a tolerância religiosa e o controle leigo da igreja; o segundo aplicando a razão crítica e secular sobre os textos e problemas religiosos. Ambas foram heresias de direita, como diz Trevor-Roper (desafiando a visão convencional do socinianismo como uma heresia de esquerda), e ambas contribuíram para um Iluminismo forjado em uma atmosfera não de "revolução ideológica e guerra civil", mas de "paz ideológica e *rapprochement* [reconciliação]".[84]

---

[83] Gibbon, *Decline and Fall*, p. 634.

[84] H. R. Trevor-Roper, "The Religious Origins of the Enlightenment", em seu *The Crisis of the Seventeenth Century: Religion, the Reformation and Social Change*. Nova York, 1968, p. 193-236 (especialmente a página 203).

Historiadores mais recentes têm ratificado essa visão. J. G. A. Pocock explica que não havia um clamor público na Inglaterra sobre "*Écrasez l'infâme*" porque "não havia *infâme* a ser esmagado". A Igreja Anglicana, que se tornou erastiana no século XVII, em resposta ao puritanismo, via a religião racional mais como sustentadora do que subversora da autoridade clerical, e a Igreja era suficientemente latitudinária para acomodar os gostos de Gibbon. Assim, não havia um "projeto iluminista" na Inglaterra, como houve na França, designado a desacreditar a religião, desestabilizar a Igreja ou a criar uma religião civil em seu lugar.[85] De maneira similar, Roy Porter, refutando a teoria do "surgimento do paganismo moderno" de Peter Gay, diz que o Iluminismo na Inglaterra vicejou "no interior da piedade". "Não havia necessidade de sobrepujar a religião, porque não havia papa, inquisição, nem jesuítas e nem sacerdócio monopolizado."[86] J. C. D. Clark foi mais além, estendendo esse latitudinarianismo aos metodistas e aos membros do evangelicalismo, bem como à maioria dos anglicanos, todos os quais subscreviam uma "teologia política" que apoiasse tanto a Igreja quanto o Estado.[87]

Mas algo mais do que o latitudinarianismo e a tolerância foi responsável pelo clima intelectual bastante diferente na Grã-Bretanha. Não havia igreja opressiva ou teologia dogmática contra a qual se rebelar nem autoridade ou ideologia que incitasse a rebelião. Na França, foi a razão que fez as vezes dessa autoridade e ideologia; uma

---

[85] J. G. A. Pocock, "Post-Puritan England and the Problem of the Enlightenment". In: *Culture and Politics: from Puritanism to the Enlightenment*. Ed. Perez Zagorin. Berkeley, 1980, p. 103, 106. Ver, também, J. G. A. Pocock, "Gibbon and the Primitive Church". In: *History, Religion and Culture: British Intellectual History, 1750-1950*. Ed. Stefan Collini, Richard Whatmore e Brian Young. Cambridge, 2000, p. 59-60.

[86] Roy Porter, "The Enlightenment in England". In: *The Enlightenment in National Context*. Ed. Roy Porter e Mikulas Teich. Cambridge, 1981, p. 6.

[87] J. C. D. Clark, *English Society, 1688-1832: Ideology, Social Structure and Political Practice During the Ancien Régime*. Cambridge, 1985.

razão tão soberana que desafiou não somente a religião e a igreja, mas todas as instituições dependentes delas. A razão era inerentemente subversiva, buscando um futuro ideal, que desprezava as deficiências do presente, para não dizer nada do passado – e desdenhava também das crenças e práticas dos incultos e plebeus.

A filosofia moral britânica, por sua vez, foi muito mais reformista do que subversiva, respeitadora do passado e do presente, enquanto olhava adiante para um futuro mais esclarecido. Ela também foi otimista e, ao menos a respeito daquele último aspecto, igualitária, compartilhando o senso moral e o senso comum por todos os homens, não somente entre educados e bem-nascidos. E também não tinha nenhuma desavença com a religião em si mesma – com uma religião ignorante ou antissocial, certamente, mas não com a religião *per se*. A filosofia moral britânica podia até mesmo tolerar, como Shaftesbury e Hume o fizeram, uma religião entusiasta, abrindo assim as portas à mais entusiasmada religião daquele tempo, o metodismo.

Essa foi a Inglaterra que Montesquieu encontrou no início do século XVIII. O povo inglês, disse ele, "sabe melhor do que qualquer outro povo sobre a Terra como valorizar, ao mesmo tempo, estas três grandes vantagens – religião, comércio e liberdade".[88] E foi essa a Inglaterra que Tocqueville redescobriu mais de um século depois: "Eu desfrutei, na Inglaterra, do que há muito tempo eu estive privado – uma união entre os mundos religioso e político, entre a virtude pública e a privada, entre o cristianismo e a liberdade".[89]

---

[88] Baron de Montesquieu, *The Spirit of the Laws*. Trad. Thomas Nugent. Nova York, 1949 (1. ed. francesa, 1750), p. 321 (volume I, livro 20, seção 7).

[89] *Memoir, Letters, and Remains of Alexis de Tocqueville*. Londres, 1861, II, p. 397 (carta a M. de Corcelle, 2 de julho de 1857).

Capítulo 2 | Economia Política e Sentimentos Morais

Adam Smith desempenhou um duplo papel no Iluminismo britânico: filósofo moral e economista político. É comum pensar que os dois Smiths fossem incongruentes – "*Das Adam Smith Problem* [O Problema Adam Smith]", como o chamam os alemães. Os estudos mais recentes têm se devotado em resolver esse problema.[1] Entretanto, isso não afetou seus contemporâneos, que não viram nada de anômalo ou contraditório em seus dois grandes livros, *Teoria*

---

[1] Sobre esse "problema" ver, por exemplo, Richard Teichgraeber III, "Rethinking *Das Adam Smith Problem*", *Journal of British Studies*, primavera de 1981; Teichbraeber, "Adam Smith and Tradition: *Wealth of Nations* before Malthus", em seu *Economy, Polity and Society: British Intellectual History, 1750-1950*, Cambridge, 2000; e a introdução a Smith, *The Theory of Moral Sentiments*, ed. D. D. Raphael e Al. L. Macfie, Oxford, 1976 (reimp. da 6. ed. 1790), p. 20-25 e passim. A literatura sobre Smith foi sempre vasta, mas ela assumiu uma nova postura desde a celebração do centenário de *A Riqueza das Nações*. Muito disso é derivado do conceito de "humanismo cívico", tal como desenvolvido por J. G. A. Pocock em *The Machiavellian Moment: Florentine Political Thought and the Atlantic Republican Tradition*, Princeton, 1975. Sobre a relação de Smith com essa tradição (e seu afastamento dela), tal como se reflete em *A Riqueza das Nações* e *Teoria dos Sentimentos Morais*, ver os ensaios de Istvan Hont e Michael Ignatieff, Nicholas Phillipson e Donald Winch em *Wealth and Virtue: The Shaping of Political Economy in the Scottish Enlightenment*, Cambridge, 1983, e o ensaio de John Dwyer em *Adam Smith Reviewed*, ed. Peter Jones e Andrew S. Skinner, Edimburgo, 1992.

dos Sentimentos Morais, publicado em 1759, e *An Inquiry into the Nature and Causes of the Wealth of Nations*, de 1776.

A *Riqueza das Nações* não foi, de fato, um livro tão tardio como a data de publicação sugere. Algumas das principais ideias de ambos os livros foram assunto das aulas de Smith como professor de lógica e de filosofia moral na Universidade de Glasgow, no início dos anos 1750. Em 1755, Smith apresentou um curto artigo veiculando algumas das ideias principais de *A Riqueza das Nações*; como se fosse para afirmar a anterioridade de tais ideias, o autor afirma que já as havia expressado em conferências em Edimburgo mesmo antes de se tornar professor em Glasgow.[2] Smith trabalhou no texto atual do livro por muitos anos, para o desespero de alguns de seus amigos, que lamentavam o atraso e temiam que o tamanho do livro desencorajasse os leitores. Quando foi finalmente publicado, David Hume consolou Smith dizendo que, mesmo o livro requerendo uma leitura muito atenta para se tornar popular rapidamente, ele o seria por sua "profundidade, solidez e agudeza", bem como por seus "fatos curiosos", que eventualmente capturam a atenção pública.[3] O editor não foi mais otimista. A primeira edição, em dois volumes e mais de mil páginas, consistiu em quinhentas cópias vendidas pelo preço padrão de 1,16 libras, pelos quais Smith recebeu a grande soma de 300 libras – essa quantia para o autor do bastante conhecido e altamente considerado *Teoria dos Sentimentos Morais*, que havia reaparecido em uma nova edição apenas dois anos antes. Aquelas quinhentas cópias foram vendidas em seis meses, uma segunda edição foi publicada dois anos depois, e três outras se seguiram nos vários anos antes da morte de Smith em 1790. Em vida, seu livro foi traduzido para o francês, alemão, italiano, dinamarquês e espanhol, e recebeu o *imprimatur* de sucesso sob a

---

[2] Dugald Stewart, *Biographical Memoir of Adam Smith*. Nova York, 1966 1. ed. 1793), p. 67-68.

[3] Ibidem, p. 52.

forma de uma grande abreviação. Alguns dos mais eminentes homens daquele tempo, ao longo do espectro político, declararam-se seus discípulos: Edmund Burke e Thomas Paine; Edward Gibbon e Richard Price; William Pitt e Lorde North.

O sucesso de *A Riqueza das Nações* não prejudicou a importância ou a mensagem do *Teoria dos Sentimentos Morais*. Tendo resenhado entusiasticamente o primeiro, quando de seu aparecimento, Burke foi também um admirador do segundo, 25 anos depois. O elogioso memorial de Smith, escrito por Dugald Stewart três anos após sua morte, devotou 26 páginas ao primeiro livro e apenas 17 ao posterior.[4] Comentadores de Smith, analisando *A Riqueza das Nações*, frequentemente viram um pouco do *Teoria dos Sentimentos Morais* nele – ou de alguma filosofia moral. Decerto, alguns leram o segundo livro como uma refutação, com efeito, do primeiro, interpretando o *A Riqueza das Nações* como uma tentativa de "des-moralizar" a economia política e divorciá-la de qualquer conteúdo moral. John Ruskin foi mais imoderado que a maioria quando insultou o "escocês mestiço e senil" que deliberadamente perpetrou a blasfêmia: "Odeia o Senhor teu Deus, rejeita as Suas leis e cobiça os bens do teu vizinho".[5] Um século depois, o historiador E. P. Thompson, de maneira menos

---

[4] Em uma nota anexa àquele memorial, Stewart explicava que a reputação póstuma de Smith estava um tanto sob uma névoa naquela época. Enquanto a Inglaterra estava em guerra com a França, havia uma tendência, "mesmo entre homens de algum talento e informação" (o memorial foi exposto ante a *Royal Society* de Edimburgo), de confundir "doutrinas especulativas de economia política" com "os primeiros princípios de governo". Assim, a doutrina do livre mercado foi vista como possuindo uma "tendência revolucionária". Algumas pessoas que se orgulhavam de sua intimidade com Smith e de sua admiração por sua economia começaram a questionar a conveniência de "submeter os arcanos da política de estado às disputas de filósofos". Dugald Stewart, *Biographical Memoir of Adam Smith*. Nova York, 1966, p. 87.

[5] John Ruskin, *Fors Clavigera: Letters to the Workmen and Labourers of Great Britain*. In: *Works*. Ed. E. T. Cook e Alexander Wedderburn. Londres, 1907 (1. ed. 1871-1884), XXVIII, p. 516, 764.

dramática, contrastou a velha "economia moral" com a nova economia política de Smith, que era "desinfetada de imperativos morais intrusivos" – não porque Smith fosse pessoalmente imoral ou displicente com o bem público, mas porque era a consequência objetiva de sua doutrina,[6] como Thompson apressou-se em acrescentar.

O economista Joseph Schumpeter, no entanto, queixou-se não do fato de Smith ter "des-moralizado" a economia política, mas de que ele tenha falhado em fazê-lo. Smith, disse ele, estava tão imerso na tradição moral derivada da escolástica e da lei natural que não podia conceber a economia *per se*, uma disciplina divorciada da ética e da política.[7] A questão é bem colocada, embora não constitua necessariamente uma crítica. Longe de ter suas origens na filosofia medieval, a economia de Smith refletia a filosofia eminentemente moderna que ele e seus contemporâneos estavam propondo sob o nome de "filosofia moral".

Nem a economia política-*cum*-moral de Smith significava a elevação ou exaltação da classe empresarial (ainda não denominada "capitalista") que alguns críticos presumiram ser sua principal beneficiária. Ao contrário, a espirituosa retórica de *A Riqueza das Nações* é quase sempre dirigida contra tal classe. Das três "ordens" da sociedade – proprietários de terra, trabalhadores e mercadores-produtores –, Smith viu os dois primeiros agindo de acordo com os interesses do público; apenas os últimos tendiam a ser discrepantes em relação aos interesses públicos.

> A proposta de qualquer nova lei ou regulação do comércio que é proveniente desta espécie deve sempre ser ouvida com grande precaução e nunca deve ser adotada até que tenha sido longa e cuidadosamente examinada, não apenas com a mais escrupulosa, mas

---

[6] E. P. Thompson, "The Moral Economy of the English Crowd in the Eighteenth Century". In: *Past and Present*, 1971, p. 89-90.

[7] Joseph Schumpeter, *History of Economic Analysis*. Ed. Elizabeth Boody Schumpeter. Nova York, 1974 (1. ed. 1954), p. 141, 182, 185.

com a mais desconfiada atenção. Ela vem de um tipo de homens cujo interesse não é nunca exatamente o mesmo daquele do público e que geralmente quer ludibriá-lo e mesmo oprimi-lo e, em muitas ocasiões, o ludibria e o oprime.[8]

Nossos negociantes e os produtores reclamam tanto dos maus efeitos dos altos salários. (...) Eles não dizem nada acerca dos maus efeitos dos altos lucros. (...) Eles silenciam a respeito dos efeitos perniciosos de seus próprios ganhos. Reclamam apenas daqueles das outras pessoas.[9]

Negociantes e produtores – a frase aparece repetida e, muitas das vezes, injustamente. Para favorecer seus próprios interesses à custa do "pobre e do indigente", eles se empenham em seu "clamor e sofistaria", "[em seu] ciúme impertinente", "[em sua] maldosa voracidade", "[em seus] maldosos e malignos expedientes", "[em suas] artes furtivas", "[em sua] sofistaria interesseira" e "[em sua] falsidade interesseira".[10] Há, seguramente, suficientes "imperativos morais intrusivos" em *A Riqueza das Nações* para satisfazer um moralista como Thompson e para irritar um não moralista como Schumpeter.

Essas invectivas podem parecer estar em desacordo com o famoso *dictum* de Smith: "Não é da benevolência do açougueiro, do cervejeiro ou do padeiro que esperamos que venha nosso jantar, mas do respeito a seu próprio interesse".[11] Esse princípio estava baseado na suposição de que o açougueiro, o cervejeiro e o padeiro – e o trabalhador como tal – operavam em um "sistema de liberdade natural",[12] um livre mercado que permitia a troca de bens e serviços

---

[8] Adam Smith, *An Inquiry into the Nature and Causes of the Wealth of Nations*. Ed. Edwin Cannan. Nova York, 1937 (1. ed. 1776), p. 250.

[9] Ibidem, p. 98.

[10] Ibidem, p. 128, 460-61, 463, 577, 609.

[11] Ibidem, p. 14.

[12] Ibidem, p. 651.

para o benefício de todos os participantes daquela troca. Era o sistema mercantil, que visava dirigir a economia rumo aos interesses do poder e da riqueza nacional, que encorajava os homens a "conspirar", "ludibriar" e "oprimir" uns aos outros. O livre mercado, de fato, não eliminava inteiramente tais tentações. "Pessoas do mesmo ramo raramente se encontram, mesmo que para uma festa ou diversão; mas a conversa sempre acaba em uma conspiração contra o público ou em alguma invenção para aumentar os preços." Embora fosse impossível, acrescenta Smith, impedir tais encontros por alguma lei consistente com a liberdade e a justiça, o livre mercado dificultou a associação em tais atividades perniciosas.

Pouco antes daquele memorável pronunciamento sobre a "benevolência do açougueiro, do cervejeiro ou do padeiro", Smith observou que, na sociedade civilizada, "o homem tem ocasião quase constante de ajudar seu irmão". A questão era se obtinha tal ajuda da "benevolência apenas" ou do "amor-próprio".[13] Esse era o "sistema de liberdade natural" e apenas esse sistema é que fez do amor-próprio (ou interesse próprio, egoísmo) contribuinte do interesse geral. Interesse próprio, como Smith o entendia, não era tão sublime como a benevolência, mas, em um mercado, ao menos era mais seguro e prático – bem como mais moral.

Pairando sobre o interesse próprio estava a ubíqua "mão invisível", que assegurava que os interesses individuais trabalhassem juntos para o bem geral. Essa metáfora, tão comumente associada com *A Riqueza das Nações*, apareceu anteriormente, com quase o mesmo estilo e com o mesmo efeito, em *Teoria dos Sentimentos Morais*. Em ambos os livros, era o bem da sociedade e, mais notavelmente, do pobre, que era acrescido pelas consequências indiretas das ações individuais. No primeiro livro, a distribuição das necessidades vitais que era facilitada pela mão invisível; no posterior, era a maximização dos

---

[13] Ibidem, p. 14.

rendimentos da sociedade.¹⁴ A metáfora foi criticada por dar muita liberalidade ao indivíduo, por sancionar qualquer coisa que alguém pudesse escolher fazer, não importando as consequências para os outros. Mas ela também teve o efeito oposto de alterar o peso do argumento do indivíduo para a sociedade ao fazer os interesses privados servirem ao bem público.

À metáfora também foi dada uma interpretação teleológica, como se algum agente benevolente estivesse ativo engendrando aquele fim desejável. Com essa metáfora, Smith quis verdadeiramente significar a mão invisível, mas, certamente, não a mão real. Esse era o espírito do sistema da liberdade natural. Sem interferência externa e sem seu próprio conhecimento consciente, cada indivíduo era "conduzido por uma mão invisível a promover um fim que não fazia parte de sua intenção". Além disso, por perseguir seu próprio interesse dessa maneira, "ele [o indivíduo] frequentemente promove a sociedade mais efetivamente do que quando ele realmente tem a intenção de promovê-la".¹⁵

A "mão invisível", de Smith, poderia ser considerada um conceito similar ao de "astúcia da razão", de Hegel.¹⁶ Mas há uma profunda diferença, precisamente porque a doutrina de Hegel é teleológica. Para Hegel, os fins, que seriam inconscientemente promovidos pelo

---

¹⁴ Smith, *Theory of Moral Sentiments*, n. 7, p. 184-85. Os editores apontam que Smith havia utilizado a expressão anteriormente em seu ensaio "The History of Astronomy", em que ele dizia que os antigos não viam a "mão invisível de Júpiter" em tais ocorrências naturais, como o fogo, a água ou a gravidade. Ver, também, A. L. Macfie, "The Invisible Hand of Jupiter", *Journal of the History of Ideas*, 1971, p. 595-99.

¹⁵ *Wealth of Nations*, p. 423 (essa é a única ocorrência da frase nesse livro.)

¹⁶ Não há evidência de que Hegel tenha sido inspirado por Smith quando cunhou a frase em sua *Filosofia da História*. Mas certamente Hegel leu Smith (assim como os posteriores economistas políticos, como Say e Ricardo), e há ecos de tal leitura na *Filosofia do Direito*, especialmente no conceito de sociedade civil, o reino intermediário entre o indivíduo e o Estado, onde os indivíduos perseguem seus interesses privados.

exercício das vontades e dos interesses individuais, seriam aqueles de uma História providencial e de uma Razão transcendente. O "interesse geral" de Smith também seria algo significantemente diferente da "vontade geral" de Rousseau. Esta última seria algo maior e diferente do que a soma dos interesses individuais; o interesse geral de Smith seria simplesmente a totalidade de interesses de todas as pessoas que constituiriam a sociedade.

Talvez o aspecto mais singular de *A Riqueza das Nações* fosse a própria ideia de nação. O título se referia não à nação como entendia o mercantilista – o Estado-nação cuja riqueza era a medida de sua força *vis-à-vis* com outros Estados –, mas como o povo compreendia a nação. E o povo não no sentido político, que nos é familiar, daqueles que têm uma participação ativa na política, mas no sentido social daqueles que vivem e trabalham na sociedade, a vasta maioria dos quais, como apontava Smith, estaria nas "camadas mais baixas". Era o seu bem-estar, sua "riqueza" que seria promovida por uma política econômica "progressiva", pois apenas uma economia livre poderia trazer uma "opulência universal que se estenda às camadas mais baixas do povo (...) uma abundância [que] se difunde por todas as camadas da sociedade".[17] Para aqueles que objetaram que, se o pobre partilhasse da "abundância geral", eles não se satisfariam com a parte que lhes caberia, Smith coloca a seguinte questão: "Essa melhora nas circunstâncias das camadas mais baixas do povo deve ser encarada como vantagem ou inconveniência para a sociedade?". Sua resposta era inequívoca:

> Empregados, trabalhadores e operários de diferentes tipos, constroem grande parte de toda grande sociedade política. Mas o que melhora as circunstâncias da maior parcela nunca pode ser visto como uma

---

[17] Ibidem, p. 11.

inconveniência para o todo. Seguramente, nenhuma sociedade pode ser próspera e feliz se a maior parte dos seus membros for pobre e miserável. Além disso, é de importância capital que eles, que alimentam, vestem e abrigam o corpo das pessoas, tenham tal compartilhamento do produto de seu próprio trabalho, sendo eles mesmos regularmente bem alimentados, vestidos e alojados.[18]

A oposição de Smith ao mercantilismo é geralmente lida como uma crítica à regulamentação do governo e uma defesa da política do *laissez-faire*.[19] Ela foi isso e muito mais. O mercantilismo não apenas inibia uma economia progressiva pela interferência nos processos naturais do mercado, como também, de acordo com a acusação de Smith, discriminava injustamente os trabalhadores porque estabelecia os salários máximos ao invés dos mínimos, beneficiando, assim, os mercadores e os produtores à custa dos trabalhadores. O mercantilismo também promovia a visão predominante de que baixos salários seriam ao mesmo tempo naturais e necessários; naturais porque o pobre não trabalharia senão por extrema necessidade; e necessários para manter um equilíbrio de mercado favorável. Como Arthur Young memoravelmente diz: "apenas um idiota não sabe que as classes mais baixas devem ser mantidas pobres ou, caso contrário, elas nunca serão diligentes".[20] Young admitia que salários excessivamente baixos seriam contraproducentes. "Dois xelins e seis pences

---

[18] Ibidem, p. 78-79.

[19] Hoje, é geralmente aceito que Smith não foi o rigoroso "laissez-fairista" que alguns de seus discípulos (no século XX, bem como no XIX) diziam. O último livro inteiro de *A Riqueza das Nações*, que discorre sobre os deveres e as funções do governo, é testemunha disso e tem-se a própria vida de Smith para desmentir essa visão. Como comissário aduaneiro da Escócia (um posto que ele conscienciosamente procurou e desempenhou – e não era um trabalho fácil), ele supervisionou a cobrança de impostos que seriam usados para as funções próprias do Estado: defesa, justiça, obras públicas e educação.

[20] Arthur Young, *The Farmer's Tour Through the East of England*. Londres, 1771, IV, p. 361.

por dia será indubitavelmente tentador para algum trabalhador que não tocaria em uma ferramenta por um xelim."²¹ Mas ele desejava, com isso, estabelecer um argumento para salários de subsistência e não para altos salários.

Smith não foi o primeiro a questionar a conveniência dos baixos salários, mas foi o primeiro a desafiar o conhecimento recebido, adotando uma visão positiva dos salários mais altos e oferecendo base sistemática e racional para eles. E o fez porque tinha confiança no fato de que o trabalhador pobre seria merecedor de tais salários e responderia favoravelmente a eles.

> A recompensa liberal do trabalho, na medida em que encoraja a propagação, também aumenta a indústria das pessoas comuns. Os salários do trabalhador são o encorajamento da indústria, que, como qualquer outra qualidade humana, aumentam em proporção ao encorajamento que recebe. Uma subsistência abundante aumenta a força do trabalhador e a esperança reconfortante de melhoria de sua condição e também de terminar seus dias com conforto e, porventura, profusão, o anima a empregar sua força ao máximo. Onde os salários são altos, nós devemos sempre encontrar trabalhadores mais ativos, diligentes e ágeis do que nos lugares onde são baixos.²²

A visão benigna do pobre de Smith estende-se também ao indigente, assim como ao operário pobre. A Inglaterra foi o primeiro país – e por um longo tempo o único – a ter um sistema público, secular e nacional (embora localmente administrado) de assistência aos pobres. De modo diferente de seus sucessores – mais notavelmente Thomas Malthus –, Smith não via problemas na assistência aos pobres em si mesma. Mas ele se opunha, e vigorosamente, às leis de assentamento que estabeleciam requisitos para as residências dos mais necessitados, o que limitava sua mobilidade e suas oportunidades de melhoria, e

---

²¹ Arthur Young, *A Six Months' Tour Through the North of England*. Londres, 1770, I, p. 196.
²² *Wealth of Nations*, p. 81.

também os privava de liberdades apreciadas por outros ingleses.[23] No mesmo espírito, ele apoiava a taxação proporcional e maiores impostos sobre supérfluos do que sobre itens básicos, de modo que "a indolência e vaidade do rico contribua de maneira muito simples à assistência ao pobre".[24]

Todos esses quesitos eram um corolário da concepção de uma "economia progressiva" de Smith. Por conta dos altos salários resultarem do aumento da riqueza e ao mesmo tempo serem a causa do aumento da população, apenas em uma economia em expansão, em que a demanda por trabalho se mantivesse a par com a oferta, os salários reais poderiam permanecer altos. A divisão do trabalho era crucial pela mesma razão, porque resultava em uma maior produtividade industrial e em uma economia próspera, tornando possível, assim, estender a riqueza até as "classes mais baixas da população".[25] Com efeito, Smith refuta antecipadamente a teoria de Malthus que o crescimento da população inevitavelmente resulta em "miséria e vício" das classes mais baixas. Um livre mercado, argumentava Smith, combinado com a divisão do trabalho permitiria a expansão da economia, absorvendo os salários mais altos e o aumento da população, e trazendo, com isso, não a miséria e o vício para o homem comum, mas uma "abundante subsistência" e uma esperança reconfortante de "melhoria de sua condição".[26]

---

[23] Ibidem, p. 141.

[24] Ibidem, p. 683; ver, também, p. 777, 821.

[25] Ibidem, p. 11.

[26] Robert Heilbroner atribui a Smith algo como uma teoria malthusiana. Longe de postular uma economia progressiva, em expansão, assegura Heilbroner, Smith teria previsto um eventual declínio e uma queda. Ver Heilbroner, "The Paradox of Progress: Decline and Decay in the *Wealth of Nations*", *Journal of the History of Ideas*, 1973, p. 243, reimpresso em *Essays on Adam Smith*, ed. Andrew S. Skinner e Thomas Wilson, Oxford, 1975. Ver, também, a resposta de E. G. West, "Adam Smith and Alienation: Wealth Increases, Men Decay?". In: *Essays on Adam Smith* (em seu trabalho prévio, *The Worldly Philosophers*

O otimismo de Smith fracassou ao menos em um ponto. Próximo ao final de *A Riqueza das Nações*, na parte que ficaria conhecida como a passagem da "alienação", o autor descreve os efeitos da divisão do trabalho que leva o homem a gastar sua vida executando uma simples operação, sem oportunidade para "exercer seu entendimento" ou "exercitar sua inventividade".

> Ele naturalmente perde, assim, o hábito de desempenhar tais ações e, geralmente, se torna tão estúpido e ignorante quanto é possível a uma criatura humana. O torpor de sua mente o torna não apenas incapaz de apreciar ou tomar parte em qualquer conversação racional, mas de conceber quaisquer sentimentos gerais, nobres ou ternos e, consequentemente, de formar qualquer justo juízo acerca da maioria dos deveres ordinários da vida privada. Ele é, do mesmo modo, incapaz de julgar os grandes e vastos interesses de seu país e, a menos que seja tomado por sofrimentos muito particulares que o façam ser de outro modo, ele é igualmente incapaz de defender seu país em uma guerra. A uniformidade de sua vida estacionária naturalmente corrompe a coragem de seu espírito e o faz olhar com aversão a vida irregular, incerta e aventureira de um soldado. Tal uniformidade corrompe mesmo a atividade de seu corpo e o torna incapaz de exercer sua força com vigor e perseverança em qualquer outra empresa que não aquela para a qual foi criado. Sua habilidade em relação a seus próprios negócios privados, dessa maneira, é adquirida à custa de suas virtudes intelectuais, sociais e marciais.[27]

[Nova York, 1953], Heilbroner havia apresentado um Smith convencional e "otimista"). Alan Macfarlane, em *The Riddle of the Modern World: Of Liberty Wealth and Equality*, Londres, 2000, descreve a visão de Smith como "um otimismo a curto prazo e um pessimismo a longo prazo" (p. 145).

[27] *Wealth of Nations*, p. 734-35. Observações similares sobre as "inconveniências (...) que surgem de um espírito comercial" (por exemplo, a divisão do trabalho) aparecem nas *Lectures on Jurisprudence*, de Smith, na edição de R. L. Meek, D. D. Raphael e P. G. Stein, Oxford, 1978, p. 539-41 ("Relatório de 1766"). Nessa época, Smith estava trabalhando em *A Riqueza das Nações*. Assim, não é surpreendente que encontremos os mesmos sentimentos expressos aqui.

Essa era uma grave acusação – sobretudo porque esses eram os pobres trabalhadores que Smith havia louvado anteriormente e para os quais havia feito grandes promessas. Tal acusação também estava em patente contradição com o tema central do livro. Na sentença que abre o primeiro dos três capítulos iniciais que versam sobre a divisão do trabalho, lê-se: "o maior acréscimo nas forças produtivas de trabalho e a maior parte da habilidade, da destreza e do discernimento com os quais, em qualquer lugar, elas são dirigidas ou aplicadas, parecem ter sido os efeitos da divisão do trabalho".[28] Já caminhando para o final do livro, aquela habilidade, destreza e aquele discernimento – e muitas outras qualidades – parecem ser desmentidos pela mesma divisão do trabalho.

Uma explicação para essa aparente contradição pode ser encontrada na sentença final desta passagem: "Mas em toda sociedade aperfeiçoada e civilizada é esse o estado no qual o trabalhador pobre, que é o grande corpo do povo, deve necessariamente encontrar-se, a menos que o governo se sacrifique um pouco para evitá-lo".[29] Foi para evitar essa terrível condição que Smith propôs um sistema de educação administrado, sustentado e aplicado pelo Estado, o que era notável para seu tempo. Ele convocava o governo a estabelecer em todo distrito uma escola onde as crianças, incluindo aquelas "criadas para as mais baixas ocupações", seriam instruídas na leitura, escrita e aritmética. O custo desse sistema seria bancado pelo Estado, embora dos pais pudessem ser cobradas taxas tão modestas que mesmo ao trabalhador comum fosse possível pagá-las. As escolas não seriam compulsórias (já existiam escolas pobres e variedades de escolas privadas), mas alguma forma de ensino deveria assegurar um nível adequado de instrução, de modo que, sugere Smith, um exame dos três "R" seria requerido antes de qualquer pessoa poder ingressar em uma empresa ou abrir um comércio.[30]

---

[28] *Wealth of Nations*, p. 3.

[29] Ibidem, p. 735.

[30] Ibidem, p. 737. O exame dos três "R" é um teste com o objetivo de avaliar habilidades básicas de leitura, escrita e aritmética. O nome se refere aos

Marxistas têm dado muita importância a essa passagem da "alienação", sem atentarem à proposta de Smith para mitigar o problema. O próprio Marx, contudo, após citar Smith, em *O Capital*, sobre os efeitos deletérios da divisão do trabalho, faz referência àquelas propostas em que o autor "recomenda a educação do povo pelo Estado, mas prudentemente, em doses homeopáticas".[31] A própria ideia de Marx, de uma reforma adequada da educação, pode chocar o leitor moderno como nem tanto prudente ou homeopática, quanto como primitiva e regressiva. Escrevendo quase um século após Smith, e há apenas poucos anos antes da Lei Foster de 1870, que estabeleceu o princípio da educação pública gratuita e compulsória, Marx tomou como seu modelo para a reforma educacional a Lei Fabril de 1864, que permitiu o trabalho de crianças de menos de 14 anos apenas se elas passassem parte do dia em escolas disponibilizadas pelo empregador. Ele criticou a medida como "irrisória", mas foi convencido pela ideia de combinar educação com trabalho. Embora as crianças das fábricas recebessem apenas a metade da educação diária dos estudantes regulares, Marx acreditava na afirmação dos inspetores das fábricas, de que elas aprendiam "muito e muitas vezes mais" do que as crianças que passavam o dia todo na escola. Ele mesmo propôs uma educação muito inclinada ao trabalho. "Quando a classe trabalhadora chegar ao poder, como inevitavelmente acontecerá, as instruções técnicas, tanto teóricas quanto práticas, terão seu lugar nas escolas das classes trabalhadoras". Tais instruções técnicas (ensino profissionalizante, como nós chamamos atualmente) formariam trabalhadores preparados para uma "variedade de ofícios, prontos para encarar qualquer mudança de

---

fonemas fortes das respectivas palavras em inglês (*Reading, Writing and Arithmetic*). (N. T.)

[31] Karl Marx, *Capital: A Critique of Political Economy*. Nova York, 1936 (1. ed. alemã 1867), p. 398 (parte IV, seção 5).

produção", resolvendo, assim, os problemas da especialização excessiva e da redundância inerente à divisão do trabalho.[32]

Esse conceito de educação não era um pensamento passageiro de Marx. Quase vinte anos antes, no *Manifesto Comunista*, Marx ridicularizou a "conversa fiada burguesa" sobre educação, propondo, como um passo intermediário em direção ao comunismo, a educação gratuita com a disposição: "combinação de educação com produção industrial".[33] Lembre-se da observação de Hannah Arendt de que nenhum pensador reduziu tanto o homem a um *animal laborans* como o fez Marx. Locke, aponta ela, fez do trabalho a fonte da propriedade; Smith fez do trabalho a fonte da riqueza; Marx fez do trabalho a própria essência do homem.[34]

Se a solução de Marx para o problema da alienação era bastante diferente da de Smith (Smith não ligou toda educação ao trabalho), sua concepção do problema em si também era significativamente distinta. Isso tem sido obscurecido pelos marxistas posteriores, que têm interpretado essa passagem de *A Riqueza das Nações* como um grande defeito no capitalismo. Para Smith, não era o capitalismo que estava defeituoso, mas a divisão do trabalho inerente à própria indústria moderna. Ironicamente, essa posição era próxima à posição do "jovem Marx", para o qual a alienação surgiu nos primeiros estágios da sociedade, com a separação do homem da natureza física e a divisão do trabalho na família. O "Marx maduro", no entanto, localizava o problema no capitalismo – o divórcio entre trabalhadores e meios de produção. O comunismo, contudo, não resolveu o problema porque era muito dependente do industrialismo e, por esse motivo, da divisão do trabalho, como o próprio capitalismo.

---

[32] Ibidem, p. 528-29, 534 (parte IV, seção 9).

[33] Karl Marx e Friedrich Engels, *The Communist Manifesto*. Ed. Samuel H. Beer. Nova York, 1955 (1. ed. alemã 1848), p. 28, 32.

[34] Hannah Arendt, *The Human Condition*. Chicago, 1958, p. 101 e passim.

Fora a aparição tardia desse tema pessimista, o tom de *A Riqueza das Nações*, assim como o de *Teoria dos Sentimentos Morais*, era notavelmente otimista.³⁵ Industrialismo e comércio não eram apenas instrumentos do acréscimo material – uma "opulência universal" ou "abundância geral" extensível às "camadas mais baixas da população". Eles eram também os meios pelos quais os homens podiam exercer seu desejo natural de "melhoria". "Prodigalidade", a "paixão pela satisfação presente", era por vezes o subproduto ocasional da indústria e do comércio; mas o efeito mais comum e constante era o desejo de proteger e melhorar a condição dos indivíduos.

> O princípio que impele a economia é o desejo de melhorar nossa condição, um desejo que, embora geralmente calmo e desapaixonado, nos acompanha desde o ventre e nunca nos abandona até irmos para a cova (...) O esforço uniforme, constante e ininterrupto de todo homem para melhorar sua condição, o princípio do qual a opulência, seja a pública e nacional, seja a privada, é originalmente derivada, é frequentemente poderoso o suficiente para manter o progresso natural das coisas em direção à melhoria, a despeito tanto da extravagância do governo quanto dos maiores erros de administração.³⁶

"O sistema da liberdade natural", que era o mais efetivo estimulante do comércio, também promoveu o espírito de liberdade em geral. Em uma obra seminal sobre Adam Smith, Joseph Cropsey fez da liberdade – não apenas a liberdade econômica, mas a liberdade em

---

³⁵ Em outro ponto da obra, Smith comparava o trabalhador industrial com os trabalhadores agrícolas, com vantagens para este último – o trabalhador rural, tendo de realizar diversas tarefas no decorrer do dia, diferentemente daquele que trabalha em uma fábrica e que ali estava confinado a uma só tarefa. Aqui, também, o contexto é interessante, pois o parágrafo aparece no âmbito de sua crítica dos manufatureiros e comerciantes que pensavam ser fácil "combinar em conjunto" para fazer avançar seus próprios interesses contra aqueles do povo (e dos trabalhadores), ao passo que os fazendeiros estavam muito dispersos para se juntarem em tais práticas (*Wealth of Nations*, p. 127).

³⁶ *Wealth of Nations*, p. 324-26.

todos os seus aspectos – o primeiro princípio da economia política de Smith. "O comércio gera liberdade e civilização", observa Cropsey, "e ao mesmo tempo instituições livres são indispensáveis para a preservação do comércio". Muitas pessoas podem estar inclinadas a defender uma civilização comercial não a partir do amor à liberdade, mas simplesmente a partir do amor pelo ganho monetário. Mas, para Smith, era o amor à liberdade que tinha prioridade. Ele "advogava a favor do capitalismo por conta da liberdade" – não apenas liberdade econômica, mas liberdade civil, bem como religiosa.[37]

O próprio Smith deu o crédito a Hume por chamar a atenção a outro aspecto beneficente do comércio.

> Comércio e manufaturas gradualmente introduziram ordem e bom governo e, com eles, a liberdade e a segurança dos indivíduos, entre os habitantes do país, que haviam vivido antes em um estado quase contínuo de guerra com seus vizinhos e de dependência servil de seus superiores.

Hume, disse Smith, foi o único escritor que tomou nota deste último, mas, de longe, o mais importante, efeito do comércio: o efeito civilizatório, moderador e pacificador exercido sobre os povos e a sociedade.[38]

Para além do acréscimo material, além até da liberdade, segurança e tranquilidade, o aspecto talvez mais memorável da economia política de Smith foi o caráter implicitamente democrático – democrático não em um sentido político, mas em um sentido natural, humano. Tal caráter emerge repetidamente em todo o curso de seu

---

[37] Joseph Cropsey, *Polity and Economy: An Interpretation of the Principles of Adam Smith*. The Haghe, 1957, p. 95. Ver, também, Cropsey, "Adam Smith". In: *History of Political Philosophy*, ed. Leo Strauss e Joseph Cropsey, Chicago, 1987 (1. ed. 1963).

[38] *Wealth of Nations*, p. 385.

livro: na passagem sobre o comércio, por exemplo, em quase toda observação sobre seu efeito salutar em reduzir a "dependência servil" dos homens em relação a seus superiores, ou no argumento contra as Leis de Assentamento devido ao fato de que elas privavam os pobres da liberdade de movimento da qual gozavam os ricos. Smith usou as palavras convencionais para descrever o que nós hoje chamaríamos de "classes trabalhadoras": "posições inferiores", "classes baixas" ou, simplesmente, "os pobres". Mas era muito mais a ordem funcional do que hierárquica que o preocupava. Ele definia as classes não por sua posição social – alta, média e baixa –, mas pela origem de seus rendimentos: aluguéis, salários e dividendos. Em seu esquema, os que recebiam salários, ou trabalhadores, constituíam não a terceira ordem, como era costumeiro naquela época (e ainda é, no discurso geral), mas a segunda ordem, tendo precedência sobre os comerciantes e industriais, que eram a terceira ordem.[39] O trabalhador era um parceiro com plenos direitos no empreendimento econômico e, de fato, o parceiro mais importante, no sentido de que o trabalho era a fonte do valor. Além disso, trabalho, assim como aluguel e dividendos, era um "patrimônio", uma forma de propriedade que autorizava as mesmas considerações como qualquer outro tipo de propriedade.

> O patrimônio que todo homem tira de seu próprio trabalho, como é o fundamento original de todas as outras propriedades, é o mais sagrado e inviolável. O patrimônio de um homem pobre repousa sobre a força e destreza de suas mãos; e impedi-lo de empregar sua força e sua destreza da maneira que ele julga adequada, sem prejudicar seu vizinho, é uma plena violação de sua mais sagrada propriedade.[40]

Democrático, também, era o conceito de natureza humana implícito tanto na economia política de Smith quanto em sua teoria dos sentimentos morais. A célebre passagem sobre a "propensão" natural

---

[39] Ibidem, p. 248-49.
[40] Ibidem, p. 121-22.

ao comércio aparece no início do livro, onde a divisão do trabalho é dita dependente de "certa propensão na natureza humana (...) a propensão para o negócio, o intercâmbio e a troca de uma coisa por outra".[41] Smith se recusava a especular sobre a origem de tal propensão – se era inata à natureza humana ou, como mais provavelmente pensava, uma consequência das faculdades da razão e da fala. Em todo caso, esse traço elementar, "comum a todos os homens", era a peça chave de uma economia progressiva, como os sentimentos morais comuns a todos os homens era a base de uma sociedade boa e justa. Foram esses modestos atributos que fizeram do trabalhador um ser totalmente moral, capaz e desejoso de melhorar a si mesmo e à sua família, de exercitar seus interesses, paixões e virtudes, e de gozar a liberdade de que tinha direito como indivíduo livre e como membro responsável da sociedade. Nenhum déspota esclarecido, nem mesmo um filósofo ou legislador iluminista, foi responsável por essas qualidades ou por harmonizá-las para o bem geral.

A ideia de uma natureza humana comum, de propensões e sentimentos naturais a todos os homens, inspirou um testamento ainda mais notável da fé democrática.

> A diferença dos talentos naturais nos diversos homens é, na realidade, muito menor do que sabemos; e os diferentes talentos que parecem distinguir homens de diferentes profissões, quando atingem a maturidade, não são muitas vezes tanto a causa como o efeito da divisão do trabalho. A diferença entre os personagens mais díspares, entre um filósofo e um carregador comum de rua, por exemplo, parece se erigir não tanto da natureza como do hábito, costume e educação (...) Por natureza, a diferença entre um filósofo e um carregador de rua, no que diz respeito ao talento e à disposição, não é metade da diferença existente entre um mastim e um galgo, ou entre um galgo e um *spaniel*, ou entre este último e um cão pastor.[42]

---

[41] Ibidem, p. 13.
[42] Ibidem, p. 15-16.

Mesmo hoje, essa é uma asserção audaciosa da precedência da educação sobre a natureza, uma afirmação da igualdade natural de todas as pessoas – certamente, não uma igualdade política, econômica ou social, mas uma igualdade básica de natureza humana. Um filósofo não é tão diferente de um carregador de rua! Isso não soa como uma verdade "autoevidente". "Todos os homens foram criados iguais." No entanto, parece providencial que *A Riqueza das Nações* (embora escrito muito tempo antes) fosse publicado apenas alguns meses antes da Declaração de Independência americana. Por seu tempo e lugar, sem a provocação de revolução ou de descontentamento radical, a afirmação de Smith é memorável, ainda mais porque ela vem de um dos mais eminentes filósofos da Inglaterra. É impressionante que outro eminente filósofo britânico da época, e melhor amigo de Adam Smith, tenha feito a mesma observação. "Quão praticamente iguais", observou Hume, "são todos os homens em sua força corporal e mesmo em seus poderes e faculdades mentais, até serem cultivados pela educação".[43]

É também impressionante ver o mais importante filósofo do século precedente, que é geralmente considerado o pai do Iluminismo britânico, assumir a posição exatamente oposta. John Locke não pretendeu explicar a enorme diferença, tal como ele a enxergava, na capacidade de entendimento e razão dos homens, mas não hesitou em "afirmar que há maior distância entre alguns homens e outros a esse respeito do que entre certos homens e certas bestas".[44] A afirmação da natural desigualdade dos homens está em dramático contraste com os pronunciamentos de Smith e Hume, que fizeram questão de minimizar as diferenças naturais e, assim, a natural desigualdade entre os homens.

---

[43] David Hume, "Of the Original Contract". In: Hume, *Political Essays*. Indianápolis, 1953 (1. ed. 1741-1742), p. 44.

[44] John Locke, *An Essay Concerning Human Understanding*. Chicago, 1952 (1. ed. 1690), p. 390.

Pelo mesmo motivo, os filósofos morais britânicos estão em claro contraste com os *philosophes* franceses. Não se pode imaginar Voltaire ou Diderot (ou mesmo Rousseau) comparando-se a um carregador. Quando Helvétius havia sido corajoso o suficiente para afirmar que a circunstância, a educação e o interesse representavam papel importante nas diferenças do "*esprit*", Diderot o repreendeu. "Ele não viu a insuperável barreira que separa um homem destinado por natureza à determinada função, de um homem que apenas dirige para aquela função sua indústria, seu interesse e sua atenção."[45] "Destinado por natureza à determinada função" – Diderot teria, do mesmo modo, repreendido Smith.

---

[45] John Morley, *Diderot and the Encyclopaedists*. Nova York, 1978, p. 338.

Capítulo 3 | O Iluminismo de Edmund Burke

Edmund Burke e Thomas Paine eram discípulos confessos de Adam Smith, o que merece uma explicação, não só porque eles dificilmente parecem compatíveis um com o outro, mas porque eles nos obrigam a repensar o Iluminismo britânico. Se Smith foi inquestionavelmente um membro em boa posição dentro do Iluminismo, certamente, seus discípulos também devem ser a ele incorporados. Isso não é um problema para Paine, para quem sempre foi dado *status* no Iluminismo, mas o é para Burke, a quem tal *status* tem sido negado – de fato, ele é convencionalmente associado à reação ao Iluminismo – o "contra-Iluminismo", como Isaiah Berlin o descreve.[1] Não são

---

[1] Isaiah Berlin, *Against the Current: Essays on the History of Ideas*. Princeton, 2001 (1. ed. 1955), p. 13-14. Berlin não era inteiramente consistente. Em seu ensaio sobre o contra Iluminismo, ele descreve a ideia de uma sociedade orgânica, tal como pensada por Burke, como tendo "implicações fortemente conservadoras e, na realidade, reacionárias". Em outro lugar, ele coloca Burke em uma cadeia de pensadores anti-iluministas, que incluía Hamann, Fichte, de Maîstre e Bonald, culminando com os escritores fascistas da Segunda Guerra. No entanto, ainda em outro ensaio, ele localiza as raízes do pensamento de Burke em Richard Hooker, Montesquieu e Hume, que lhe davam boas credenciais liberais e iluministas (p. 151, 185, 250, 344). Eu me deparei com apenas uma antologia sobre o Iluminismo (*The Enlightenment*, ed. David Williams, Cambridge, 1999) que inclui um excerto das *Reflexões sobre a Revolução em França*. O *The Sublime and Beautiful* (1757) é citado ocasionalmente ou mencionado respeitosamente, mas é, quase invariavelmente, atribuído ao jovem Burke, em contraste com o Burke das *Reflexões*.

apenas os críticos de Burke que têm dado a ele esse papel. Alguns de seus admiradores fizeram o mesmo, vendo nele um antídoto bem-vindo tanto para o Iluminismo quanto para a Revolução Francesa.

Há uns poucos, realmente poucos, historiadores que desafiam a visão convencional e admitem Burke no Iluminismo – e não apenas o Burke (o "jovem Burke", como se diz frequentemente) que escreveu o tratado sobre estética, *The Sublime and Beautiful*, ou aquele que era um entusiasmado seguidor de Smith e um eloquente porta-voz para os americanos, mas o Burke de *Reflexões sobre a Revolução em França*, que foi um implacável oponente dos *philosophes* assim como da Revolução Francesa. Burke sustenta: John Pocock foi "uma figura Ilustrada, que viu a si mesmo como defensor da Europa ilustrada contra as *gens de lettres* [homens de letras] e de seus sucessores revolucionários"; seu "Iluminismo foi de um tipo em conflito com outro [tipo]".[2] Conor Cruise O'Brien concorda. Burke nunca atacou o Iluminismo como um todo, e se opôs à Revolução Francesa a partir de bases liberais e pluralistas. "Ele próprio foi, em termos intelectuais, um filho do Iluminismo precoce, aquele de Locke e Montesquieu"; aquilo contra o que ele foi hostil era o Iluminismo anticristão de Voltaire e a "ambígua e emotivista neorreligiosidade" de Rousseau.[3]

Entre os seus contemporâneos, Gibbon, um irrepreensível membro do Iluminismo, professava a maior admiração por Burke. O próprio Gibbon disse estar inteiramente de acordo com Burke

---

[2] J. G. A. Pocock, *Barbarism and Religion*, vol. I: *The Enlightenment of Edward Gibbon, 1737-1764*. Cambridge, 1999, p. 7. Ver, também, p. 109: "É importante entender que Burke fala como um filósofo do Iluminismo e não do contra-Iluminismo".

[3] Conor Cruise O'Brien, *The Great Melody: A Thematic Biography and Commented Anthology of Edmund Burke*. Chicago, 1992, p. 608, 595, n. 1. O apêndice contém excertos da resenha de O'Brien sobre *The Crooked Timber of Humanity* (1991), e uma troca de cartas com Berlin sobre Burke (p. 605-18). Jerry Z. Muller, *The Mind and the Market: Capitalism in Modern European Thought*, Nova York, 2002, instala Burke, implicitamente, no interior do Iluminismo (p. 104-38).

sobre a Revolução Francesa. "Eu admiro sua eloquência, aprovo sua política, adoro seu cavalheirismo e quase posso desculpá-lo por sua reverência pela igreja estabelecida." Como se estivesse ecoando Burke, ele manifestou sua própria visão acerca do espírito que animou a Revolução: "eu penso por vezes em escrever um diálogo de um morto, no qual Lucian, Erasmo e Voltaire devessem mutuamente reconhecer o perigo de expor uma velha superstição ao desprezo de uma cega e fanática multidão".[4]

Se Rousseau e Montesquieu podem ser ambos contados entre os membros do Iluminismo francês, como eles o são a despeito de suas diferenças, bem como com outros *philosophes*, pode-se pensar que a mesma liberdade talvez se estenda a Burke e Paine em relação ao Iluminismo britânico. E se as *Reflexões* pesam tanto (e deve se dizer, injustamente) em consignar Burke ao anti-iluminismo, certamente seus outros escritos e suas conferências, que estavam inquestionavelmente no espírito do Iluminismo, merecem considerações mais sérias do que as que comumente são feitas.

A afinidade de Burke com Smith, quando é reconhecida, presume-se ser confinada à economia. Um comentário possivelmente apócrifo, mas frequentemente citado (que se originou com o próprio Burke), apresenta Smith dizendo a Burke, após uma discussão sobre economia, que "ele [Burke] foi o único homem que, sem comunicação, pensou sobre esses tópicos exatamente como ele [Smith]".[5] Mais tarde, Burke vangloriou-se de ter sido estudante de economia política desde sua juventude, enquanto tal disciplina ainda estava em sua infância

---

[4] *Autobiography of Edward Gibbon* (1796). Ed. Lord Sheffield. Oxford, World's Classics, 1950, p. 216.

[5] Gertrude Himmelfarb, *The Idea of Poverty: England in the Early Industrial Age*. Nova York, 1983, p. 66. A citação apareceu pela primeira vez em uma biografia de Burke escrita por Robert Bisset em 1800.

na Inglaterra e antes de ela ter sido apropriada pelos "homens especulativos" no continente.[6] Ambas as declarações podem ser hiperbólicas. Mas há pouca dúvida de que Burke via a si próprio, e era visto por outros, como um discípulo de Smith, um proponente do livre comércio e de uma economia de livre mercado.

Talvez tenha sido a parcialidade em relação à Irlanda o que fez de Burke um ardente defensor do livre comércio, que estava, por sua vez, entre os interesses daquele país. Mas esse não poderia ter sido o motivo para seu discurso sobre "Reforma Econômica", em 1780, quatro anos depois da publicação de *A Riqueza das Nações*. Se Burke tinha alguma motivação política, era a de reduzir a influência da Coroa sobre o Parlamento pela restrição dos fundos disponíveis para o patronato, das pensões e de outros favores reais. Mas também havia boas razões econômicas para desejar a redução das despesas e da dívida pública. Sobretudo, havia o clássico princípio smithiano, reformulado por Burke, de que o comércio se desenvolve melhor se for independente, e que "todas as regulações são, em sua natureza, restrições de alguma liberdade".[7] Quinze anos depois, Burke invocou o mesmo princípio ao argumentar contra um projeto de lei para regular os salários. "De todas as coisas", assim abria seu panfleto *Thoughts and Details on Scarcity* [Pensamentos e Pormenores sobre a Escassez], "uma adulteração indiscreta do mercado de provisões é a mais perigosa, e é sempre pior quando os homens estão mais dispostos a fazer isso; isto é, na época de escassez". Em tal momento, o papel mais adequado do governo foi não fazer nada. "Caridade ao pobre é um dever dirigido e obrigatório

---

[6] Burke, "Letter to a Noble Lord" (1796). In: *The Works of Edmund Burke*. Londres, 1909, V, 124. Embora um editor afirme que Smith teria consultado Burke e tido por ele "grande deferência" enquanto redigia *A Riqueza das Nações*, na verdade eles não se encontraram até 1777, e a única comunicação entre eles, em 1775, foi sobre assuntos triviais. Ver Rothschild, *Economic Sentiments*, p. 275-76, notas 77 e 81.

[7] Burke, "Speech... on the Economical Reformation of the Civil and Other Establishments", 11 de fevereiro de 1780. In: *Works*, II, 109-10.

a todos os cristãos", mas "interferir na subsistência do povo" seria uma violação das leis econômicas e uma intrusão ilegítima da autoridade. Fazendo eco à "mão invisível" de Smith, Burke presta homenagem "ao benigno e sábio distribuidor de todas as coisas, que obriga os homens, queiram eles ou não, a perseguirem seus próprios interesses, a conectarem o bem geral ao seu próprio sucesso individual".[8]

A visão econômica de Burke sugere que talvez haja algo como um "Problema Edmund Burke" – um fenômeno de "dois Burkes" comparável ao "Problema Adam Smith". Do mesmo modo que os princípios altruístas da *Teoria dos Sentimentos Morais* tinham sido pensados como inconsistentes com os princípios individualistas de *A Riqueza das Nações*, o *"laissez-fairismo"* do panfleto sobre a *Escassez* pode ser considerado inconsistente com o tradicionalismo – e mesmo, nesse caso, com o estadismo – de *Reflexões*.[9] Em ambos os

---

[8] Burke, *Thoughts and Details on Scarcity*. In: *Works*, V, 83-109. (O panfleto foi escrito e circulou em 1795, mas foi publicado apenas postumamente.) Ver, também, *Letters on a Regicide Peace* (terceira carta, 1797). In: *Works*, V, 321-22. Em meu *Idea of Poverty* (p. 61-73), dei excessiva ênfase, creio eu agora, às diferenças entre Burke e Smith. Disse que Smith se opunha à lei de moradia, mas não às Leis dos Pobres, ao passo que Burke rejeitava o próprio princípio das Leis dos Pobres. Nesse ensaio, contudo, Burke não estava discutindo as Leis dos Pobres como tais, mas a regulação e a suplementação dos salários. Sobre esse assunto os dois concordavam substancialmente.

[9] Donald Winch alude a esse "Problema" (uma *"mésalliance"*, como ele o chama) em seu *Riches and Poverty: An Intellectual History of Political Economy in Britain, 1750-1834*, Cambridge, 1996, p. 128 e passim. Winch não pensa que as inconsistências, seja em Smith ou em Burke, são significativas. Tampouco que as diferenças entre Smith e Burke são grandes: "Aqueles que enfatizam as conexões entre Smith e Burke estão estabelecidos em bases mais seguras do que os que desejam enfatizar as filiações 'liberais', radicais ou pró-revolucionárias de alguns admiradores ingleses ou franceses de Smith" (p. 175). Uma resolução mais engenhosa desse "problema" é a de C. B. Macpherson, que encara Burke como essencialmente um *"laissez-fairista"*. Se ele posava como um "tradicionalista" era porque em seu tempo "a ordem capitalista *fora de fato* a ordem tradicional na Inglaterra durante todo o século" (em itálico no original). E quando Burke atacou a Revolução Francesa, isso se deu

casos, entretanto, a inconsistência era meramente superficial. Não havia dois Burkes ou dois Smiths. O panfleto sobre a escassez tratava de um assunto econômico específico, em um contexto específico; o livro sobre a Revolução Francesa tratava de assuntos políticos e sociais em um contexto bastante diferente e de uma natureza tão diferente quanto.[10]

Também não havia nenhuma inconsistência no orgulho de Burke em ser um discípulo de Smith enquanto atacava os "políticos econômicos" e os "sofistas, os economistas e os calculistas" na Revolução Francesa.[11] Esses economistas, afirmava ele, perverteram os verdadeiros princípios da economia ao promoverem políticas que eram prejudiciais ao bem-estar do país. Em seu *Reflexões*, Burke tratou longamente das medidas que resultaram em uma revolução na propriedade comparável à revolução na política: o confisco das propriedades da Igreja, a emissão de papel-moeda, o modo irresponsável de enfrentamento da dívida pública, o encorajamento da especulação e, em geral, a parcialidade em relação ao "interesse monetário" em detrimento do velho interesse em terras. Além dessas objeções, havia uma acusação ainda mais grave, o fracasso dos revolucionários em reconhecer que as atividades comerciais e econômicas precisavam daqueles "princípios protetores naturais" – nobreza, religião, honra, costumes – que as tinham sustentado. Um povo podia existir, dizia Burke, sem comércio e indústria, mas com suas antigas instituições e

---

porque ele não imaginava que ela era uma "revolução burguesa" (Macpherson, *Burke*. Nova York, 1980, p. 51 e passim).

[10] Liberais modernos e conservadores têm sido acusados da mesma inconsistência; liberais por concederem um amplo espaço para a intervenção do Estado nos assuntos econômicos, mas proporem uma retração da ação estatal no domínio social (família, religião, etc.); e os conservadores, revertendo a fórmula, por serem amplamente libertários na economia e intervencionistas nos assuntos sociais.

[11] Burke, *Reflections on the Revolution in France*. Nova York, 1961 (1. ed. 1790), p. 92, 89.

seus antigos sentimentos. O contrário, todavia – comércio e indústria na ausência daquelas condições civilizatórias –, podia apenas levar à barbárie e à ferocidade.[12]

A economia não era o único, nem tampouco o principal, traço de semelhança entre Smith e Burke – ainda menos a única ou a principal justificativa para Burke fazer parte do Iluminismo. Tal justificativa encontra-se em um de seus primeiros livros, *A Philosophical Enquiry into the Origin of Our Ideas of the Sublime and Beautiful* [Uma Investigação Filosófica sobre a Origem de Nossas Ideias do Sublime e do Belo]. Quase vinte anos antes de *Riqueza das Nações*, de Smith, com seu memorável pronunciamento sobre parentesco natural de "um filósofo e um carregador de rua", Burke inicia a introdução de *The Sublime and Beautiful* com uma observação similar:

> Em uma visão superficial, nós [indivíduos] parecemos diferir amplamente uns dos outros em nossos raciocínios e, não menos, em nossos prazeres; mas não obstante essa diferença, que eu penso ser mais aparente do que real, é provável que o padrão de ambos, razão e gosto, seja o mesmo em todas as criaturas humanas.[13]

Essa ideia da presença comum de uma natureza humana foi também um componente de seus trabalhos posteriores. Em *The Sublime and Beautiful*, ela aparece como "nossa natureza comum", a "concordância da humanidade", os princípios "comuns a toda a humanidade";[14] em *Reflexões*, como "sentimentos comuns", "sentimentos naturais" e "a sabedoria do homem iletrado".[15]

---

[12] Ibidem, p. 93.

[13] Burke, *A Philosophical Enquiry into the Origin of Our Ideas of the Sublime and Beautiful*. In: *Works*, I, 52.

[14] Ibidem, p. 52, 56.

[15] Burke, *Reflections*, p. 93-94, 70.

Para Burke, bem como para Smith, essa natureza comum era anterior à razão. Supõe-se, geralmente, que a suspeita de Burke em relação à razão era produto de sua crítica à Revolução Francesa. Na verdade, foi um Burke muito jovem que, em seu primeiro panfleto, *A Vindication of Natural Society* [Uma Defesa da Sociedade Natural], protestava contra o "abuso da razão". "O que seria do mundo se a prática de todos os deveres morais e as fundações sobre as quais toda sociedade repousa tivessem suas razões tornadas claras e demonstradas a todo indivíduo?"[16] Em seu próximo trabalho, *The Sublime and Beautiful*, Burke explicava que Deus "não confiou a execução de seu desígnio às lânguidas e precárias operações de nossa razão"; em vez disso, "os sentidos e a imaginação fascinam a alma antes que o entendimento esteja pronto, seja para juntar-se a eles, seja para lhes fazer oposição".[17] Aqui, dois anos antes de *Sentimentos Morais*, de Smith, Burke também se antecipa a este no que diz respeito à origem das virtudes sociais. A seção de Burke sobre a "Compaixão" soa como um excerto da obra de Smith: "É por força da primeira dessas paixões [compaixão] que adentramos nas preocupações de outros; que somos deslocados como eles são deslocados, e nunca sofremos como espectadores indiferentes de quase qualquer coisa que o homem possa fazer ou padecer".[18] Em sua resenha de *Teoria dos Sentimentos Morais*, citando passagens como essa, Burke disse ser o livro "uma das mais belas estruturas da teoria moral que talvez tenha aparecido".[19]

O Burke que emergiu do caso Wilkes muitos anos depois, também desmente a imagem convencional que se faz dele. John Wilkes havia

---

[16] Burke, *A Vindication of Natural Society; or, a View of the Miseries and Evils Arising to Mankind from Every Species of Artificial Society*. In: *Works*, I, 3-5.

[17] Burke, *The Sublime and Beautiful*. In: *Works*, I, 127.

[18] Ibidem, p. 79.

[19] Burke, resenha de *The Theory of Moral Sentiments* no *Annual Register* (1759). In: *On Moral Sentiments: Contemporary Responses to Adam Smith*. Ed. John Reeder. Bristol, 1997, p. 52.

sido expulso da Câmara dos Comuns em 1764 por ter difamado o rei na imprensa e havia sido, então, condenado por publicar um poema obsceno. Reeleito três vezes por seu eleitorado em Middlesex, ele teve seu assento recusado todas as vezes pelo Parlamento. Em vez de denunciar esse radical, como um reacionário ou mesmo um conservador teria feito, Burke vigorosamente o defendeu, rejeitando a acusação de obscenidade e criticando o Parlamento por desprezar a vontade expressa dos eleitores. Wilkes, dizia ele, havia sido perseguido pelo governo e tinha encontrado apoio no populacho simplesmente porque havia corajosamente feito oposição à "corte de conspiradores". Ele foi perseguido não por seus vícios, mas por suas virtudes – "por sua invencível firmeza, por sua resoluta e infatigável resistência estrênua contra a opressão".[20]

Para Burke, o caso de Wilkes era particularmente ilustrativo de um amplo problema, a saber, a corrupção do Parlamento. A grande causa do descontentamento no século anterior, escreveu em 1770, havia sido "os destemperos da monarquia"; agora, eram "os destemperos do Parlamento". As usuais propostas de reformas – sufrágio universal, parlamentos anuais, distritos eleitorais equilibrados – não seriam benéficas, pois eram irrelevantes para solucionar o problema real que era a conspiração no Parlamento que mais bajulava o rei do que servia aos interesses do povo e da nação. De fato, tais reformas poderiam verdadeiramente agravar o real problema. Uma das passagens memoráveis desse ensaio é frequentemente citada como evidência da visão hobbesiana de Burke sobre a sociedade e o governo: "Nossa constituição está em um bom equilíbrio, com íngremes precipícios e águas profundas por todos os

---

[20] Burke, *Thoughts on the Cause of the Present Discontents*, abril de 1770. In: *Works* I, 351, 354. Em cartas privadas, Burke duvidava se Wilkes era um homem de prudência ou princípios. Ver J. C. D. Clark, "Edmund Burke's *Reflections on the Revolution in America* (1777); or, How Did the American Revolution Relate to the French?". In: *Faith, Reason, and Economics: Essays in Honour of Anthony Waterman*. Ed. Derek Hum. Winnipeg, 2003, p. 36 e 45, nota 95.

lados. Ao resguardá-la de uma perigosa inclinação de um dos lados, há o risco de fazê-la tombar do outro".[21] Mas se Burke tinha sido um bom hobbesiano, ele não havia sido tão franco ao expor o "descontentamento" do povo e os "destemperos" do governo. Nem tampouco havia sido tão eloquente na defesa do povo contra o conluio que os governava.

> Eu não sou um daqueles que pensa que o povo nunca está errado. Ele o tem estado tão frequente e escandalosamente, tanto em outros países quanto neste. Mas digo que em todas as disputas entre ele e seus governantes, a presunção está, ao menos na maioria dos casos, em favor do povo. Quando o descontentamento popular prevaleceu, pôde bem ser afirmado e sustentado que havia geralmente algo errado na constituição ou na conduta do governo. O povo não tem interesse na desordem. Quando erra, é erro dele e não seu crime. Mas quando é a parte governante do Estado, é inteiramente diferente. Eles certamente podem agir mal deliberadamente, assim como o podem por engano.[22]

A posição de Burke sobre a Índia também refuta a tese de um jovem Burke liberal substituído por um posterior Burke conservador. Na época em que estava investindo contra a Revolução Francesa, Burke apaixonadamente (obsessivamente, como pensavam alguns de seus colegas) denunciava a atuação britânica na Índia, na pessoa de Warren Hastings, o governador-geral. Burke começou sua campanha muito antes, em um pronunciamento no Parlamento no qual atacava o contrato que havia concedido um monopólio à *East India Company*. Havia um contrato mais primário e sagrado que a *East India Company* havia gravemente violado: "os direitos dos homens – o que significa dizer, os direitos naturais da humanidade".[23] Após vinte anos de

---

[21] Burke, *Thoughts on the Cause of the Present Discontents*. In: *Works*, I, 368-369. Quase exatamente a mesma passagem apareceu trinta anos depois como sentença conclusiva de *Reflexões* – desmentindo novamente a hipótese de "dois Burkes", um jovem e outro maduro.

[22] Ibidem, 310.

[23] Burke, "Speech on Mr. Fox's East India Bill" (1783). In: *Works*, II, 176.

dominação inglesa, queixava-se Burke, as condições do povo indiano estavam piores do que nunca. Os jovens ingleses a serviço da companhia não tinham mais relações com os nativos, como se eles estivessem residindo na Inglaterra, e o único interesse que tinham no país era de fazer suas próprias fortunas. "A Inglaterra não erigiu igrejas, nem hospitais, nem prédios públicos, nem escolas; a Inglaterra não construiu pontes, não fez rodovias, não fez canais para navegação, não escavou açudes". Tudo o que a Inglaterra legou à Índia foi um "despotismo opressivo, irregular, caprichoso, instável, voraz e fraudulento".[24]

Esse pronunciamento, assim como outros de Burke, não era um argumento contra a especulação comercial na Índia. Ao contrário, era um argumento contra a politização do comércio, a criação de um monopólio sancionado pelo governo britânico que impediu, assim, a operação de competição normal que havia servido como um freio na avareza e no abuso. Tampouco Burke estava discutindo contra a ideia ou a prática do imperialismo. Sua posição era um apelo por um imperialismo benevolente – um imperialismo liberal, como seria posteriormente denominado –, um império digno de uma Inglaterra ilustrada que respeitaria os direitos do povo indiano e as tradições de uma antiga civilização.

No período entre a Revolução Americana e a Revolução Francesa, o assunto da Índia ocupou Burke mais do que qualquer outro. Ele liderou o processo de *impeachment* de Warren Hastings em 1788 e, quando saiu a absolvição, sete anos depois, Burke disse que, se ele merecesse uma recompensa, seria pelos muitos anos nos quais ele mostrara a maior diligência e havia tido o mínimo sucesso. Mesmo então, naquele momento de fracasso, ele a considerou como uma das mais importantes causas pelas quais havia passado e mostrou-se orgulhoso de sua perseverança em persegui-la.[25]

---

[24] Ibidem, 195, 226.

[25] John Morley, *Burke*, Londres, 1904, p. 134. A atenção de Burke se voltou à Índia pela primeira vez muitos anos antes, por conta das desastrosas

Se, por um lado, é curioso que a posição de Burke sobre a Índia não tenha lhe valido um lugar de honra no Iluminismo britânico, por outro é ainda mais curioso que sua posição sobre a América também tenha falhado em tal propósito. Houve uma época, há não muito tempo, que o "*Speech on Conciliation with the Colonies* [Discurso sobre a Conciliação com as Colônias]", escrito às vésperas da Revolução, era decorado pelas crianças nas escolas dos Estados Unidos não apenas por ser um modelo de retórica, mas também por ser um discurso simpático à causa americana, ainda que não apareça nas antologias do Iluminismo e seja rara ou menosprezadamente mencionado em livros sobre o assunto. Na própria época de Burke, entretanto, esse discurso (a própria palavra engana; o "discurso" ocupa mais de sessenta páginas em suas obras completas) e seus outros discursos sobre a Revolução Americana (um volume deles tem mais de duzentas páginas) foram acontecimentos políticos importantes tanto na América quanto na Inglaterra, angariando-lhe o respeito e a admiração até mesmo de alguns radicais.[26]

Meia dúzia de anos antes daquele discurso, Burke advertiu seus compatriotas que o conflito com a América estava assumindo

---

especulações financeiras de seus irmãos no mercado das Índias Orientais. Mas sua preocupação subsequente com esse assunto foi além do episódio pessoal (ele próprio não tinha nenhuma participação nos investimentos fracassados) e suas visões acerca da situação da Índia eram muito diferentes das de seus irmãos. Sobre esse último ponto, ver Stanley Ayling, *Edmund Burke: His Life and Opinions*, Nova York, 1988, p. 167-68.

[26] Uma interpretação muito diferente da opinião de Burke acerca da Revolução Americana aparece no ensaio de J. C. D. Clark (ver nota 20). Em uma inventiva (e, claro, fictícia) "Reflections on the Revolution in America [Reflexões sobre a Revolução na América]", Clark faz Burke aplicar à América os princípios que ele enunciou em conexão com a França. Clark minimiza o interesse de Burke pela América e o critica por não ter imaginado que a Revolução Americana seria tão profundamente revolucionária como a francesa. Minha visão sobre isso é a convencional, a saber, que a Revolução Americana foi fundamental e qualitativamente diferente da francesa, e que Burke a reconheceu como tal.

proporções revolucionárias. Embora a Lei do Selo de 1765[27] tivesse sido rechaçada, o Parlamento cobrou novas taxas, e porventura um pouco menos onerosas, sobre as colônias. Tais restrições eram intoleráveis, dizia Burke, para pessoas que eram, apesar de tudo, "descendentes de ingleses, e de um espírito grande e livre". Assim como a Inglaterra não poderia abandonar o princípio de soberania sobre a América sem abandonar o império, a América não poderia tolerar o exercício arbitrário de tal poder. O problema era real, a ser dirigido não pela especulação, mas por sábios políticos e políticas. E política, como relembrava Burke a seus contemporâneos (assim como ele iria posteriormente dizer aos franceses), "deve ser ajustada não aos raciocínios humanos, mas à natureza humana, da qual a razão não é senão uma parte e, de nenhum modo, a maior delas".[28]

A Inglaterra não seguiu esse conselho de prudência, e a situação se deteriorou rapidamente. Em seu memorável "Discurso sobre a Conciliação", pronunciado em março de 1775, Burke relembra mais uma vez ao Parlamento que o assunto não poderia ser resolvido por meio de ideias abstratas de direito ou teorias de governo, mas através da consulta da natureza do povo e das circunstâncias do tempo. Quase de passagem, ele introduziu a frase que desde então é expressivamente aplicada a várias outras situações. A Inglaterra, dizia, deveria retornar à política de "uma sábia e salutar negligência", que tem servido ao país e às colônias tão bem e por tanto tempo.[29]

Não foi essa frase que fez o discurso memorável na época, mas as considerações de Burke sobre o "temperamento e caráter" dos

---

[27] A Lei do Selo (Stamp Act) foi uma taxa imposta pelo Parlamento britânico, particularmente sobre as colônias americanas, que obrigava que materiais impressos em tais colônias fossem produzidos com um papel estampado produzido em Londres e que carregava um selo em relevo. (N. T.)

[28] Burke, "Observations on a Late Publication Entitles 'The Present State of the Nation'", fevereiro de 1769. In: *Works*, I, 277, 280.

[29] Burke, "Speech on Moving his Resolutions for Conciliations with the Colonies", 22 de março de 1775. In: *Works*, I, 456, 462.

americanos, que fomentaram seu amor à liberdade. Como descendentes dos ingleses, os americanos eram naturalmente devotos da liberdade – não da liberdade abstrata, mas da "liberdade de acordo com as ideias e os princípios ingleses". Na América, essa liberdade assumiu características distintivas. Nas colônias do Norte, ela assumiu uma forma particular de protestantismo que se inclinava especialmente à liberdade; nas colônias do Sul, foi a presença de escravos que fez com que os homens livres estimassem mais que tudo suas liberdades. E por toda parte, a liberdade era configurada e promovida pelas assembleias legislativas provinciais que constituíam, com efeito, um governo representativo popular; pelo sistema educacional, particularmente pelo estudo do direito, que fez com que as pessoas se antecipassem e resistissem a toda infração da liberdade; e pela geografia, as três mil milhas de oceano que os separavam de sua metrópole.[30]

Essa análise do temperamento e do caráter americano, que preenchia meia dúzia de páginas, era astuta e consideravelmente favorável. Era o retrato de uma América ilustrada, como os próprios americanos se retratariam. E era tanto mais impressionante se comparada à atitude de Smith em relação à América, que era menos favorável. Em *A Riqueza das Nações* (escrito antes da deflagração da guerra e publicado no ano seguinte), Smith considerava a situação de um ponto de vista predominantemente fiscal e econômico. A América, aconselhava ele, deveria ter garantidos os mesmos direitos de livre comércio dos quais os ingleses gozavam, enquanto era representada pelo parlamento britânico (assim como os ingleses). Os líderes americanos, infelizmente, eram "homens ambiciosos e ousados", que, recusando serem taxados pelo Parlamento, escolheram "sacar a espada em defesa de sua própria posição".[31] Em um memorando

---

[30] Ibidem, 464-69.

[31] Adam Smith, *An Inquiry into the Nature and Causes of the Wealth of Nations*. Ed. Edwin Cannan. Nova York, 1937 (1. ed. 1776), p. 586-87.

privado de 1778, Smith predisse que os americanos iriam lamentar sua separação da Inglaterra e detestariam o novo governo que eles violentamente estabeleceram em seu lugar.[32]

Enquanto Smith predizia o fracasso da Revolução, Burke instava seu próprio governo, que dava prosseguimento à campanha militar na América (e, ao mesmo tempo, suspendeu o *habeas corpus* em casa), a respeitar as liberdades de ambos, americanos e ingleses. Seus argumentos anteciparam os que ele usaria muitos anos depois por ocasião de outra revolução.

> Liberdade civil, cavalheiros, não é, como muitos se esforçaram para persuadi-los, algo que jaz escondido nas profundezas de uma ciência obscura. É uma bênção e um benefício, não uma especulação abstrata (...) Longe de guardar qualquer semelhança com aquelas proposições da geometria e da metafísica que não admitem meio-termo, mas devem ser verdadeiras ou falsas em toda a sua extensão, liberdade civil e social, como todas as outras coisas da vida comum, são misturadas e modificadas, experimentadas em níveis muito diferentes e moldadas em uma diversidade infinita de formas, de acordo com o temperamento e as circunstâncias de cada comunidade. A liberdade *extrema* (que é sua perfeição abstrata, mas sua imperfeição real) não se obtém em parte alguma, nem deve ser obtida em qualquer lugar (...) Pois a liberdade é um bem a ser aperfeiçoado e não um mal a ser diminuído. Não é apenas uma bênção privada de primeira ordem, mas uma fonte vital e a própria energia do Estado, que tem tanta vida e vigor quanto mais liberdade há nele.[33]

A América instigou Burke a comentar sobre outro assunto que aparece massivamente nas *Reflexões*. No "Speech on Conciliation", Burke deu grande importância à religião como componente da liberdade na América. "O povo é protestante", lembrava ele a seus compatriotas, "e daquele tipo que é o mais adverso a toda submissão

---

[32] Winch, *Riches and Poverty*, p. 142-43.
[33] Burke, "Letter to the Sheriffs of Bristol on the Affairs of America", 3 de abril de 1777. In: *Works*, II, 30-31 (itálico no original).

implícita da mente e da opinião". O protestantismo era uma forma de dissensão, mas o tipo que prevalecia nas colônias do norte era de "um refinamento no que diz respeito ao princípio de resistência: é a dissidência da dissidência, e o protestantismo da religião protestante".[34] Tal posição ia muito além do argumento familiar sobre tolerância, que advogava meramente a tolerância de divergências religiosas. Para Burke, a religião, e as divergências religiosas de maneira especial, era a principal base da liberdade – de toda liberdade, não apenas da liberdade religiosa. Esse princípio se tornava ainda mais notável porque vinha de um anglicano (de linhagem irlandesa) que era um vigoroso defensor do princípio de uma religião institucional, bem como da tolerância religiosa.

Antes do início da guerra com a América, os metodistas ingleses (ainda no interior da Igreja da Inglaterra) haviam feito oposição a um projeto de lei que desobrigava os Dissidentes a subscreverem compulsoriamente aos 39 artigos do credo anglicano. Burke defendeu o projeto, lembrando os metodistas que os Dissidentes não se opunham à religião institucionalizada, mas sim ao ateísmo. Ele também aproveitou a ocasião para colocar-se a favor da tolerância aos católicos, uma posição que algumas pessoas de seu tempo (e alguns historiadores e biógrafos desde então) atribuíram a seu "criptocatolicismo".[35] Sugeriu-se que Burke era favorável aos Dissidentes apenas porque era a favor da tolerância aos católicos. De fato, ele favoreceu a tolerância

---

[34] Burke, "Speech on Conciliation". In: *Works*, I, 466. Roy Porter diz que Burke "vaiou" a "dissidência dos dissidentes" (Porter, *The Creation of the Modern World: The Untold Story of the British Enlightenment*. Nova York, 2000, p. 480). Acho uma interpretação errônea da passagem.

[35] O pai de Burke, nascido católico, havia se convertido ao anglicanismo antes do nascimento de Burke, ou seja, seu filho cresceu como um anglicano e permaneceu como tal. Sobre sua mãe e sua esposa pensa-se que, embora tenham se convertido ao anglicanismo após seus casamentos, continuaram privadamente católicas praticantes. Sobre o próprio Burke, suspeita-se que tenha sido católico e era, por vezes, caricaturado como um jesuíta.

não apenas para os Dissidentes e os católicos, mas também para os não cristãos. Ele disse ao autor de um livro que foi dedicado a ele, que o havia elogiado por seu apoio à Igreja da Inglaterra, que sua defesa da instituição não excluía a tolerância a outras religiões. Ao contrário, era consistente com a mais ampla tolerância.

> Eu daria proteção civil completa, na qual incluiria uma imunidade a toda perturbação ao culto público, e um poder de ensinar nas escolas, bem como nos templos, aos judeus, islâmicos e mesmo aos pagãos, especialmente se eles já estivessem de posse de tais vantagens por longo tempo e uso prescritivo, que é algo sagrado no exercício desses direitos, como em qualquer outro.

Tudo o mais ele estenderia a todas as seitas cristãs, em seu próprio país, bem como em outros, não encontrando nelas nada de mal a não ser seu ódio umas pelas outras.[36]

A Revolução Francesa levanta uma vez mais o espectro de dois Burkes, a saber, o pró-americano e o antifrancês; o primeiro exemplificado pelas "virtudes suaves" de "Speech on Conciliation" – liberdade, compromisso, tolerância religiosa; o segundo, pelas "virtudes rígidas" (se são consideradas virtudes) de *Reflexões* – autoridade, tradição, religiões estabelecidas. Nas sentenças finais de *Reflexões*, Burke implicitamente antecipou a acusação de inconsistência. Refletindo sobre sua vida de luta pela liberdade (tendo talvez a Índia ou a América em mente), Burke fala de si próprio como alguém que manteve sua consistência "variando seus meios a fim de assegurar a unidade de seu fim". Revertendo a metáfora que havia usado anteriormente, do navio cujo equilíbrio era ameaçado pela sobrecarga de um dos lados, ele descreveu sua própria função como a de trazer "o peso reduzido

---

[36] *Letters of Edmund Burke: A Selection*. Ed. Harold J. Laski. Oxford, 1922, p. 195 (carta a William Burgh, 9 de fevereiro de 1775).

de suas razões para que possa preservar seu equilíbrio".[37] Tais razões eram, de fato, consistentes. Em seus discursos sobre a América, Burke dizia que o assunto deveria ser decidido não em termos de "especulação abstrata" e "metafísica", mas em termos de "circunstâncias" particulares do povo e dos tempos.[38] Quinze anos mais tarde, ele repetia essa injunção, agora de maneira mais apaixonada do que antes, porque a abstração metafísica havia se tornado mais abstrata e as circunstâncias mais terríveis.

> Eu não posso me posicionar a favor ou contra qualquer coisa relacionada às ações e preocupações humanas, a partir de um simples ponto de vista sobre o objeto, como se ele estivesse despojado de toda relação, em toda a nudez e solidão da abstração metafísica. Circunstâncias (que com alguns cavalheiros passam por sendo nada) dão, em realidade, a cor distintiva e o efeito diferenciado a todo princípio político. As circunstâncias tornam todo esquema político e civil benéfico ou nocivo à humanidade.[39]

Burke (para grande desgosto dos historiadores) não comparou explicitamente as Revoluções Americana e Francesa. Todavia, contrastou amplamente a Revolução Francesa e a "Revolução Gloriosa", um século antes. A "Declaração de Direitos" britânica, de 1688, aponta Burke, incorporou, na mesma sentença, "os direitos e as liberdades do sujeito" e a "sucessão da coroa", tornando as duas "indissoluvelmente ligadas". Aquela declaração não sancionou, contra Richard

---

[37] Burke, *Reflections*, p. 266.
[38] Burke, "Speech on Conciliation". In: *Works*, I, 456.
[39] Burke, *Reflections*, p. 19. Coleridge, tendo acusado (como Wordsworth) Burke de ter traído seus princípios, defendeu posteriormente sua fidelidade a eles. O leitor dos escritos de Burke sobre as duas revoluções, escreveu Coleridge, "encontrará exatamente os mesmos princípios e as mesmas deduções; mas inferências práticas quase opostas em um dos casos, àquelas derivadas do outro; ainda que ambas igualmente legítimas e confirmadas pelos resultados". Samuel Taylor Coleridge, *Biographia Literaria*. Londres, 1939 (1. ed. 1817), p. 97.

Price e sua Sociedade Revolucionária, nenhum direito permanente à resistência. Ao contrário, a revolução britânica pretendia ser "motivo de estabilidade e não um berçário de futuras revoluções".[40]

Essa estabilidade, além do mais, pretendia perpetuar a liberdade bem como a sucessão, a monarquia hereditária como a garantia não dos direitos do homem, mas dos direitos hereditários dos ingleses. Esses direitos pertenciam ao inglês como "um patrimônio derivado de seus antepassados", um "título hereditário", um "direito hereditário", uma "herança inalienável". Eles eram uma forma de propriedade, gozando de toda a segurança como tal, bem como a potência para a aquisição de propriedades adicionais – isto é, liberdades adicionais.

> O povo da Inglaterra bem sabe que a ideia de herança fornece um princípio seguro de conservação e de transmissão, sem excluir o princípio de acréscimo (...) Nós recebemos, mantemos e transmitimos nosso governo e nossos princípios da mesma maneira que usufruímos e transmitimos nossas propriedades e nossas vidas.[41]

Os franceses, admitia Burke, não tinham aquela afortunada "linhagem de liberdades". Eles possuíam, entretanto (mudando a metáfora), muros dilapidados e fundações de um velho edifício. Mais do que reparar os muros e construir sobre essas fundações, os revolucionários escolheram demoli-los e construir novos. Em vez de preservarem a "variedade das partes" daquela antiga constituição, "os interesses conflitantes e opostos", que eram a base de uma "liberdade racional e varonil", os franceses consideraram tal variedade como uma deformidade a ser posta fora, a ser substituída pelas abstrações metafísicas de direito e pelas "ilusórias plausibilidades dos políticos morais".[42]

---

[40] Burke, *Reflections*, p. 15, 28, 39.
[41] Ibidem, p. 36, 44-45.
[42] Ibidem, p. 43, 47, 50.

Onde os revolucionários falavam de "direitos" e "razão", Burke invocava "virtude" e "sabedoria". O que tornou essas palavras ainda mais provocadoras foi sua classificação: "atual ou ideal". "Você não imagina", protestava Burke, "que eu desejo reduzir poder, autoridade e distinção a sangue, nomes e títulos. Não, senhor. Não há requisitos para um governo para além da virtude e sabedoria atual ou potencial." Virtude e sabedoria "atuais" eram "o salvo-conduto do paraíso para a honra e a morada do homem".[43] Virtude e sabedoria, "ideais", uma vez tiradas da realidade, eram mediadas pela propriedade, posição, título ou o que mais a sociedade considerasse digno. Para Burke, as atuais e as ideais não eram diametralmente opostas. Ao contrário, elas existiam em um *continuum*, com as atuais servindo como um padrão, tomando seu modelo das ideais; e as ideais, por sua vez, aspirando a se tornarem atuais.

Ainda mais provocadora foi a defesa de Burke a respeito do preconceito.

> Veja, Sir, que nesta época esclarecida eu sou corajoso o suficiente para confessar que nós somos, geralmente, homens de sentimentos grosseiros; que, em vez de jogar fora todos os nossos velhos preconceitos, nós os estimamos em um grau considerável e, para nos envergonharmos ainda mais, nós os estimamos justamente porque são preconceitos; e quanto mais tempo eles durarem, e eles têm prevalecido, mais nós os estimamos.

Havia uma boa razão para o elogio do preconceito. Assim como a virtude e a sabedoria atuais existiam, para Burke, em um *continuum* com a virtude e a sabedoria ideais, o preconceito existia em um *continuum* com a razão. O preconceito continha um tipo de razão, uma "sabedoria latente", não o tipo de razão que satisfaria os radicais em seu próprio país ou os *philosophes* no exterior, mas uma razão que um filósofo moral reconheceria e respeitaria.

---

[43] Ibidem, p. 62. Ver Harvey Mansfield, *Statesmanship and Party Government: A Study of Burke and Bolingbroke*. Chicago, 1965, p. 201 e passim.

> Nós temos medo de colocar homens para viverem e negociarem seus próprios estoques privados de razão, porque suspeitamos que esse estoque seja pequeno em cada homem, e que os indivíduos avaliariam melhor a si mesmos a partir do banco central e do capital das nações e dos anos. Muitos de nossos homens de especulação, em vez de explodirem preconceitos gerais, empregam sua sagacidade a fim de descobrir a sabedoria latente que prevalece neles. Se encontram o que procuram, e raramente falham, eles pensam que é mais sábio dar continuidade ao preconceito, com sua razão envolvida, do que jogar fora o casaco do preconceito e deixar apenas a pura razão, posto que o preconceito, com sua razão, tem motivo de conceder ação à razão e uma afecção que concederá sua permanência. O preconceito é de pronta aplicação na emergência; ela engaja a mente em uma rota estável de sabedoria e virtude, e não deixa o homem hesitante, cético, confuso e indeciso no momento da escolha. O preconceito torna a virtude de um homem seu hábito e não uma série de atos desconexos. Somente através do preconceito seus deveres se tornam parte de sua natureza.[44]

Assim, também, a superstição coexistia em um *continuum* com a religião. Em excesso, reconhece Burke, a superstição era um grande mal. Mas, como com todos os assuntos morais, era uma questão de grau e, em níveis moderados, a superstição e o preconceito eram virtudes. "Superstição é a religião das mentes fracas e deve ser tolerada certa mistura entre elas, em certa trivialidade, em certa forma entusiasta ou em qualquer outra, caso contrário, privar-se-á as cabeças mais fracas de um recurso necessário às mais fortes."[45] Burke não estava advogando, como alguns pensaram, a superstição *pour les autres* [para os outros]. "O homem", disse ele, "é por sua constituição um animal religioso".[46] Todos os homens, seja o mais forte ou o mais fraco, têm necessidade de religião. Os fortes, de fato, precisam dela ainda mais do que os fracos, porque eles seriam mais expostos à tentação, ao orgulho

---

[44] Burke, *Reflections*, p. 100.
[45] Ibidem, p. 174.
[46] Ibidem, p. 104.

e à ambição, e, assim, teriam maior necessidade de consolo, bem como das instruções da religião.⁴⁷ A Igreja estabelecida era vista como parte desse *continuum*; de fato, ela era uma forma de preconceito – "o primeiro de nossos preconceitos, não um preconceito destituído de razão, mas envolvido em sua profunda e extensa razão".⁴⁸

A defesa de Burke da superstição e do preconceito, assim como seu menosprezo pelas abstrações metafísicas, expuseram-no às acusações de não possuir princípios norteadores nem filosofia alguma para além de prudência e expediente.⁴⁹ Mas há uma filosofia aqui, uma filosofia séria e respeitável. Burke não usava a expressão "a Grande Cadeia do Ser", mas essa era a visão que reunia aqueles elementos supostamente discrepantes: razão e preconceito; religião e superstição; costumes e moral; autoridade e liberdade; o Estado e o indivíduo. Era como um proponente da tolerância religiosa que Burke também defendia o princípio de uma igreja institucional estabelecida: "Todo tipo de instituição, moral, civil ou política, que auxilie os laços racionais e naturais que conectam o entendimento e as afecções humanas ao divino, só são necessárias para construir aquela estrutura maravilhosa, o Homem".⁵⁰ E foi o discípulo de Smith que elaborou o argumento memorável para o Estado:

> O Estado não deve ser considerado melhor do que um acordo de parceria entre um comércio de pimenta e café, algodão ou tabaco, ou algum outro tipo de preocupação básica a ser tomada por um pequeno e temporário interesse e a ser dissolvido pelo desejo das partes. É para

---

⁴⁷ Ibidem, p. 115.
⁴⁸ Ibidem, p. 105.
⁴⁹ Eu tenho sido uma das que fez essa acusação e, desde então, a tenho refutado. Ver os dois ensaios sobre Burke em meu *Victorian Minds*. Nova York, 1968, p. 4-31.
⁵⁰ Burke, *Reflections*, p. 106.

ser olhado com outra reverência, pois não é uma parceria entre coisas subservientes apenas para a existência animal bruta de uma natureza temporária e perecível. O Estado é uma parceria em todas as ciências; uma parceria em todas as artes; uma parceria em todas as virtudes e em todas as perfeições. Como os fins de tal parceria não podem ser obtidos em muitas gerações, ela se torna uma parceria não apenas entre os que estão vivos, mas entre os que estão vivos, os que estão mortos e os que estão para nascer.[51]

Burke foi bastante ridicularizado em seu tempo (e tem sido desde então) por sua ode a Maria Antonieta, "brilhante como a estrela da manhã, cheia de vida, esplendor e alegria".[52] Pensar na rainha, quase nua, fugindo da plebe que havia irrompido por seu quarto, incitou reflexões sobre o amplo significado cultural e social deste evento. "O tempo da cavalaria se foi", lamentava Burke, e, com ele, todos os sentimentos e princípios – lealdade, honra, obediência – que mantiveram vivo, "mesmo na servidão, o espírito de uma exaltada liberdade".[53] E não apenas o espírito de liberdade, mas o de igualdade.

> Foi isso que, sem confundir os níveis, produziu a nobre igualdade e a distribuiu por todas as gradações da vida social, até embaixo. Foi essa opinião que mitigou reis em companheiros e elevou homens comuns à companhia de reis. Sem força ou oposição, essa opinião subjugou a ferocidade do orgulho e do poder; obrigou soberanos a se submeterem ao jugo suave da estima social, compeliu autoridades severas a se submeterem à elegância e fez a dominação, vencedora de leis, ser submetida pelos costumes.[54]

Mas tudo isso, como temia Burke, havia mudado. A época da cavalaria havia dado seu lugar a uma era da razão, com as mais desastrosas consequências.

---

[51] Ibidem, p. 110.
[52] Ibidem, p. 89.
[53] Loc. cit.
[54] Ibidem, p. 90.

Todas as agradáveis ilusões que fizeram o poder suave e a obediência liberal, que harmonizaram as diferentes tonalidades da vida, (...) serão dissolvidas por esse novo império da luz e da razão. Toda a roupagem decente da vida foi rudemente arrancada. Todas as ideias que nos foram acrescentadas, provindas do guarda-roupa de uma imaginação moral, de que o coração se apossa e o entendimento ratifica como necessária para cobrir os defeitos de nossa nua natureza trêmula e a eleva em dignidade em nossa próprio parecer, serão ditas ridículas, absurdas e antiquadas.[55]

Isso era, finalmente, o centro da acusação que Burke dirigia à Revolução Francesa. Diferentemente da Revolução Americana, que foi uma revolução política, a Revolução Francesa, insistia ele, era nada menos do que uma revolução moral, uma revolução total, uma revolução do sentimento e da sensibilidade penetrando em todos os aspectos da vida. Hoje, Burke é frequentemente acusado (como foi em seu tempo) de ser excessivo, até mesmo histérico, em sua descrição daquela revolução: "uma feroz devassidão dos costumes (...) uma insolente irreligião nas opiniões e práticas (...) leis derrubadas, tribunais subvertidos, indústria sem vigor, comércio expirando (...) bancarrota nacional".[56] Tudo isso foi escrito em 1790, bem antes da

---

[55] Loc. cit. É geralmente aceito que a famosa acusação de Paine, de que Burke "se compadece da plumagem, mas esquece do pássaro moribundo", refere-se ao pobre, a quem Burke havia esquecido em seu zelo pela rainha. De fato, Paine estava falando dos prisioneiros da Bastilha, aristocratas ou não, que morreram em favor do rei. A tirania política, e não a miséria econômica, era o tema da metáfora de Paine. Ver Thomas Paine, *The Rights of Man*. Nova York, Dolphin ed., 1961 (1. ed. 1791-1792), p. 288.

Burke também é criticado por chamar o povo de "multidão suína". Conor Cruise O'Brien aponta que o que Burke denomina "uma multidão suína" é uma turba específica em uma ocasião particular, não a população como um todo. Ver a edição de C. C. O'Brien de Burke, *Reflections on the Revolution in France*, Londres, 1968, p. 173, 385, n. 66. O próprio Burke citava Richard Price (cujo sermão à Sociedade Revolucionária provocou as *Reflexões*), que se referia aos poucos milhares de eleitores pagos para votar como "a escória do povo". Ver Burke, *Reflections*, p. 68.

[56] Burke, *Reflections*, p. 50-51.

criação da república, da execução do rei e da rainha, da declaração de guerra e da instituição do Terror. Muito mais iria acontecer em 1790 para alarmar Burke: a queda da Bastilha; a marcha para Versailles e a remoção do rei para Paris; a abolição da nobreza e dos privilégios feudais; o confisco das propriedades da Igreja; a Constituição Civil do Clero; as *jacqueries* no campo e os motins nas cidades; as prisões liberadas; o pânico bancário e os efeitos devastadores sobre escolas, instituições beneficentes, hospitais e todas as outras funções tradicionalmente exercidas pela Igreja.[57] É notável que Burke, por um lado, tenha reagido tão forte e adversamente a esses eventos, mas, por outro, que a maioria das pessoas cultas (não apenas os jovens poetas como Shelley ou Wordsworth) tenha assumido uma visão bastante favorável em relação a eles.

Ainda mais notável é a antecipação, por parte de Burke, dos eventos graves que estavam por vir. Regicídio, guerra e terror foram todos prefigurados nas *Reflexões*, como se já tivessem acontecido. Burke capturou a extensão da Revolução logo em seu início. Foi então, quando a turba de Paris marchou para Versailles e sequestrou o rei, que "a mais importante de todas as revoluções" teve lugar, "uma revolução nos sentimentos, costumes e nas opiniões morais". Essa revolução moral tornou-se depois a lógica e a dinâmica do Terror, algo que Burke dramaticamente previu.

> Justificando a perfídia e o assassinato pelo benefício público, o bem público se tornaria logo o pretexto, e, a perfídia e o assassinato, o fim;

---

[57] Poucos contemporâneos (e não muitos historiadores) prestaram atenção, como Burke o fez, a uma das medidas anticlericais adotadas pela Revolução: a lei tornando o matrimônio um contrato civil, com divórcio permitido com um aviso de antecedência de um mês e "ao bel prazer de qualquer das partes". O resultado, notou Burke, foi o abrupto aumento na taxa de divórcios. Nos primeiros três meses de 1793, houve 562 divórcios em Paris, comparados com 1785 casamentos, perfazendo uma proporção, conforme seu cálculo, de quase 1 para 3 – "algo sem igual, acredito eu, entre a humanidade". Burke, *Letters on a Regicide Peace* (1796). In: *Works*, V, 210-211.

até a ganância, a malícia, a vingança e o medo mais terrível do que a vingança poderia saciar seus apetites insaciáveis.[58]

Foi essa imaginação moral poderosa, mais do que qualquer ideologia política, a contribuição distintiva de Burke para a análise da Revolução Francesa e, também, para o próprio Iluminismo britânico. Esse é o motivo pelo qual "liberal" e "conservador" não descrevem adequadamente sua resposta a eventos como o caso Wilkes e o *impeachment* de Hastings; a Revolução Americana e a Revolução Francesa. Os filósofos morais haviam posto um sentimento moral no homem como a base das virtudes sociais. Burke levou essa filosofia um passo adiante, fazendo dos "sentimentos, costumes e opiniões morais" dos homens a base da própria sociedade e, em última instância, do próprio governo.

---

[58] Ver Burke, *Reflections*, p. 93, 95. Pocock vai ainda mais longe ao dizer que Burke não antecipou apenas o Terror, mas tais monstruosidades de nosso próprio tempo, como o nazismo, o Exército Vermelho e o Khmer Vermelho. O *Letters on a Regicide Peace* [Cartas sobre uma Paz Regicida], de Burke, descrevendo a "energia terrível" da Revolução que liberou o intelecto humano de toda restrição social, foi "o 1984 de sua geração". Foi naquela obra, diz Pocock, que Burke "descobriu a teoria do totalitarismo e a foi ampliando em profecia". Ver a edição de J. G. A Pocock das *Reflections on the Revolution in France*, Indianápolis, 1987, p. XXXVII. Em outra obra, Pocock coloca Burke na tradição do Iluminismo e faz dele um conselheiro e profeta para nossos tempos. Ainda em outro livro, entretanto, Pocock descreve as *Letters on a Regicide Peace* [Cartas sobre uma Paz Regicida] como "aquele lamento selvagem de um espírito no fim de suas forças" (*Virtue, Commerce and History: Essays on Political Thought and History, Chiefly in the Eighteenth Century*, Cambridge, 1985, p. 205).

Capítulo 4 | Dissidentes Radicais

Enquanto Edmund Burke é raramente admitido no panteão do Iluminismo britânico, seus críticos, com frequência chamados de radicais, são firmemente enraizados nele. No entanto, eles são estranhos companheiros dos filósofos morais, que foram sócios fundadores, por assim dizer, do Iluminismo. Richard Price e Joseph Priestley escreveram livros que eram explicitamente dirigidos contra Francis Hutcheson e a escola escocesa de filosofia.[1] E Thomas Paine e William Godwin fizeram da razão algo tão preeminente que deixaram pouco ou nenhum espaço para o senso moral. Filosófica, teológica, assim como politicamente, eles estavam bem distantes do Iluminismo de Shaftesbury e de Hutcheson, de Smith e de Hume.[2]

---

[1] Richard Price, *A Review of the Principal Questions and Difficulties in Morals* (1757); Joseph Priestley, *Examination of Scottish Philosophy* (1774).

[2] Jeremy Bentham é normalmente incluído entre esses radicais. Porém, nessa época, ele não era nem um radical nem uma figura pública digna de nota. Em sua terra natal, eles se opôs à reforma parlamentar, para não dizer nada sobre o republicanismo, e ridicularizou as medidas tomadas pelos revolucionários franceses, como o confisco das propriedades da Igreja e a Declaração dos Direitos do Homem; de fato, ele ridicularizou a própria ideia dos "direitos". Seus escritos atraíram pouca atenção. Mais tarde, Bentham afirmou que seu *Fragment on Government* [Fragmento sobre o Governo], publicado anonimamente em 1776, causou um "frenesi". De fato, apenas quinhentas cópias foram impressas e uma grande parte delas foi posteriormente achada em um depósito. Seu *Introduction to the Principles of Morals and Legislation* [Introdução aos Princípios da Moral e da Legislação], de

Pode-se dizer que esses radicais pertencem mais à história dos Iluminismos francês e americano do que do britânico. Paine passou boa parte de sua vida adulta na América e na França, e foi um dos membros, não do Parlamento britânico, mas da Convenção Nacional Francesa. Mesmo após sua prisão durante o Terror e a revogação de sua cidadania francesa, ele permaneceu na França e retornou, finalmente, à América, onde morreu. Priestley foi laureado com um assento honorário na Assembleia Nacional francesa, mas escolheu viver na América; ele, assim como Paine, morreu na América. Price e Godwin viveram na Inglaterra como ardentes simpatizantes da Revolução Francesa. A grande obra de Godwin tinha mais em comum com Condorcet do que com qualquer um de seus compatriotas.

Um historiador refere-se a Price e àqueles a ele associados como "luminares tardios do Iluminismo", para distingui-los, presumivelmente, dos outros luminares.[3] Mesmo essa distinção cronológica é enganosa. Smith e Price foram quase exatos contemporâneos (ambos nasceram em 1723 e Price morreu um ano depois de Smith, em 1791). Burke era mais jovem e sobreviveu a ambos (era apenas alguns anos mais velho do que Priestley e Paine). Adam Ferguson, que nasceu no mesmo ano em que nasceram Smith e Price, sobreviveu a todos eles. Apenas Godwin foi claramente de uma geração posterior. O que diferenciava os dois grupos não eram suas idades, mas suas ideias. Os radicais representaram muito mais um Iluminismo alternativo na Grã-Bretanha

---

1789, "passou despercebido", como lembra Elie Halévy. Seu livro sobre Panopticon, publicado dois anos depois e impresso à sua própria custa, foi praticamente ignorado. Apenas em 1808, quando Bentham encontrou James Mill, ele veio a ser reconhecido. "Philosophical Radicalism" [Radicalismo Filosófico] foi a contribuição distintiva de Bentham – mais no início do século XIX do que no final do XVIII. Ver Elie Halévy, *The Growth of Philosophical Radicalism*. Trad. Mary Morris. Clifton, NJ, 1972 (1. ed. francesa 1901-4), p. 153, 178, 251.

[3] Roy Porter aplica esse termo a Price e William Frend (um atuário) (*The Creation of the Modern World: The Untold Story of the British Enlightenment*, Nova York, 2000, p. 208).

do que um Iluminismo tardio – um Iluminismo "dissidente", tanto no sentido político quanto no sentido teológico da palavra.

No prefácio de sua primeira obra, Burke fez uma de suas observações prescientes: "Os mesmos mecanismos que foram empregados para a destruição da religião podem ser empregados com igual sucesso para a subversão do governo".[4] Trinta e tantos anos depois, ele tinha por que lembrar aquela observação, já que o Iluminismo francês abriu caminho à Revolução Francesa – a destruição da religião, como ele vira, culminava na subversão do governo. Os radicais ingleses já haviam estabelecido esse caminho. Diferentemente de Hume, que nunca traduziu seu ceticismo religioso em radicalismo religioso (a privação da Igreja de seus direitos junto ao Estado) e muito menos em radicalismo (republicanismo), esses radicais – "dissidentes racionais", como eram conhecidos – perseguiram suas dissidências religiosas tão vigorosamente quanto suas políticas. Na verdade, ambas faziam parte de uma única agenda.[5] Eles visavam tornar ilegítima a ordem política no mesmo grau e pelas mesmas razões que desejavam tornar ilegítima a religião institucionalmente estabelecida.

Paine era um deísta de um modo pretensioso, senão extremo, e seu deísmo beirava um racionalismo que abria espaço para uma grande reivindicação da ingerência da razão na religião, bem como nos assuntos políticos. O unitarianismo de Price tinha uma base mais teológica. Converso ao arianismo, ele o combinou com um lockeanismo que tomou como politicamente análogo ao arianismo, com livre-arbítrio e razão a fim de assegurar a autonomia religiosa do indivíduo e a liberdade política do cidadão.[6] Priestley

---

[4] Edmund Burke, *A Vindication of Natural Society* (1756). In: *The Works of Edmund Burke*. Londres, 1909, I, 3.

[5] J. C. D. Clark mostra seu ponto de vista em *English Society, 1688-1832: Ideology, Social Structure and Political Practice during the Ancien Régime*. Cambridge, 1985, p. 277 e passim.

[6] Clark reforça o aspecto ariano do pensamento de Price (ibidem, p. 330); Donald Winch sobre o aspecto lockeano. Ver Winch, *Riches and Poverty: An Intellectual History of Political Economy in Britain, 1750-1834*. Cambridge, 1996, p. 145-46.

tomou um caminho herético diferente, mais em direção ao socinianismo do que ao arianismo, e mais ao materialismo do que ao racionalismo; assim, ele rejeitava tanto a divindade de Cristo como o livre-arbítrio.

Os três diferiam também em suas atitudes quanto ao republicanismo. Priestley, comumente creditado pela origem do princípio utilitário da felicidade do maior número, era menos preocupado com a participação do povo no governo ("liberdade política", como dizia ele); a liberdade política tinha o papel secundário de guardar e garantir a liberdade civil. Assim, ele era menos insistente do que Paine ou Price acerca de uma forma republicana de governo.[7] Mas os três eram como se fossem um, rejeitavam a ordem política e a ordem religiosa existentes e davam as boas-vindas a uma reforma radical que subverteria ambas.

A discussão entre Burke e Price foi imortalizada nas *Reflexões*. Mas ela teve suas origens quinze anos antes, à época da Revolução Americana, quando Price publicou suas *Observations on the Nature of Civil Liberty* [Observações sobre a Natureza da Liberdade Civil], defendendo os americanos a partir dos mesmos princípios que ele invocaria mais tarde na exaltação dos franceses – e na depreciação dos ingleses. Diz-se que Burke tenha tido a ideia para esse livro dois anos depois (embora ele não mencione Price pelo nome), quando criticou aqueles que concebiam o governo livre em termos de "liberdade e necessidade metafísica" em vez de em termos de "prudência moral e sentido natural". Pelo fato de Burke mesmo se identificar tão fortemente com a causa americana, ele pode ter sentido ser necessário

---

[7] Joseph Priestley, *An Essay on the First Principles of Government and on the Nature of Political, Civil and Religious Liberty* (1768) e *The Present State of Liberty in Great Britain and her Colonies* (1768). In: *Political Writings*. Ed. Peter N. Miller. Cambridge, 1993, p. 32, 134 e passim.

dissociar-se de autores, que, como Price, chamavam qualquer governo não desejado pelo povo de "tirania e usurpação".[8]

Esse diálogo (por assim dizer) entre Price e Burke acerca da América foi profético, já que foi praticamente nos mesmos termos que eles conduziram o grande debate sobre a Revolução Francesa. O discurso de Price em 1789, "The Love of Our Country [O Amor por Nosso País]" – que comemorava ostensivamente a Revolução Inglesa de um século antes, mas, na verdade, estava elogiando a Revolução Francesa –, poderia muito bem ter passado despercebido (se não para seus contemporâneos, certamente para a posteridade) caso não tivesse provocado as *Reflexões* de Burke. Price criticava a Inglaterra por ter violado o que ele chamou de direitos básicos estabelecidos pela revolução: liberdade religiosa, resistência ao abuso de poder e governo autônomo. O último foi desmentido, afirmava ele, pela desigualdade de representação, um defeito tão grosseiro e palpável na constituição que invalidava o governo legítimo e fazia do governo existente "nada mais do que uma usurpação". Era tempo, declarava ele, para um "melhoramento" nos assuntos humanos: "o domínio dos reis mudou para o domínio das leis, e o domínio dos sacerdotes deu lugar ao domínio da razão e da ciência". Seu discurso deve ter agradado especialmente à Assembleia Nacional Francesa, a quem ele mandou sua prédica juntamente com uma mensagem de congratulação.

> Tremei todos vós, opressores do mundo! Atentai-vos todos vós, adeptos dos governos e das hierarquias escravizantes! (...) Não luteis mais contra a crescente luz e a crescente liberalidade. Devolvei à humanidade seus direitos e consenti à correção dos abusos, antes que vós e eles sejais destruídos conjuntamente.[9]

---

[8] Burke, "Letter to the Sheriffs of Bristol" (1777). In: *Works*, II, 29-30 (Donald Winch chama a atenção a essa passagem em *Riches and Poverty*, p. 145-46).

[9] Richard Price, "A Discourse on the Love of Our Country". In: *The Debate on the French Revolution, 1789-1800*. Ed. Alfred Cobban. Londres, 1950, p. 63-64. É estranho que Burke tenha citado um parágrafo anterior do

Advogado do livre comércio e do mínimo governo, Price considerava-se um discípulo de Smith. Mas Smith não o considerava como tal. Pouco depois do discurso de Price, Smith adicionou à nova edição de *Teoria dos Sentimentos Morais* duas seções implicitamente dirigidas contra Price: uma criticando o princípio de razão como a base da moralidade, a outra refutando a ideia de que "o amor por nosso próprio país" fosse derivado do "amor pela humanidade".[10] Privadamente, Smith era ainda mais crítico: "eu sempre o considerei", escreveu ele a um amigo economista, "um cidadão faccioso, um filósofo dos mais superficiais e de modo algum um hábil calculador [economista]".[11]

Permanece, ainda, algo de embaraçoso para os radicais modernos, no fato de que Price, Priestley e Paine professaram ser discípulos de Smith. Na verdade, Priestley foi mais "*laissez-fairista*" do que o próprio Smith. Tomando como a máxima fundamental da economia política que o Estado não deva interferir na economia, Priestley deduziu desse princípio (o que Smith não fez) que as Leis dos Pobres deveriam ser abolidas. Uma provisão estatal para o pobre, argumenta ele, taxava o diligente e recompensava o preguiçoso, encorajando o pobre a se tornar imprevidente e a gastar tudo da maneira mais extravagante, sabendo que o Estado proveria os recursos a ele. Sem nenhuma prudência e nenhuma previdência, eles seriam reduzidos à condição de bestas. Teria sido melhor, conclui Priestley, se o governo não interferisse de nenhum modo na vida do pobre, com os necessitados sendo cuidados pela caridade dos bem dispostos.[12] Tampouco

---

discurso, mas não a passagem final incendiária. Ver *Reflections on the Revolution in France*. Nova York, Dolphin, 1961, p. 78.

[10] Smith, *The Theory of Moral Sentiments*. Ed. D. D. Raphael e A. L. Macfie. Oxford, 1976 (reimp. da 6. ed. 1790), p. 318 (parte VII, seção 3, cap. 2); p. 229 (parte VI, seção 3, cap. 2).

[11] Ibidem, p. 229, nota 2.

[12] Citado por Isaac Kramnick, *The Rage of Edmund Burke: Portrait of an Ambivalent Conservative*. Nova York, 1977, p. 14.

deveria o governo interferir (como Smith propôs) na educação das crianças; todo homem deveria ser livre para educar suas crianças "à sua própria maneira".[13] Justamente por isso, o governo não deveria tomar parte na religião. Novamente, de modo diferente de Smith, para quem a liberdade religiosa significava tolerância e uma pluralidade de seitas, Priestley insistia sobre nada menos do que a cessação de todos os direitos e prerrogativas para com a Igreja da Inglaterra.

Paine também se opunha às Leis dos Pobres porque elas penalizavam a diligência e causavam uma intromissão indesejada do Estado na economia. Mas não era apenas a economia que ele queria proteger do Estado – era a própria sociedade. *Common Sense* [Senso Comum], publicado na América pouco depois de sua Revolução, e *Rights of Man* [Direitos do Homem], publicado na Inglaterra pouco depois da Revolução Francesa (como refutação das *Reflexões* de Burke), eram vigorosas defesas de ambas as revoluções em nome da razão e dos direitos. Eles também continham argumentos mordazes para um mínimo governo baseados em uma clara distinção entre sociedade e Estado.

> A sociedade é produzida por nossos desejos e o governo por nossa corrupção; o primeiro promove nossa felicidade *positivamente*, unindo nossas afeições, o último *negativamente*, restringindo nossas imoralidades.[14]
>
> A sociedade é em cada Estado uma bênção, mas o governo, mesmo no melhor Estado, não é senão um mal necessário.[15]

---

[13] Priestley, *Essay on the First Principles of Government* (1768). In: *Political Writings*, p. 51.

[14] Thomas Paine, *Common Sense*. Nova York, 1992 (reimp. da ed. de 1791), p. 5.

[15] Ibidem, loc. cit.

A vida civilizada não requer senão algumas poucas leis gerais que tenham utilidade comum e que, quer sejam impostas pelas formas de governo, quer não, terão praticamente o mesmo efeito.[16]

A sociedade realiza para si mesma quase tudo o que é atribuído ao governo.[17]

Essas passagens vão bem além de Smith em sua desconfiança do governo. *A Riqueza das Nações*, publicado apenas poucos meses depois de *Common Sense*, tratava o governo respeitosamente, assinalando suas funções "positivas" importantes, como a proteção militar da sociedade (a invenção das armas de fogo, por exemplo, que poderia ser vista como perniciosa, era "certamente favorável tanto para a permanência quanto para a extensão da civilização"); a administração da justiça, da qual dependem a liberdade e a segurança de todos os indivíduos; a provisão dos serviços públicos e das instituições (tais como escolas para os pobres), que estavam além dos recursos dos indivíduos ou grupos.[18] Mesmo no que diz respeito à taxação, Smith era bem mais moderado do que Paine, distinguindo diferentes tipos de taxas em termos de equidade e eficiência.

Paine, no entanto, via o próprio governo como pouco mais do que um instrumento para aumentar impostos. A monarquia era "uma mera corte que serve de artifício para obter dinheiro"; a constituição inglesa era "a mais produtiva máquina de taxação que já foi inventada"; "impostos não surgem para dar continuidade às guerras, mas (...) guerras surgem para dar continuidade aos

---

[16] Paine, *The Rights of Man*. Nova York, Dolphin, 1961 (1. ed. 1791-1792), p. 400. (Essa edição, como muitas outras, dá o título incorreto: *The Rights of Man*. O artigo comum foi adicionado em uma edição de 1817, oito anos após a morte de Paine.)

[17] Ibidem, p. 433.

[18] Smith, *An Inquiry into the Nature and Causes of the Wealth of Nations*. Ed. Edwin Cannan. Nova York, 1937 (1. ed. 1776), p. 669, 681.

impostos".[19] Em contraste com a teoria de Burke, do estado como "uma parceria não apenas entre aqueles que estão vivos, mas entre aqueles que estão vivos, aqueles que estão mortos e aqueles que estão para nascer", Paine postula uma disjunção radical do passado, presente e futuro. Os vivos, insistia ele, não devem nada aos mortos. Cada "geração" era uma nova "criação", em dívida apenas consigo mesma.[20] Ele foi até mais além do que Price, que ilegitimizou a constituição inglesa porque ela não cumpriu a promessa da Revolução Gloriosa. Paine ilegitimizou-a em seu nascimento, por assim dizer, como um produto mais da subjugação do que da razão. Guilherme III não poderia expiar o pecado original de Guilherme, o Conquistador.

A segunda parte de *Rights of Man*, publicada em 1792, era ainda mais subversiva do que a primeira – e mais bem-sucedida, em parte porque o preço havia sido reduzido de três xelins para seis pences, e também por conta da publicidade resultante da fuga de Paine para Paris, que se seguiu à sua acusação de calúnia. Ao denunciar a monarquia – qualquer monarquia – como ilegítima e tirânica, Paine, com efeito, sancionou a revolução, compondo a ofensa poucos meses depois em um panfleto conclamando a uma convenção a fim de esboçar uma constituição republicana – isso enquanto a Inglaterra estava engajada em uma guerra contra a França.

Se Smith se horrorizaria por conta da mensagem revolucionária de *Rights of Man*, ele se satisfaria com algumas das reflexões aí contidas sobre comércio e interesse próprio.

> Todas as grandes leis da sociedade são leis da natureza. As leis de negócio e comércio, sejam com respeito ao intercurso de indivíduos ou

---

[19] Paine, *Rights of Man*, p. 418, 429, 315.
[20] Ibidem, p. 304.

de nações, são leis de interesse mútuo e recíproco. Elas são seguidas e obedecidas porque é o interesse das partes fazê-lo, e não por conta de quaisquer leis formais que seus governos possam impor ou interpor.[21]

> Eu tenho sido um defensor do comércio, porque sou um amigo dos seus efeitos. É um sistema pacífico, operando para unir a humanidade por fazer nações, bem como indivíduos, úteis umas às outras. (...) O processo mais eficaz é aquele que melhora a condição do homem por meio de seu próprio interesse; e é sobre essa base que eu quero me fixar. Se ao comércio fosse permitido atuar à extensão universal de que é capaz, ele extirparia o sistema de guerra e produziria uma revolução nos Estados de governo incivilizados.[22]

Um Paine muito diferente, contudo, emergiu das páginas finais da segunda parte de *Rights of Man*. Assim como Smith, ao final de *A Riqueza das Nações*, pareceu reverter seu curso ao apresentar subitamente a imagem de trabalhadores tão debilitados pela divisão do trabalho e necessitados de um sistema educacional suportado pelo governo, Paine, próximo ao fim de seu livro, tomou um rumo que parecia desmentir os princípios que ele havia exposto antes. Depois de argumentar, por duzentas e poucas páginas, a favor da sociedade liberta do governo por uma economia livre, por um comércio pujante e pela ausência de taxas, Paine apresentou um elaborado programa de reforma social que requeria a intervenção ativa do governo e a imposição de novos impostos. Em lugar das Leis dos Pobres, ele propôs um sistema de bem-estar social abrangente, a ser subsidiado pelo governo e que incluía um orçamento elaborado com detalhes contábeis precisos. O plano visava "àquela classe de pobres que necessita de apoio" – um quinto da população, estimava Paine (que era maior do que a classe de indigentes atual). O sistema proveria subsídios para crianças e idosos pobres, com diferentes somas para diferentes idades;

---

[21] Ibidem, p. 400-1.

[22] Ibidem, p. 448.

subvenções educacionais para crianças que não se qualificavam como pobres, mas que não podiam custear os estudos; bolsas auxílio para parto e casamento àqueles que se candidatassem; pagamento dos custos funerários para pessoas que morressem longe de casa; casas para pobres, que empregariam e, se necessário, abrigariam e alimentariam "pobres causais". Tudo isso seria financiado em parte por impostos (que eventualmente seriam eliminados), mas amplamente por um sistema de taxação progressiva sobre estados, variando de 3d por libra nas primeiras 500 libras a um confisco de 20s por libra no nível mais alto. Desse modo, as Leis dos Pobres ("aqueles instrumentos de tortura civil") seriam substituídas por um sistema que prestaria socorro não como caridade, mas como "um direito".[23]

Muito provavelmente, Paine era consciente do contraste entre suas propostas e as de Smith. Smith também preferia um sistema de taxação progressiva (embora não de modo confiscatório) que beneficiaria o pobre, com impostos recaindo mais sobre bens de luxo do que sobre artigos básicos; um imposto sobre a terra, mas não sobre as janelas,[24] e impostos sobre salários de altos oficiais, mas não sobre o salário de trabalhadores. Smith aprovava as Leis dos Pobres direcionadas apenas para os indigentes e não, como no plano de Paine, para uma classe maior de pobres. A respeito disso, Smith tinha uma proposta mais arrojada: seu esquema educacional incluía subsídios e supervisão do governo, enquanto o de Paine proporcionava subsídios aos pais que, por sua vez, seriam responsáveis por encontrar professores para seus filhos. "As viúvas dos clérigos em dificuldades", sugere ele, serviriam a tal propósito.[25]

---

[23] Ibidem, p. 480.

[24] A *Window Tax* foi um imposto criado em 1696, sob o rei Guilherme III, que taxava as propriedades com alíquotas proporcionais ao número de janelas que possuíam. (N. T.)

[25] Ibidem, p. 482.

Para alguns historiadores, o programa de Paine era um prenúncio de um "Estado de bem-estar social", um "sistema estatal de seguridade social", e mesmo uma "social-democracia".[26] Difere deles, todavia, em um ponto crucial. Onde o Estado de bem-estar social e a seguridade social, para não mencionar a social-democracia, são programas "universais", projetados para a população como um todo, o de Paine era pensado especificamente para a "classe pobre". Tampouco o panfleto posterior de Paine, *Agrarian Justice* [Justiça Agrária], o levou, como afirma um historiador, "ao limiar do socialismo".[27] Longe de buscar a abolição da propriedade privada, Paine estava escrevendo em resposta a "Graco" Babeuf, que era a favor de uma "lei agrária" que executaria tal abolição. Defendendo o princípio da propriedade privada de terra, Paine propunha apenas uma redistribuição através da taxação e de subsídios.

Se as visões econômicas dos radicais britânicos não se conformam às noções de radicalismo dos dias atuais, algumas de suas posições religiosas podem ser ainda mais desconcertantes – ou seriam, se elas fossem mais amplamente conhecidas – para aqueles que os

---

[26] Sobre o "estado de bem-estar social" ver, por exemplo, Eric Foner, *Tom Paine and Revolutionary America*, Nova York, 1976, p. 218, e Francis Canavan, "The Burke-Paine Controversy", *Political Science Reviewer*, 1976, p. 403; sobre "seguridade social", Henry Collins, introdução a Paine, *Rights of Man*, Londres, Penguin, 1969, p. 37; e sobre "social-democracia", S. Maccoby, *English Radicalism, 1786-1832*, Londres, 1955, p. 53. E. P. Thompson louva *Rights of Man* como o "texto fundador do movimento trabalhista inglês, definindo "um caminho em direção à legislação social do século XX" (*The Making of the English Working Class*, Nova York, 1964, p. 90, 94).

[27] Collins, introdução à edição da Penguin de *Rights of Man*, p. 43. Collins concede que Paine nunca tenha cruzado aquele limite, mas isso implica que qualquer esquema de redistribuição se aproxima do "limiar do socialismo". Sobre *Rights of Man* comparado com *Agrarian Justice Opposed to Agrarian Law and to Agrarian Monopoly* (1797), ver Gertrude Himmelfarb, *The Idea of Poverty: England in the Early Industrial Age*, Nova York, 1983, p. 86-99.

celebram como os apóstolos da razão. Paine foi o tipo mais característico de dissidente racional. "Eu acredito em um Deus, e em nada mais", anunciava ele nas primeiras páginas de *Age of Reason* [Idade da Razão]. "Eu não acredito no credo professado pela assembleia judaica, pela igreja romana, pela igreja grega, pela igreja turca, pela igreja protestante nem por qualquer igreja que conheça. Minha mente é minha igreja."[28] Sua própria mente era tão autossuficiente que ele se vangloriava de não possuir uma cópia sequer da Bíblia. Aparentemente ele adquiriu uma, entretanto, antes de escrever a segunda parte do livro, porque havia se engajado em uma refutação sistemática das Escrituras, incluindo uma refutação dos milagres da Bíblia, da revelação e, finalmente, do cristianismo (mas não, acrescentava ele, da ideia de Deus).

Essa era a dissidência racional em sua forma clássica. Mas Price e Priestley decididamente não estavam nesse gênero, embora o termo seja frequentemente aplicado a eles e pode, inclusive, ter se originado com eles. Nem suas crenças religiosas podem ser dispensadas como as amáveis e inconsequentes excentricidades de homens racionais, independentemente delas. Aquelas crenças estavam, de fato, no coração de seu radicalismo – seu radicalismo político, bem como o religioso.[29] O próprio Priestley escreveu uma crítica de *Age of Reason* concordando com Paine na rejeição da Trindade e da divindade de Cristo, mas afirmando ardentemente a Bíblia como produto da revelação divina.

---

[28] Paine, *Age of Reason: Being an Investigation of True and Fabulous Theology*. Nova York, 1975 (1. ed. 1794-1795), p. 5-6.

[29] Para uma discussão séria sobre as visões milenaristas de Price e Priestley, ver Jack Fruchtman Jr., *The Apocalyptic Politics of Richard Price and Joseph Priestley: A Study in Late Eighteenth-Century English Republican Messianism*, Filadélfia, 1983, e Iaian McCalman, "New Jerusalems: Prophecy, Dissent and Radical Culture in England, 1786-1830". In: *Enlightenment and Religion: Rational Dissent in Eighteenth-Century Britain*, ed. Knud Haakonssen, Cambridge, 1996. Henry F. May, *The Enlightenment in America*, Oxford, 1976, reconhece o milenarismo de Price e Priestley, mas não se demora em seus detalhes.

De fato, tanto Price quanto Priestley eram obcecados por religião, não no sentido que um pensador antirreligioso agressivo pode ser dito obcecado por ela, fazendo da irreligião uma religião, mas no sentido verdadeiramente religioso do termo. Eles eram tão apaixonados em perseguir evidências bíblicas para o milenarismo – um milenarismo espiritual e temporal ao mesmo tempo – quanto o eram em sua oposição a qualquer igreja estabelecida. William Hazlitt chamava Priestley "o Voltaire do unitarianismo".[30] Mas Voltaire ficaria horrorizado pelo milenarismo apocalíptico de Priestley, baseado em uma leitura literal das profecias bíblicas como verdade revelada.

Para Price, bem como para Priestley, a rebelião contra uma religião estabelecida era muito mais baseada na própria religião do que na razão. A separação entre Igreja e Estado seria acompanhada pela derrubada da monarquia e a dissolução de todas as autoridades civis e eclesiásticas, preparando, assim, o caminho para o milênio, completado pela ressurreição de Cristo e de toda a humanidade. A visão de Price da Revolução Americana como um presságio do estágio final da história, quando "as velhas profecias se verificariam" e "o último império universal" da razão, virtude e paz seria concretizado,[31] pode soar como a "cidade sobre a montanha",[32] do credo dos evangélicos americanos. Mas ela foi além ao afirmar – não simbólica ou figurativamente, mas literalmente – a vinda do milênio, não em um futuro

---

[30] Citado por Alan Tapper, "Priestley on Politics, Progress and Moral Theology". In: Haakonssen (ed.), *Enlightenment and Religion*, p. 272.

[31] Ver Fruchtman, *Apocalyptic Politics*, p. 1.

[32] A expressão "Cidade sobre a montanha" é proveniente do Sermão da Montanha (Mateus 5,14): "Vós sois a luz do mundo. Não se pode esconder uma cidade situada sobre uma montanha". Alguns grupos puritanos da América interpretaram-na como uma vocação comunitária, que passou posteriormente à tradição americana como uma vocação da própria nação, no sentido de entender-se como uma espécie de chamado a um lugar de primazia, de modo que sua visibilidade seria tal como a da "casa sobre a montanha", como referência às demais. (N. T.)

distante, mas no presente, e não em um além-mundo, mas sobre esta terra. Percorrendo laboriosamente as Escrituras em busca de profecias e catástrofes, Price as relacionava com eventos correntes e ao iminente aparecimento do Messias, que viria "em sua glória para abolir a morte, julgar a humanidade, fazer justiça com o perverso e estabelecer o reino perpétuo, no qual todos os virtuosos e merecedores deverão encontrar, completamente e imutavelmente, a felicidade".[33]

O milenarismo de Priestley era ainda mais notável do que o de Price, não apenas porque ele era um cientista respeitado (um químico), mas também porque ele combinava milenarismo com a filosofia rigorosamente materialista e determinista de seu mentor, David Hartley. Lembrado hoje como o pai da psicologia associacionista, Hartley foi também (o que é menos conhecido) um fervoroso crente na verdade empírica e literal das profecias contidas nas Escrituras. Como Hartley (e diferentemente de Price), Priestley rejeitava o dualismo entre espírito e matéria, e, assim, a ideia de livre-arbítrio. Mas ele acreditava ainda mais na ressurreição de Cristo cujos detalhes disputou em certa medida com Price. Para este, a alma não morria com a morte do corpo, apenas adormecia esperando a ressurreição; para Priestley, a ressurreição era ainda mais miraculosa porque a alma, inseparável do corpo, morria com este.

É irônico que a ideia convencional e latitudinária de Burke sobre religião o tenha desqualificado (para muitos historiadores) como membro do Iluminismo, enquanto o milenarismo de Priestley e de Price não. O milenarismo destes, além disso, não era uma utopia branda que infectava tantos radicais. Tampouco era inspirado pelas arrebatadoras experiências das Revoluções Americana e Francesa, pois ele precedia em muito esses eventos. "Seja lá o que for que estivesse no início deste mundo", predisse Priestley em 1768, "o fim será glorioso e paradisíaco, para além do que nossa imaginação pode

---

[33] Ibidem, p. 35.

conceber". Alguns anos mais tarde, ele previa a queda da Igreja e o Estado conduzindo-nos para "eventos muito calamitosos, mas finalmente gloriosos".[34] À altura do Terror na França, e da segurança de sua casa na América, Priestley escreveu sobre si próprio, em terceira pessoa: "A Declaração dos Direitos em uma mão e o Livro da Revelação na outra, Priestley esperava a queda iminente do papado e do império otomano, e o retorno dos judeus à Judeia".[35] A Bíblia também confirmava sua segurança de que todas as monarquias na Europa seriam destruídas: os dez chifres da grande besta no Apocalipse correspondiam às dez cabeças coroadas da Europa, com o primeiro daqueles chifres caindo com o rei da França. Mesmo esse cenário – a destruição do papado e da monarquia e a repatriação dos judeus – era relativamente contido comparado com sua predição do retorno, dentro de vinte anos, de Cristo à Terra.[36] Priestley lamentava que ele próprio pudesse não estar vivo para ver tal evento glorioso, mas confortava Benjamin Rush (o importante médico americano e signatário da Declaração da Independência) com o pensamento de que era jovem o bastante para testemunhá-lo.[37]

William Godwin também olhava adiante para um milênio – um milênio completamente secular, no entanto. Ele era um dissidente racional mais verdadeiro do que os outros por conta de sua visão de futuro baseada em uma ideia de razão que não deixava espaço para qualquer religião, nem mesmo uma natural, reservada apenas para as revelações da Bíblia. Foi também mais radical do que os outros, com seu compromisso com a liberdade sendo tão absoluto como seu

---

[34] Ver Clark, *English Society, 1688-1832*, p. 333, 335.
[35] Ibidem, p. 335.
[36] Porter, *Creation of the Modern World*, p. 414.
[37] Fruchtman, *Apocalyptic Politics*, p. 42.

compromisso com a razão. Sua maior obra, publicada em 1793 – *An Enquiry Concerning Political Justice, and Its Influence on General Virtue and Happiness* [Uma Investigação Concernente à Justiça Política e à sua Influência sobre a Virtude e a Felicidade Geral] –, declarava estar baseada sobre uma ciência universal da política e da moral, uma demonstração de "um melhor modo de existência social" para toda a humanidade, onde todos os indivíduos seriam perfeitamente livres e racionais.[38]

Ao contrário de outros radicais, que subscreviam uma ou outra versão de deísmo, Godwin foi um ateu declarado. Enquanto os demais radicais chamavam-se a si mesmos de discípulos de Smith, Godwin tinha horror à simples ideia de economia política, desprezando os interesses que motivavam qualquer economia política como imorais e irracionais.[39] Enquanto os demais radicais recomendavam, no máximo, uma redistribuição parcial de propriedade, Godwin propunha a inteira abolição da propriedade privada; enquanto eles visavam à substituição do governo monárquico por um governo republicano, Godwin queria banir o próprio governo. E não apenas o governo, mas todas as instituições criadas pelo governo: constituições, leis, júris, cortes, contratos, prisões, punições, escolas. E não apenas as instituições de governo, mas também as instituições sociais: religião, casamento e família. E não apenas essas instituições oficiais ou quase oficiais, mas todo empreendimento coletivo ou cooperativo, fosse voluntário ou compulsório, relacionado ao trabalho ou ao lazer. Concertos e peças, por exemplo, eram opressivos porque os homens racionais não desejavam "repetir palavras

---

[38] William Godwin, *An Enquiry Concerning Political Justice, and Its Influence on General Virtue and Happiness*. Londres, 1793, I, 237. (Na segunda edição, *General Virtue* foi mudado para *Morals* no título.)

[39] Halévy fala de Godwin como um discípulo de Smith, citando passagens que sugerem que ele compartilhava da visão de Smith acerca da "identidade de interesses" (*Philosophic Radicalism*, p. 209-12), ainda que Godwin rejeitasse a própria ideia de interesses.

e ideias que não eram suas", nem "executar as composições de outros" ou tomar parte das atividades que requeriam uma "cooperação absurda e odiosa".[40]

O princípio por trás de todas essas injunções e proscrições era a soberania da razão. Apenas na ausência de todas as instituições opressivas (e todas as instituições eram, por natureza, opressivas) a humanidade poderia ser completamente racional – e, sendo racional, ser também virtuosa, livre e igualitária. Assim, não haveria nenhuma paixão ou preconceito para inibir o intelecto, nenhum erro ou falsidade para obstruir o caminho da verdade, nenhum egoísmo ou interesse próprio para interferir na benevolência, nenhuma ganância ou competitividade para enfraquecer a igualdade, nenhuma coerção ou cooperação para constranger a individualidade. Sem famílias para desviá-los de suas obrigações mais excelsas, os indivíduos estariam aptos a se devotarem amplamente à humanidade. E sem o casamento (a "mais odiosa" das instituições) ou quaisquer outros contratos para amarrá-los a um futuro determinado, eles seriam livres e racionais em todos os momentos de suas vidas.[41]

Em uma passagem muito citada e bastante criticada, Godwin ilustrou sua "ciência da moral" apresentando uma situação na qual o filósofo Fénelon e sua criada estavam encurralados pelo fogo e apenas um deles poderia ser resgatado. Godwin não tinha dúvida de que Fénelon é que deveria ser salvo, porque ele era mais valioso e importante do que a donzela, assim como um homem era mais importante do que uma besta. A escolha seria a mesma se por acaso a criada fosse a esposa ou mãe do sujeito que os resgataria. "Qual mágica há no pronome 'minha' para subverter as decisões referentes à verdade eterna? Minha esposa ou minha mãe podem ser uma estúpida ou uma prostituta, maliciosas, mentirosas ou desonestas. Se elas o são,

---

[40] Godwin, *Enquiry Concerning Political Justice*, II, 846-47.
[41] Ibidem, I, 163.

qual consequência diferente haveria pelo fato de serem minhas?[42] Na segunda edição de *Political Justice* [Justiça Política], esperando pacificar seus críticos, Godwin trocou a criada por um pajem, e a esposa ou a mãe, que poderiam ser prostitutas, por um irmão ou um pai que poderiam ser libertinos.

Próximo ao fim do livro, contemplando as invenções que permitiriam ao homem fazer o que agora requeria o esforço cooperativo de muitos (meia hora por dia, predizia ele, seriam suficientes para prover todas as necessidades de uma pessoa), Godwin citava a "conjetura" de Benjamin Franklin que "o espírito se tornaria um dia onipotente sobre a matéria". Levando adiante esse pensamento (a um ponto dificilmente desejado por Franklin), Godwin sugeria que tanto os assuntos políticos e sociais poderiam ser conduzidos de uma maneira puramente voluntária, assim como todas as funções corporais. "Se a volição pode agora realizar algo, por que não poderia fazer ainda mais e mais?" Se ela pudesse curar todas as nossas enfermidades sociais, seguramente poderia também curar nossas enfermidades físicas e mentais. O resultado seria uma prolongação infinita da vida e a "total extirpação das enfermidades de nossa natureza" – doença, sono, abatimento, angústia, melancolia e ressentimento.[43]

Com o fim de todas essas enfermidades viria, finalmente, o fim de outra: a sexualidade. Godwin abriu seu livro com o princípio autoevidente que versava que "a felicidade da espécie humana é o objeto mais desejável para a ciência humana; e a felicidade ou o prazer intelectual ou moral é extremamente preferível àqueles que são precários e transitórios".[44] Ao fim do livro, o sexo aparece como o mais "precário e transitório" dos prazeres. "A tendência a um espírito cultivado e virtuoso é tornar-nos indiferentes às gratificações

---

[42] Ibidem, 83.
[43] Ibidem, II, 862-71.
[44] Ibidem, I, 1-2.

dos sentidos", especialmente aqueles provenientes de uma "função meramente animal". Assim, uma humanidade ilustrada poderia vislumbrar a diminuição e a eventual eliminação da sexualidade. Antecipando a óbvia objeção de que isso levaria brevemente à eliminação da própria humanidade, Godwin introduziu uma proposição ainda mais ousada: de que o homem se tornaria imortal. Ele não se comprometera com tal tese como certeza, apenas como possibilidade real dentro da vida da "presente raça de homens".

> Os homens, portanto, que existirem quando a própria Terra se recusar a uma população ainda maior, irão parar de se propagar, pois não terão qualquer motivo, seja por erro ou dever, que os induza a isso. Eles serão, talvez, imortais. Será um povo de homens e não de crianças. Geração não irá suceder geração, nem a verdade terá, de certo modo, de recomeçar sua carreira a cada trinta anos. (...) Não haverá guerra, nem crimes, nem sistema de justiça, como o chamamos, e nem governo. Paralelamente a isso, não haverá nem doença, angústia, melancolia, ressentimento. Todo homem irá buscar, com inefável ardor, o bem de todos.[45]

Após essa impetuosa visão de perfectibilidade, seria um anticlímax dizer que isso era uma questão de "provável conjectura", que não afeta o "grande argumento" do resto do livro.[46] Esse repúdio, aparecendo na sentença final do capítulo, era por demais tardio e hesitante para diminuir a imagem dramática da humanidade em um estado perfeito e perpétuo de razão, virtude e liberdade. Além disso, aquela promessa de perfectibilidade permeava o livro inteiro. Desde o seu início, Godwin pronunciava a característica distintiva do homem como sendo sua "perfectibilidade".[47]

Em edições posteriores, Godwin modificou algumas dessas afirmações. Em 1796, ele afirmava o princípio de perfectibilidade detendo-se,

---

[45] Ibidem, II, 870-72.
[46] Ibidem, loc. cit.
[47] Ibidem, I, 43.

entretanto, próximo ao ponto de predizer a total eliminação do sono, da doença e da morte. Dois anos depois, ele levemente suavizou a condenação dos sentimentos, das afeições e mesmo dos prazeres sensuais e sexuais. O casamento, por exemplo, foi suavemente rebaixado de "mais odioso" de todos os monopólios, para ser o "pior". Godwin chegou mesmo a conceder que o casamento pudesse tornar-se "uma instituição salutar e respeitável", se se permitisse liberdade e "arrependimento" (presumivelmente, divórcio).[48]

O que interveio entre a primeira e a terceira edição foram o encontro e o caso amoroso de Godwin com a escritora Mary Wollstonecraft. Ela havia atingido certa celebridade em 1790 com seu *Vindication of the Rights of Men* [Justificativa dos Direitos dos Homens], a primeira de muitas réplicas às *Reflexões* de Burke, antecipando o *Rights of Man*, de Paine, e estabelecendo suas credenciais como uma intelectual e radical. Escrito com grande urgência (o livro foi publicado dentro de algumas semanas após o surgimento de *Reflexões*), seu livro não era tanto uma análise dos direitos dos homens – "homens" no plural – quanto um ataque desordenado, repetitivo e passional a Burke.[49] Seu *Justificativa dos Direitos da Mulher*, publicado dois anos depois ("mulher" no singular, moldado talvez pelo *Direitos do Homem*, de Paine), não era mais coeso e sistemático. Aqui, Rousseau

---

[48] Ibidem, (3. ed. 1798), II, 510.

[49] Quatro anos antes, em sua história sobre a Revolução Francesa, ela fazia eco à crítica de Burke acerca da "ralé" que assumiu todos os modos do "barbarismo". Era especialmente severa com as mulheres que haviam marchado em Versailles: "o mais baixo refugo das ruas, mulheres que jogaram fora suas virtudes de um sexo sem ter poder para assumir mais do que os vícios de outro". E sua descrição simpática à rainha, violada pela plebe no "casto templo de uma mulher", poderia bem ter sido escrita por Burke. Joan B. Landes, *Women and the Public Sphere in the Age of the French Revolution*. Ithaca, N.Y., 1988, p. 149.

era o vilão, com sua ideia de educação sendo especialmente criticável porque consignava a mulher a um papel doméstico, inferior – um papel, como Wollstonecraft amargamente relata, que a maioria das mulheres aceitava de muito bom grado. Como observa um recente editor desta obra, poucos escritores daquela época eram tão críticos das mulheres. "Ela não gostava das mulheres como elas eram. Na verdade, afirmar isso é até suave. Por vezes, ela parecia desprezar seu sexo. O que ela queria acima de tudo era nada menos do que uma transformação da mulher no seu oposto."[50] Como o Professor Higgins, do *Pigmaleão*, de Shaw, ela queria que as mulheres se tornassem homens, ou melhor, como os homens no seu melhor – racionais, independentes, bem-educados; só então elas seriam boas esposas, mães e cidadãs. (A educação era um tema proeminente em seu livro e, de longe, a parte mais original e interessante).

Quando os dois se encontraram, Godwin tinha 40 anos e Wollstonecraft 37. Ele era solteiro e, muito provavelmente, celibatário. Ela tinha uma criança ilegítima nascida de um caso anterior e possuía certa reputação de promíscua. O popular autor da obra científica que denegria as emoções e a sexualidade como irracionais e imorais viu-se escrevendo cartas de amor que eram quase uma paródia da forma. O escândalo não foi a ligação entre os dois – embora tal ligação fosse dificilmente consistente com suas visões sobre a sexualidade –, mas seu casamento (aquela "mais odiosa" instituição) um ano depois, quando ela ficará grávida. Wollstonecraft morreu dando à luz a criança. Poucos anos depois, Godwin casou-se novamente, formando, com uma mulher não muito agradável, uma grande família, o que implicou consideráveis obrigações financeiras e o envolveu, a despeito de suas firmes objeções ao comércio, em vários empreendimentos editoriais sem sucesso.

---

[50] Mary Wollstonecraft, *A Vindication of the Rights of Men* e *A Vindication of the Rights of Woman*. Ed. Sylvana Tomaselli. Cambridge, 1995, p. XXVI.

O resto da vida de Godwin foi não menos discrepante com sua grande obra. Ele adorava sua filha Mary e ficou consternado quando, aos dezesseis anos, ela fugiu com Shelley, que era casado e pai. Shelley, um grande admirador de Godwin, agindo de acordo com os princípios professados por seu mentor – a busca da liberdade e da felicidade, e o menosprezo por tais convenções opressivas como a monogamia ou o casamento –, deixou sua mulher grávida e foi morar com Mary, com quem teve três filhos (enquanto também tinha casos com ao menos uma, e possivelmente duas, de suas meio-irmãs). Godwin não concordava com esse "arranjo" e se recusou a ver seu neto até que, dois anos depois, após a esposa de Shelley ter cometido suicídio, este concordou, relutantemente, em se casar com Mary. Ao relatar esse feliz acontecimento a seu irmão, Godwin vangloriou-se pelo casamento de sua filha com o filho mais velho de um baronete: "Você irá pensar, ouso dizer", escreveu ele, "em como uma garota sem um centavo de fortuna tenha se casado com um partido tão bom (...) De minha parte, eu não me importo tanto com a riqueza quanto com o destino da vida de minha filha, que deve ser respeitável, virtuosa e estar contente com a situação".[51] Se esses sentimentos eram inconsistentes com seus princípios, seu comportamento o era ainda mais. Longe de pouco se importar com a riqueza de Shelley, ele se importava o suficiente para fazer repetidos e bem-sucedidos pedidos de dinheiro – mesmo antes do casamento, quando eles ainda mal se falavam.

Godwin tinha a esperança de realizar o sonho de Benjamin Franklin acerca do triunfo do espírito sobre a matéria. Em vez disso, ele experimentou o triunfo da matéria (as exigências de sua própria vida) sobre as criações de seu espírito. Essa história pessoal dramática pode desviar a atenção do verdadeiro drama de *Political Justice*, o qual almejava um sistema político que negasse a própria ideia de sistema político (governo, lei, propriedade, política econômica, etc.)

---

[51] Citado em Peter H. Marshall, *William Godwin*. New Haven, 1984, p. 324.

e desejava uma humanidade reformada que desafiaria a ideia de natureza humana (falibilidade, mortalidade, sexualidade e família). Em seu último trabalho relevante, uma história da Inglaterra em quatro volumes, Godwin relutantemente admitiu a improbabilidade de suas visões milenaristas. "É comparativamente fácil para o filósofo em seu gabinete inventar esquemas de governo imaginários e mostrar como a humanidade, caso não tivesse paixões nem preconceitos, poderia ser mais unida na forma de uma comunidade política." Infelizmente, acrescenta ele, "os homens em todas as épocas são criaturas passionais".[52]

Se é difícil entender como Godwin pode ter levado em consideração essas ilusões, é ainda mais difícil entender por que tantos de seus contemporâneos foram tomados por elas. *Political Justice* surgiu na época mais desfavorável, em fevereiro de 1793, após a França ter declarado guerra à Grã-Bretanha, e qualquer espécie de radicalismo cheirava à sedição (Paine havia sido acusado e fugira para Paris algumas semanas antes). Ainda assim, o livro foi instantaneamente saudado como uma obra-prima e, Godwin, declarado

---

[52] Ibidem, p. 359. C. Kegan Paul, *William Godwin: his Friends and Contemporaries*, Londres, 1876, I, 80. Vivendo a madura idade dos 80, Godwin tinha muito tempo para reconsiderar suas fantasias não tão jovens. Condorcet nunca teve essa oportunidade, tendo sido pessoalmente vítima de suas ideias. Seu *Sketch for a Historical Picture of the Progress of the Human Mind* [Esboço para uma Imagem Histórica do Progresso do Espírito Humano], escrito pouco depois da obra de Godwin, era animado pela mesma visão de perfectibilidade – moral, intelectual e física. Como Godwin, ele antevia um tempo, em um futuro não tão distante, em que os homens seriam suficientemente racionais para superarem sua sensualidade e devotarem-se mais ao bem-estar da humanidade do que "tolamente sobrecarregar o mundo com seres inúteis e miseráveis". Condorcet, op. cit., trad. J. Barraclough, Nova York, 1955, p. 188-89. Escrito enquanto estava escondido do Terror (seu entusiasmo pela Revolução acabou quando do regicídio), o livro foi publicado postumamente em 1795, depois de sua morte na prisão.

um gênio. Três mil cópias dos dois grandes volumes foram vendidas pelo preço considerável de três guinéus – que poderia ter sido sua salvação, pois o primeiro-ministro, William Pitt, absteve-se de proibi-lo, alegando que o livro não poderia causar nenhum dano "àqueles que não tinham três xelins para poupar".[53] Embora a obra tenha alcançado alguns pobres em edições pirateadas e transformadas em fascículos, ela encontrou seu maior sucesso entre os intelectuais. Em Londres e em universidades, o livro foi saudado como uma nova revelação, com Wordsworth, Southey e Coleridge declarando-se discípulos de Godwin. Seu romance *Adventures of Caleb Williams* [Aventuras de Caleb Williams], publicado no ano seguinte e expressando as mesmas opiniões, foi também recebido com entusiasmo. Dentro de poucos anos, contudo, a maré virou, parcialmente por conta das chacotas causadas por sua vida privada, mas também porque os acontecimentos na França e na Grã-Bretanha criaram um clima intelectual e político mais sóbrio. Foi só então que alguns de seus mais ardentes admiradores começaram eventualmente a repudiar suas ideias, assim como o próprio Godwin, ainda que apenas de modo parcial e com certo arrependimento.

A popularidade inicial de *Political Justice*, entretanto, tem explicação. Alguns de seus preceitos mais audaciosos pareceram plausíveis porque eram familiares, levando os princípios enunciados por seus predecessores às suas conclusões lógicas. Já em 1757, em seu primeiro livro, Price anunciava que "só a razão, que possuímos em seu mais alto grau", seria a base para todas as relações humanas. "Não haveria necessidade de afecções parentais, sendo todos os pais suficientemente familiarizados com as razões para a orientação e o apoio daqueles cuja natureza os colocou sob seus cuidados, e eles seriam virtuosos o suficiente para serem sempre determinados por

---

[53] C. Kegan Paul, *William Godwin: His Friends and Contemporaries*. Londres, 1876, I, 80.

essas razões."⁵⁴ De maneira similar, a depreciação do governo empreendida por Paine – "a sociedade é produzida por nossos desejos e o governo por nossas fraquezas" – chega próximo de ilegitimar todo tipo de governo, fornecendo o argumento para a visão anárquica do estado de Godwin.⁵⁵ Assim, também a visão de Priestley de um futuro "glorioso e paradisíaco" antecipou em décadas o milenarismo secularizado de Godwin.

E havia, então, a Revolução Francesa. Estremecem agora aos conhecidos versos do *Prelúdio* de Wordsworth: "Glória foi estar vivo naquele amanhecer, / Mas ser jovem foi o verdadeiro Paraíso!". Godwin não era jovem; tinha 37 anos quando *Political Justice* foi publicado. Mas os poetas que foram arrebatados pela obra o eram – Wordsworth tinha 23, Coleridge, 21 e Southey, 19 anos. Eles foram atraídos à Revolução Francesa, segundo Wordsworth, como "a atração por um país em romance!" – e à filosofia de Godwin como a uma filosofia em romance. Talvez tenha sido Godwin, mais do que Wordsworth, quem celebrou a razão como a "feiticeira primeira", que libertava a humanidade "dos caminhos pobres, obsoletos e proibidos / De costume, lei e estatuto". Certamente, na época de Godwin, a Revolução estava começando a perder o seu encanto. A execução do rei e da rainha, a declaração de guerra contra a Grã-Bretanha e a implementação do Terror – tudo isso estava esvaziando a Revolução de seus atrativos. Mas o romance da razão, da "natureza humana parecendo nascer de

---

⁵⁴ Price, *Review of the Principal Questions in Morals*. Nova York, 1974 (reimp. da 3. ed.), p. 121.

⁵⁵ Na primeira edição de *Political Justice*, Godwin aceitava o termo "anarquia" conotando "a semelhança, uma distorcida e tremenda semelhança, da verdadeira liberdade". Na edição revisada, ele distinguia anarquia de "uma forma bem concebida de sociedade sem governo", mas mesmo aí ele insistia em que a anarquia era preferível ao despotismo, a primeira sendo transitória e, o segundo, permanente. Além disso, a anarquia era o efeito salutar do despertar do pensamento; enquanto sob o despotismo, a "mente é esmagada em uma igualdade do tipo mais odioso". Godwin, *Political Justice* (1. ed.), II, 738-39; (3. ed.) II, 366-69.

novo" (novamente Wordsworth), morreu e levou um tempo até que os românticos se reconciliassem com a morte daquele idílio.

Por fim, acima e além do radicalismo e do romantismo, havia a longa tradição do milenarismo, que derivava de uma fonte ainda mais antiga. Buscando a salvação na *gnose*, no conhecimento absoluto ou na razão, os cristãos gnósticos primitivos rejeitavam as instituições e os arranjos deste mundo como irremediável e profundamente defeituosos. Suas instituições e disposições eram cultos deliberadamente esotéricos, restritos àqueles poucos que podiam aspirar à razão absoluta. Os milenaristas modernos democratizaram e secularizaram aquela ideologia, tornando acessível para toda a humanidade o que fora um privilégio da elite, e buscando estabelecer neste mundo a perfeição da razão e a virtude que o gnosticismo assinalava como pertencente ao outro mundo.

Com Godwin, o Iluminismo radical na Grã-Bretanha atingiu seu apogeu. E, também com ele, morreu. O que restou foi outro Iluminismo, menos dramático, porém mais prático e durável. Diferentemente dos radicais que aspiravam transformar e racionalizar a Grã-Bretanha, os filósofos morais visavam reformá-la e humanizá-la, criar uma era de Iluminismo que não fosse uma era da razão, mas, como um contemporâneo assinala, "uma era de benevolência".[56]

---

[56] Ver M. G. Jones, *The Charity School Movement: A Study of Eighteenth-Century Puritanism in Action*. Cambridge, 1938, p. 3. (Ver o capítulo 6, sobre filantropia.)

Capítulo 5 | Metodismo: "Uma Religião Social"

Assim como Burke é geralmente excluído do Iluminismo, o mesmo acontece com o metodismo, com o argumento de que ele era excessivamente religioso, "entusiástico" e insuficientemente racional e filosófico. Assim, um dos mais importantes eventos na história britânica ou é ignorado ou consignado com o *status* de um anti-Iluminismo.[1]

O tom hostil de alguns historiadores posteriores foi antecipado já em 1808 por Sydney Smith, que ironicamente juntou as duas sociedades metodistas, que então haviam se separado da Igreja da Inglaterra, com os evangélicos que permaneceram no interior de tal Igreja. "Devemos usar o termo geral 'metodismo' para designar essas três classes de fanáticos, sem nos preocuparmos em apontar espectros mais finos e melhores discriminações da loucura, mas tratá-los todos como em uma única conspiração geral contra o senso comum e o cristianismo ortodoxo racional."[2] Mais

---

[1] Muitos dos que escrevem sobre o Iluminismo simplesmente ignoram os metodistas. Frank E. Manuel, por exemplo, em seu *The Eighteenth-Century Confronts the Gods*, Nova York, 1959, não os menciona – como se eles não estivessem, justamente, confrontando os deuses (ou melhor, Deus). Outros escritores explicitamente os excluem do Iluminismo. Ver, por exemplo, Roy Porter, *The Creation of the Modern World*, Nova York, 2000, p. 128, 224-25, 409, e J. G. A. Pocock, "Conservative Enlightenment and Democratic Revolutions: The American and French Cases in British Perspective". In: *Government in Opposition*, 1989.

[2] Citado em Stuart Andrews, *Methodism and Society*, Londres, 1970, p. 64. Hoje, o rótulo "metodista" é frequentemente aplicado àqueles que deixaram

de meio século depois, o eminente vitoriano Leslie Stephen, um autointitulado "agnóstico", que tinha um uso restrito para "cristianismo ortodoxo racional", assim como para suas emanações menos racionais, ridicularizava o wesleyanismo do século XVIII como "calor sem luz – um protesto cego das massas (...) uma recrudescência de ideias obsoletas". Tampouco tinha mais respeito pelos evangélicos:

> Nós podemos admirar sua energia, embora não possamos ler seus livros. Por toda parte, homens ingleses sensíveis e fortes, com o horizonte intelectual o mais estreito possível, mas com a mais vívida convicção do valor de certos ensinamentos religiosos, estavam agitando as massas com discursos adaptados às imaginações indolentes.³

Entretanto, um contemporâneo de Stephen, W. E. H. Lecky, um ardente devoto do racionalismo, cuja história registrou em suas crônicas, e que desprezava tanto quanto Stephen a crença de Wesley na magia e nos milagres, respeitava a quem chamou de "o maior dos líderes religiosos" de seu século e o via como alguém que possuía uma "vasta e construtiva influência na esfera da religião prática", maior do que qualquer um desde o século XVI.⁴

Assim como um francês, Alexis de Tocqueville, trouxe uma nova perspectiva para a democracia americana, outro francês, Elie Halévy, fez o mesmo pela religião e pela sociedade britânica. A tese de Halévy sobre "o milagre da Inglaterra moderna" – o fato de que a Inglaterra conseguiu sobreviver à revolução econômica do século XVIII sem

---

a Igreja da Inglaterra após a morte de John Wesley, como distintos dos evangélicos que permaneceram na igreja. Com efeito, a palavra foi usada para nomear os wesleyanos desde o início – na verdade, desde antes do início –, para descrever a sociedade religiosa de Oxford frequentada pelos irmãos de Wesley e por George Whitefield, muitos anos antes do próprio reavivamento.

³ Leslie Stephen, *History of English Thought*. Nova York, 1962 (1. ed. 1876), II, 361, 364.

⁴ W. E. H. Lecky, *History of the Rise and Influence of the Spirit of Rationalism in Europe*, Londres, 1946 (1. ed. 1865), p. 3; Lecky, *A History of England in the Eighteenth Century*, Nova York, 1891, II, 687.

sucumbir a uma revolução política – é mais conhecida pela aparição em sua obra clássica *England in 1815* [A Inglaterra em 1815] (publicada na França em 1913 e traduzida para o inglês em 1924). No entanto, ela foi antecipada em dois artigos pouco conhecidos, "O nascimento do Metodismo na Inglaterra" (escrito em 1906 e traduzido apenas em 1971), o qual analisava o movimento religioso amplamente responsável por aquele milagre. Halévy apontava que a crise econômica de 1739 coincidiu com o reavivamento religioso iniciado no mesmo ano pelos irmãos John e Charles Wesley e por George Whitefield, reanimando um espírito religioso que há tempos já não se satisfazia nem com as seitas dos Dissidentes ou com a Igreja da Inglaterra. Multidões de dezenas de milhares ouviram os metodistas (como eles foram chamados desde o início) propondo uma teologia eclética, que não era logicamente consistente, mas era eminentemente adaptada ao temperamento das classes trabalhadoras no início da industrialização. Diferentemente da doutrina calvinista da predestinação, a amálgama metodista de justificação pela fé e pelas boas obras tornava a salvação acessível a todos. Esse credo era acompanhado por uma estrutura organizacional na qual hierarquia e igualitarismo eram combinados, como dizia Halévy, "em iguais proporções".[5]

Alguns historiadores ingleses investiram Wesley de um papel ainda mais importante. J. H. Plumb, com um temperamento contrário acerca da Inglaterra do século XVIII, falou dele em termos dignos dos "indivíduos histórico-mundiais" de Hegel: "Wesley foi uma grande e complexa figura, uma das mais conhecidas dos tempos modernos; um homem, sob certos aspectos, comparável a Lutero,

---

[5] Elie Halévy, *The Birth of Methodism in England*, ed. e trad. Bernard Semmel, Chicago, 1971 (ed. francesa 1906), p. 51. Semmel aponta que Halévy não reivindica a originalidade dessa teoria. Ele certamente conhecia o livro de Hippolyte Taine, *History of English Literature*, publicado em 1874, que propunha uma tese similar (Taine era um amigo da família), bem como o de W. E. H. Lecky, *History of England in the Eighteenth Century*, publicado alguns anos depois. (Ver a introdução de Semmel a *Birth of Methodism*, p. 12-18.)

Lênin, Gandhi, ou mesmo a Napoleão. Poucos homens tiveram sua capacidade transcendental para tocar o coração; nenhum combinou essa característica com seu gênio para a organização".[6] Por prover às classes trabalhadoras um meio de liberação emocional, bem como um senso de propósito e poder, ele ajudou a fazer do metodismo "uma força social para boas obras". Essas qualidades admiráveis, entretanto, foram mais do que desequilibradas, segundo Plumb, por sua liderança autocrática ("Papa John", como era chamado por seus inimigos), suas atitudes repressivas para com as crianças e com a educação, e sua inclinação "anti-intelectual".

> Não há nada intelectual acerca do metodismo; a atitude racional, aquela atitude mais elegante hoje em dia, estava absolutamente ausente. (...) Em toda parte, no metodismo antigo, satisfaziam-se os preconceitos dos iletrados, que sempre parecem ser enrijecidos pelo sucesso. Havia uma qualidade anti-intelectual filistina que atraía os homens sem posses, mas que era perigosa para a sociedade.[7]

O historiador radical, E. P. Thompson, concordava que o metodismo tinha uma "influência fortemente *anti-intelectual*", da qual a cultura popular britânica, segundo ele, nunca se recuperou; não havia nada mais do que "uma forma ritualizada de masturbação psíquica".[8] Mas ele foi ainda mais incomodado pela tese de Halévy sobre a revolução. Onde Halévy elogia o metodismo por ter poupado a Inglaterra da provação de uma revolução, Thompson o objeta precisamente por essa razão, por reprimir a classe trabalhadora e por

---

[6] J. H. Plumb, *England in the Eighteenth Century*, Londres, 1950, p. 90. Ver, também, A. R. Humphreys: "Há poucos ingleses maiores do que John Wesley, e resumir sua conquista em um parágrafo é como tentar ver o mundo em um grão de areia e a eternidade em uma hora" (*The Augustan World: Society, Thought, and Letters in Eighteenth-Century England*, Nova York, 1963 (1. ed. 1954), p. 145).

[7] Plumb, *England in the Eighteenth Century*, p. 95-96.

[8] E. P. Thompson, *The Making of the English Working Class*. Nova York, 1964, p. 738, 368 (em itálico no original).

impedi-la de perseguir seus verdadeiros interesses. A história primitiva do metodismo, diz Thompson, possuía um espírito democrático que atraía a população trabalhadora, mas, uma vez dentro do movimento, esta população ficava sujeita à "disciplina de trabalho" e a regras autoritárias que sufocavam aquele espírito. Ao contrário dos contemporâneos de Wesley (citados por Thompson), que estavam preocupados com a influência democrática, ou mesmo subversiva, do metodismo, Thompson o deplora como "reacionário e odiosamente subserviente".[9] E, diferentemente de outros historiadores radicais que elogiaram o metodismo por desempenhar um grande papel no movimento sindical e no Partido Trabalhista, Thompson via o metodismo servindo aos interesses da nova burguesia industrial.[10]

Independentemente do que Wesley tenha sido – uma figura histórica mundial da ordem de Lutero, Lênin, Gandhi ou Napoleão, ou um agente reacionário e repressivo na luta de classes – ele não foi, para muitos historiadores, uma força do Iluminismo, porque a ele faltava, como Plumb coloca, aquela "atitude intelectual mais elegante", a "atitude racional". Coube ao historiador americano Bernard Semmel trazer Wesley e o metodismo para o interior do Iluminismo – não o Iluminismo dos *philosophes* franceses, certamente, mas aquele dos filósofos morais britânicos.[11]

---

[9] Ibidem, p. 355, 341 e passim.

[10] A tese de Halévy ainda é debatida. Ver, por exemplo, Gerald W. Olsen (ed.), *Religion and Revolution in Early-Industrial England: The Halévy Thesis and Its Critics*, Lanham, Md., 1990.

[11] Bernard Semmel, *The Methodist Revolution*, Nova York, 1973, p. 87 e passim. Ver, também, Gertude Himmelfarb, *Victorian Minds*, Nova York, 1968, p. 292-99; D. W. Bebbington, *Evangelicalism in Modern Britain: A History from the 1730s to the 1980s*, Londres, 1989, p. 52; e Frederick Dreyer, "Faith and Experience in the Thought of John Wesley", *American Historical Review*, 1983, p. 29 e passim.

Sobre o tema da tolerância religiosa, Semmel notou que os metodistas estavam muito mais alinhados à tradição do Iluminismo, a despeito de sua profunda religiosidade pessoal. Como "entusiastas", eles eram naturalmente objeto de suspeita para muitos contemporâneos (bem como para muitos historiadores), mas não eram zelotes, muito menos fanáticos, e acreditavam genuinamente na tolerância religiosa em relação a todas as seitas, bem como para a sua própria. (Como Locke e muitos outros, contudo, eles não estendiam tal tolerância aos católicos.) Seu próprio credo era derivado, em grande medida, do arminianismo, com suas doutrinas de livre-arbítrio, graça divina e salvação universal; mas mesmo tal credo não era vinculante entre eles mesmos, metodistas. Wesley dizia "não insistir sobre sua adesão a esta ou aquela opinião. (...) Pensem e deixem pensar". Aquilo sobre o que eles insistiam era o sentimento e a experiência de sua fé. Também não impunham a ninguém "nenhum modo particular de adoração"; tudo o que era requerido era o desejo de salvar sua alma. Essa, orgulhava-se Wesley, era a "verdadeira liberdade de consciência", que nenhuma outra seita religiosa, antiga ou moderna, havia empreendido.[12]

O metodismo também compartilhou o *éthos* social do Iluminismo britânico. Se houve, como tem sido dito, uma "racionalização" da religião pelos deístas,[13] houve também uma "socialização" da religião pelos wesleyanos. Quaisquer que fossem as diferenças entre os filósofos morais e os metodistas – filosóficas, teológicas e temperamentais – em questões práticas importantes, eles tendiam à convergência. O próprio Wesley admitia uma afinidade filosófica com Francis Hutcheson, cujas visões religiosas ele deplorava, mas cuja ideia de um senso moral ele reconhecia como aparentada à sua própria ideia de um "senso interno" ou "consciência", que fazia os homens

---

[12] Semmel, *Methodist Revolution*, p. 88-90.
[13] Porter, *Creation of the Modern World*, p. 96.

apreciarem a felicidade dos outros.[14] Enquanto os filósofos invocavam o senso moral como base para as afecções sociais, os pregadores metodistas davam efeitos práticos àquela ideia pelo anúncio de um Evangelho de boas obras, engajando-se em uma gama de causas humanitárias e acolhendo os pobres em suas igrejas.

"Os pobres são os cristãos", proclamava Wesley, e fez deles sua missão especial. Quando as igrejas anglicanas se fecharam para ele, por força da necessidade foi pregar em lugares abertos, atingindo, assim, multidões que não eram bem-vindas nas igrejas ou não se sentiam confortáveis nelas. Ele assegurava ao clero que eles não tinham necessidade de temer sua competição: "o rico, o honorável, o grande, nós estamos completamente dispostos a deixá-los a vocês (...) Apenas deixem-nos sozinhos entre os pobres". Seus pobres, ademais, não eram apenas os "necessitados" e "respeitáveis", os mais prováveis candidatos à conversão. Ele fazia questão de procurar os que estavam "à margem dos homens", os "desamparados", os "pecadores mais flagrantes, endurecidos e desesperados".[15] Era um dos artigos de sua fé que ninguém estava excluído da salvação, ninguém era tão pobre, tão ignorante ou tão incivilizado para que fosse incapaz de atingir o nível espiritual e moral que mereça o nome de cristão.

Os pobres eram os objetos da redenção espiritual e, pelo mesmo motivo, os beneficiados pelas melhorias sociais e materiais. "O cristianismo é essencialmente uma religião social", declarava Wesley.[16]

---

[14] Dreyer, "Faith and Experience in the Thought of John Wesley", p. 26. Dreyer considera o "senso espiritual" de Wesley uma "contrapartida teológica" ao "senso moral" de Hutcheson.

[15] J. D. Walsh, "Elie Halévy and the Birth of Methodism". In: *Transactions of the Royal Historical Society*, 1975, p. 14-15.

[16] Robert Wearmouth, *Methodism and the Commom People of the Eighteenth Century*. Londres, 1945, p. 229.

Denunciando a opinião comum de que o pobre era pobre porque não queria trabalhar, ele citava suas próprias experiências entre os pobres em Londres: "Eu encontrei alguns em suas celas no subsolo, outros em seus sótãos, mas não encontrei nenhum deles que fosse desempregado ou capaz de ficar rastejando pelo quarto. Assim, é diabólica e perversamente falsa a opinião comum que eles são pobres porque são preguiçosos".[17]

Em um de seus mais conhecidos e repetidos sermões, "O Uso do Dinheiro", Wesley propunha uma nova trindade: "Ganhe o máximo que puder", "Guarde o máximo que puder" e "Doe o máximo que puder". Essa trindade era a base da vida moral tanto na Terra quanto na vida eterna no além. A prescrição para ganhar, por exemplo, era acompanhada da proibição contra o ganho à custa da saúde física e mental, ou da subsistência de outros.[18] Algumas das proibições de Wesley – contra a usura, o penhor ou a competição injusta – podem parecer anômalas aos historiadores que identificam o metodismo com o puritanismo e, assim, com a ética capitalista. Com efeito, havia uma tensão dentro do costume metodista, fazendo-o parecer, por vezes, mais pré-capitalista do que anticapitalista.[19] O próprio Wesley era agudamente consciente disso e, sobretudo, de suas implicações para a religião. Um dos propósitos da religião, insistia ele, era a inculcação da moralidade, que, por sua vez, conduzia a outros benefícios como a diligência e, por fim, a aquisição de riqueza. Mas riqueza, suspeitava ele, provavelmente subvertia a religião.

---

[17] M. Dorothy George, *London Life in the Eighteenth Century*. Nova York, 1965 (1. ed. 1925), p. 12. Ver, também, W. J. Warner, *The Wesleyan Movement in the Industrial Revolution*. Londres, 1930, p. 163.

[18] John Wesley, *Works*. Grand Rapids, 1872, VI, 126-36.

[19] Semmel minimiza essa tensão, concluindo que Wesley estava essencialmente de acordo com o "estado de espírito individualista e empresarial de uma Inglaterra comercial". Em todas as questões econômicas críticas, diz Semmel, Wesley estava de acordo com Smith (Semmel, *Methodist Revolution*, p. 75).

Eu temo que, não importa onde o número de ricos tenha aumentado, a essência da religião tenha diminuído na mesma proporção. Assim, eu não vejo como é possível, pela própria natureza das coisas, que uma revitalização da verdadeira religião possa perdurar. Pois a religião deve produzir necessariamente diligência e frugalidade, e essas coisas não podem produzir senão riqueza. Mas quanto mais os ricos aumentam, aumentam também o orgulho, a raiva e o amor ao mundo em todos os seus ramos. Como, então, é possível que o metodismo, isto é, uma religião do coração, embora floresça agora como uma árvore verde, deva continuar a crescer nesse Estado?[20]

Foi para prevenir tal perversão da religião que Wesley propôs a trindade do Ganhe/Guarde/Doe, estipulando que "para ganhar dinheiro nós não devemos perder nossas almas".[21] Para servir de exemplo a seus seguidores, o próprio Wesley doava incansavelmente seu tempo, energia e dinheiro. Perto de sua morte, ele já havia doado ou gastado, em seus empreendimentos editoriais, todos os consideráveis ganhos provenientes de seus livros. Ele viajava e pregava incessantemente, mesmo na juventude, quando sofria de tuberculose. Tinha o hábito de levantar às 4 horas da manhã e de pregar seu primeiro sermão às 5 horas, antes de os trabalhadores irem para o serviço. (Wesley dizia que havia sido em virtude desse hábito que ele alcançara a cura da tuberculose.) Durante os últimos cinquenta anos de sua vida, ele viajou cerca de 300 mil quilômetros e proferiu mais de 40 mil sermões (em média, quinze por semana), a maioria deles a céu aberto, muitas vezes na chuva e no frio.[22]

Não era apenas o rico que deveria assegurar sua salvação através da doação de suas riquezas ou os pregadores pelo emprego de seu tempo e de sua energia, mas todos os membros da congregação, que eram incentivados a contribuir com seus centavos e, mais importante, com

---

[20] Citado por Max Weber, *The Protestant Ethic and the Spirit of Capitalism*. Chicago, n. d. (1. ed. 1904-1905), p. 175.
[21] Semmel, *Methodist Revolution*, p. 74.
[22] Andrews, *Methodism and Society*, p. 37.

seus esforços pessoais para aliviar os sofrimentos dos que eram menos afortunados do que eles. Esse evangelho da caridade e das boas obras foi uma parte vital do metodismo desde seu início. O movimento era recém-nascido quando foi chamado a ajudar a mitigar os sofrimentos causados pela crise econômica de 1739-1740. Nos anos que se seguiram, os metodistas tomaram a iniciativa na distribuição de alimentos, roupas e dinheiro aos necessitados; na visita aos doentes e aos prisioneiros nas cadeias; e na criação de fundos de empréstimos e de frentes de trabalho para os desempregados. Para que esses projetos não parecessem condescendentes ou paternalistas aos que eram assistidos, Wesley aconselhava a seus colaboradores: "Coloque-se no lugar de cada pobre homem e trate com ele como você gostaria que Deus tratasse consigo".[23]

Embora a ênfase recaísse sobre a caridade e as boas obras pessoais, os metodistas ajudaram a estabelecer e apoiar empreitadas filantrópicas e instituições de todos os tipos: hospitais, dispensários, orfanatos, associações de amigos, escolas e bibliotecas. Eles também desempenharam um papel proeminente no movimento pela abolição do comércio de escravos. Wesley era pessoalmente tocado pelo problema da escravidão, "essa execrável vilania". "Um africano", escreveu ele, não era "inferior a um europeu sob nenhum aspecto"; se ele o parecia, era porque o europeu o havia mantido em sua condição de inferioridade, privando-o de "todas as oportunidades de melhorar tanto em conhecimento quanto em virtude".[24]

Mesmo reconhecendo os esforços humanitários pessoais de Wesley, bem como dos metodistas em geral, a respeito dos escravos, prisioneiros, doentes e pobres, alguns historiadores os criticaram por sua atitude em relação às crianças. E. P. Thompson foi longe em acusá-los

---

[23] Wearmouth, *Methodism and the Commom People*, p. 207-8.

[24] Semmel, *Methodist Revolution*, p. 95-96, citando Wesley, *Thoughts upon Slavery* (1774) e *Letters* (24 de fevereiro de 1791).

de "atrocidades psicológicas" e "terrorismo religioso", por encherem as cabeças das crianças com imagens sombrias de fogo e enxofre.[25] Outros os acusaram de confinar a educação dos pobres à leitura da Bíblia e dos tratados religiosos, proibindo deliberadamente o ensino da escrita e da aritmética a fim de torná-los fontes dóceis e lucrativas de trabalho. Wesley compartilhava da suspeita puritana comum de que a recreação e o lazer eram especialmente traiçoeiros para as almas dos jovens. Na escola que fundou em 1739, na cidade mineira de Kingswood (perto de Bristol), os alunos levantavam às 4 horas da manhã e podiam cantar, rezar, meditar, estudar e caminhar, mas não brincar, pois "aquele que brinca quando é pequeno", declarava Wesley, "irá brincar quando for um homem"[26]. Uma outra escola foi aberta em Londres com princípios similares. As escolas de caridade que eram mantidas pelos metodistas, mas que também ofereciam seus serviços a não metodistas, eram menos rigorosas e há algumas evidências de que as regras foram afrouxadas em todas as escolas no final do século.

Em uma época na qual não havia uma concepção clara da infância como nós a entendemos hoje, tal regime era severo o suficiente. No entanto, ele não parecia demasiado duro para os pais que julgavam um privilégio mandar suas crianças para escolas metodistas (a Escola Metodista de Kingswood existe até hoje, assim como uma capela a céu aberto no local onde Wesley e Whitefield pregavam). Um item dessa crítica é infundado: não é verdade, como frequentemente é dito, que as crianças aprendiam apenas a ler. De acordo com as instruções específicas de Wesley, eles deveriam aprender "a ler, escrever e fazer contas", bem como, obviamente, "conhecer a Deus e a Jesus Cristo, a quem Ele enviou". Esse também era o currículo para as crianças mais velhas e para os adultos ("alunos de todas as idades,

---

[25] Thompson, *Making of the English Working Class*, p. 377-78. (A expressão "terrorismo religioso" vem de Lecky.) Ver, também, Plumb, *England in the Eighteenth Century*, p. 96.

[26] George, *London Life in the Eighteenth Century*, p. 65-66.

alguns deles grisalhos"), que eram encorajados a frequentar as escolas antes ou depois do trabalho.²⁷

A crítica comum de que os metodistas restringiam a educação dos pobres, assim como a acusação de anti-intelectualismo em geral, é desmentida pelo currículo de suas escolas e, mais importante, pelo ambicioso programa de publicações supervisionado, apoiado e, em grande parte, escrito pelo próprio Wesley. Esses programas visavam não apenas à edificação dos trabalhadores e pobres, mas também dos pregadores, muitos dos quais tinham vindo da classe operária. As publicações incluíam uma pequena gramática e outras cartilhas; uma série de tratados sobre medicina, eletricidade, história natural e outros assemelhados; versões resumidas e um pouco purificadas de Shakespeare, Milton, Spenser, Locke e outros clássicos (esse projeto chegou a cinquenta volumes); e edições e traduções de obras teológicas. (Estas últimas eram surpreendentemente ecumênicas, incluindo uma versão resumida, pelo próprio Wesley, da vida de Mme. Guyon, a freira mística católica.) Os três volumes do *Compendium of Natural Philosophy* [Compêndio de Filosofia Natural], de Wesley, prestavam uma efusiva homenagem a Francis Bacon e, mesmo o livro, a despeito de seu subtítulo (*A Survey of the Wisdom of God in the Creation* [Um Exame da Sabedoria de Deus na Criação]), era mais naturalista e empírico do que teológico. Alguns dos livros eram praticamente manuais. O *Primitive Physick* [Medicina Rudimentar] prescrevia remédios de 288 alimentos específicos; publicado pela primeira vez em 1747, ele atingiu 23 edições em 1828 e foi usado por pregadores itinerantes que faziam as vezes de médicos amadores e farmacêuticos, bem como de agentes literários. Para além da publicação e distribuição desses livros, eram também levantados fundos para a instalação de bibliotecas em vizinhanças pobres.

Hoje é fácil zombar desses projetos – as versões purificadas de Shakespeare, por exemplo (menos purificadas, no entanto, do que as

---

²⁷ Andrews, *Methodism and Society*, p. 53.

do próprio Thomas Bowdler um século depois.)²⁸ Porém, eles podem ter feito mais, como disse um historiador, "para reavivar o interesse em Shakespeare e criar um público leitor, do que o criticismo literário erudito de Johnson e Coleridge".²⁹ O conjunto dessa extraordinária indústria de publicação – que compreendia livros, panfletos e tratados sobre uma grande variedade de assuntos – dirigido a diferentes níveis de erudição e interesse, constituiu em uma espécie de Iluminismo para o homem comum.

O próprio Wesley não era de modo algum o anti-intelectual que frequentemente se pensa. Samuel Johnson, que não era um intelectual, disse a James Bowsell que apreciava conversar com Wesley, lamentando apenas que este estivesse sempre tão ocupado viajando e pregando que não se permitia o prazer da conversa.³⁰ Mesmo a confiança de Wesley nos sentidos e na experiência pessoal como fonte da fé, mais do que na razão ou no dogma, possuía uma respeitável contrapartida no empirismo de John Locke. Wesley nunca mencionou David Hume, exceto para censurá-lo como infiel e cético, mas citava Locke com aprovação. Ele chegou a publicar longos excertos do *Ensaio sobre o Entendimento Humano*, de Locke, na *Revista Arminiana* que editava. O *Ensaio*, assegurava Wesley a seus leitores, incluía muitas verdades excelentes de "um grande mestre tanto da razão quanto da linguagem".³¹

Se Wesley não pensou em aplicar a seu movimento a etiqueta de "Iluminismo" – embora nem mesmo os filósofos morais utilizassem então esse rótulo –, ele certamente pensava em si próprio como um

---

²⁸ Nesse trecho, o termo usado pela autora a fim de designar a expurgação das obras é *bowdlerize*, que, segundo o dicionário Merriam-Webster, conheceu seu primeiro uso em 1836 e é proveniente do nome do médico e editor Thomas Bowdler (1754-1825) – citado no texto –, famoso por sua coleção "Shakespeare Familiar", que censurava trechos considerados ofensivos. (N. T.)

²⁹ Andrews, *Methodism and Society*, p. 55.

³⁰ James Boswell, *Life of Samuel Johnson, LL.D.* Chicago, 1952, p. 373 (entrada datada de 1778).

³¹ Dreyer, "Faith and Experience", p. 21.

ilustrado e acreditava que sua missão não era apenas a salvação espiritual dos pobres, mas também (o que para ele era a mesma coisa) sua edificação intelectual e moral. Wesley apelava à razão como um corretivo para a excessiva emotividade e o excessivo entusiasmo. Em certa ocasião, Wesley repreendeu um pregador metodista (líder de um grupo que posteriormente se separaria do metodismo) por "supervalorizar os sentimentos e as impressões interiores (...) e subestimar a razão, o conhecimento e a sabedoria em geral". A um de seus correspondentes, ele enunciava seu credo: "é um princípio fundamental para nós, que renunciar à razão é renunciar à religião; que a religião e a razão caminham de mãos dadas e que toda religião irracional é falsa religião".[32] Ainda para outro, ele escreveu que era somente pela "religião e a razão juntas" que "a paixão e o preconceito", "a maldade e a intolerância" poderiam ser superadas.[33]

O Iluminismo de Wesley, entretanto, não era uma prescrição para a democracia, ao menos não no sentido político. O próprio Wesley acreditava firmemente na autoridade e na monarquia. "Eu sou um alto clérigo", declarava, "e o filho de um alto clérigo, criado desde minha infância nas mais altas noções de passiva obediência e não resistência".[34] Sendo firmemente "Tory" em suas convicções políticas (se opunha a qualquer movimento em direção à independência da América), ele era também severamente autoritário em sua própria igreja, rejeitando, por exemplo, a ideia de que seus líderes e administradores fossem eleitos pela comunidade; eles eram escolhidos por ele, assim como os pregadores que participavam da conferência anual da igreja. "Nós não somos republicanos e nunca queremos ser",

---

[32] Bebbington, *Evangelicalism in Modern Britain*, p. 52.
[33] Semmel, *Methodist Revolution*, p. 90.
[34] J. C. D. Clark, *English Society, 1688-1832: Ideology, Social Structure and Political Practice During the Ancien Régime*. Cambridge, 1985, p. 235.

declarava ele. "Você honra e obedece tudo pela autoridade?", perguntava ele a seus paroquianos. "Todos os seus governantes, pastores espirituais e mestres? Você se rebaixa reverentemente a todos os seus superiores?"[35] Afirmando vigorosamente sua lealdade às autoridades estabelecidas, ele pedia a mesma lealdade de seus congregados, talvez para deter facções que tramavam a separação – de modo mais notável os calvinistas, que finalmente se separaram após a morte de seu líder, George Whitefield, em 1770.

Contudo, o movimento era, senão formalmente ao menos em espírito, democrático. Com o pagamento de um penny por semana, os pobres tinham a satisfação de serem membros, em uma boa posição, de uma agradável e respeitável "sociedade", como era chamada. (Quando Wesley era avisado de que alguns fiéis não podiam pagar nem um penny, ele mesmo assumia o pagamento por eles.) O metodismo atraía, assim, um grande número de pessoas das "camadas mais baixas", que não poderiam pertencer a nenhuma outra igreja. Em uma típica sociedade de Bristol, em 1783, o maior grupo, de acordo com sua ocupação, era constituído por criados (de ambos os sexos), seguido pelos sapateiros e outros vendedores; um pequeno grupo de "fidalgos e fidalgas", cujo número era praticamente igual ao dos idosos e dos muito pobres.

Dentro da igreja, havia poucas distinções sociais. Os pregadores da lei não possuíam qualificações sociais ou educacionais especiais. Laurence Sterne zombava, dizendo que os pregadores metodistas eram "mais aptos a fazer um púlpito do que a estar sobre um".[36]

---

[35] Andrews, *Methodism and Society*, p. 46; Semmel, *Methodist Revolution*, p. 56. Essas questões eram imediatamente seguidas de outras, constituindo um amplo catecismo moral: "Você ofende alguém por atos ou palavras? Você é verdadeiro e justo em todos os seus negócios? Você toma o cuidado de pagar tudo o que deve? Você não tem malícia, ou inveja, ou é vingativo, tem ódio ou rancor de qualquer homem? Se sim, é certo que você não é de Deus; pois estas são tentações do demônio".

[36] Citado em Roy Hattersley, *The Life of John Wesley: A Brand from the Burning*. Nova York, 2003, p. 207.

Muitos deles eram apenas graduados no interior do movimento, tendo sido educados nas escolas metodistas e por suas próprias publicações, que constituíam algo como uma "escola sem paredes". Todavia, a estrutura organizacional, embora hierárquica, promovia um espírito de comunidade e fraternidade. As maiores "sociedades" e "equipes" eram divididas em grupos menores de "classes" e "famílias" (as "classes" serviram depois como modelo para os cartistas e outros movimentos radicais). Os membros se encontravam uma vez por semana, sob a supervisão de um líder cujo dever era "aconselhar, reprovar, confortar ou exortar, conforme requeria a ocasião".[37]

A notável participação e o grande número de mulheres no movimento eram dignos de nota em sua época. Em muitas congregações, mais da metade dos membros, e em algumas até dois terços, eram mulheres, das quais quase metade eram solteiras. E elas não eram membros passivos; por diversas vezes, elas assumiam a liderança na oração, no aconselhamento e na exortação. Ainda mais notável era o grande contingente de mulheres pregadoras, que tinham o mesmo *status* e gozavam do mesmo respeito que os homens. Em uma época em que as mulheres eram frequentemente confinadas à esfera doméstica, observa um historiador, "o zelo cristão as trouxe à notoriedade".[38]

Apesar de uma "teologia política" que era conservadora, a ética social derivada de tal teologia era democrática.[39] Diferentemente do calvinismo, em que a doutrina da predestinação podia ser tomada como uma limitação às aspirações e potencialidades individuais, as doutrinas arminianas de livre-arbítrio e de salvação universal eram um convite ao próprio aperfeiçoamento e progresso. Através do trabalho e da economia, sendo temperantes e responsáveis, as pessoas

---

[37] Andrews, *Methodism and Society*, p. 44.

[38] Bebbington, *Evangelicalism in Modern Britain*, p. 26.

[39] O termo "teologia política" é de Clark (*English Society, 1688-1832*, p. 216 e passim).

poderiam melhorar a si próprias – espiritual e moralmente, em primeiro lugar, mas também material e socialmente. Observou-se que o metodismo foi um poderoso estímulo à mobilidade social. Se os pobres eram intimados a obedecer a seus mestres, eles também eram encorajados a se tornarem mestres e a serem obedecidos como tal. Essa ética era a mais efetiva, pois não era apenas social e religiosa, mas também era, em importantes aspectos, individualista. Derivada de um poderoso senso de relação individual para com Deus, ela promovia um senso de responsabilidade moral pessoal semelhante à ética puritana, encorajando as virtudes da parcimônia, diligência, temperança, honestidade e trabalho. Como o metodismo uniu as doutrinas do livre-arbítrio e da salvação universal com a obrigação social da caridade e das boas obras, ele configurou o auxílio de si mesmo como um correlativo da ajuda aos outros.

Essa ética tinha a diferença adicional de ultrapassar tanto os limites religiosos como os de classe. No final do século, o wesleyanismo havia gestado um evangelicalismo com amplo apelo para as classes média e alta. William Wilberforce, talvez o mais conhecido dos evangélicos e o mais proeminente membro do movimento para a abolição do comércio escravo, era um bom amigo dos Wesleys. Uma das últimas cartas escritas por John Wesley era endereçada a Wilberforce: "Prossiga, em nome de Deus e no poder de Sua força, até que a escravatura americana (a mais vil que já foi vista sob o Sol) seja banida de sua presença".[40] Mesmo após a morte de Wesley, quando os metodistas deixaram a Igreja da Inglaterra, eles permaneceram como aliados dos evangélicos, ajudando Wilberforce a ser reeleito para o Parlamento, em 1806, e apoiando suas reformas e ações filantrópicas.

Bernard Semmel descreveu o metodismo como "uma revolução" – a contrapartida inglesa da "revolução democrática" que outros historiadores atribuíram à França.

---

[40] Andrews, *Methodism and Society*, p. 52 (24 de fevereiro de 1791).

Se o metodismo calou os clamores por liberdade e igualdade a fim de conter as propensões entusiásticas e revolucionárias, o mesmo motivo fez com o que ele reforçasse a fraternidade. No século do *sauve qui peut* [salve-se quem puder, cada um por si] de Voltaire e do *laissez-faire* de Smith, quando o paternalismo da tradicional sociedade hierárquica estava ruindo, o metodismo visava dotar as classes mais baixas de um senso acerca de seu próprio valor, e reviver a religião tradicional como fonte de calor e consolo, de conforto e alegria.[41]

Quando Adam Smith descreveu, em *A Riqueza das Nações*, o sistema "estrito" ou "austero" de moralidade favorecido pelas pessoas comuns e promovido pelas novas seitas religiosas, apontou também que a mais antiga das seitas Dissidentes, movida por "homens educados, engenhosos e respeitáveis", havia perdido muito de seu zelo pelo ensino e pela pregação. Assim, à época, podia dizer que são "os metodistas [que], sem metade da educação dos Dissidentes, estão mais em voga".[42] Na época em que Smith escreveu isso, o número de membros metodistas que frequentavam as reuniões assiduamente e davam suas contribuições (sem incluir as centenas de milhares que haviam sido expostas ao ensino e à pregação metodista) era de pouco mais de 22 mil.[43] O que Smith não antecipou foi o fato de que esse número se quadruplicaria até o final do século. Tampouco previu a extensão ou força do metodismo entre as classes médias sob a forma do evangelicalismo, assim como não previu que este iria inspirar a "reforma moral" e os movimentos filantrópicos que constituíram uma parte bastante considerável do Iluminismo britânico.

---

[41] Semmel, *Methodist Revolution*, p. 193.

[42] Adam Smith, *An Enquiry into the Nature and Causes of the Wealth of Nations*. Ed. Edwin Cannan. Nova York, 1937 (1. ed. 1776), p. 741.

[43] Bebbington, *Evangelicalism in Modern Britain*, p. 21. O número de membros é de 1767, o primeiro ano em que tais estatísticas estavam disponíveis. Ver, também, Gordon Rupp, *Religion in England, 1688-1791*. Oxford, 1986, p. 372, 449.

Capítulo 6 | "A Era da Benevolência"

"Senso" ou o "sentimento moral", "virtudes" ou "afecções sociais", ideias de "benevolência", "empatia", "compaixão", "companheirismo" – eram esses os conceitos da filosofia moral que estavam no coração do Iluminismo britânico. Era esse *éthos* social que constituía o denominador comum entre os dois Smiths e os dois Burkes, entre os filósofos seculares e os entusiastas religiosos, entre os bispos da Igreja da Inglaterra e os pregadores e missionários wesleyanos. E foi esse *éthos* que encontrou expressão prática nos movimentos reformistas e nas iniciativas filantrópicas que floresceram durante o século, culminando naquilo que a escritora Hannah More descreveu (não inteiramente em louvor) como "a época da benevolência", chamada posteriormente, por um historiador, de "o novo humanitarismo".[1]

No início do século, Bernard Mandeville objetou o *éthos* social que já estava se tornando predominante no país, atribuindo-o àquele "nobre escritor", lorde Shaftesbury, que "imagina que, como o homem é feito para [viver em] sociedade, então ele deve nascer com um tipo de afeição pelo todo do qual ele é parte e

---

[1] M. G. Jones, *The Charity School Movement: A Study of Eighteenth-Century Puritanism in Action*, Cambridge, 1938, p. 3; M. Dorothy George, *England in Transition: Life and Work in the Eighteenth Century*, Londres, 1931, p. 65. (Hannah More fez tal afirmação em 1788.)

com uma propensão para procurar seu bem".² Décadas depois, um magistrado londrino, aflito por conta daquilo que via como leniência excessiva mostrada para com os criminosos, também evocava Shaftesbury, censurando Henry Fielding por "vulgarizá-lo" ao reduzir a virtude às "boas afecções", inventando "aquela frase hipócrita, 'bondade do coração', que é usada todo dia como um substituto para a probidade e significa pouco mais do que a virtude de um cavalo ou de um cão". O romance *Tom Jones*, dizia ele, havia feito mais para corromper a geração nascente do que qualquer outra obra. "Nós vivemos em uma época", reclamava o magistrado, "em que humanidade está na moda".³

Fielding era um romancista e também um reformador da justiça da paz e das prisões. Em 1740 (alguns anos antes da publicação de *Tom Jones*), ele louvava a virtude da caridade que "brilhava mais em nossa época do que em qualquer outro período do qual posso me lembrar por nossos anais".⁴ Ele poderia ter justificado essa afirmação citando *História de Londres*, publicado no ano anterior, que dava informações detalhadas das escolas, hospitais, instituições de donativos e sociedades caritativas nascentes na metrópole. "Assim como a opulência e a riqueza", escreveu William Maitland, "são resultados do comércio, também o são seus efeitos o ensino, a hospitalidade e a caridade". Diferentemente de outros países, ele alegrava-se em dizer, a Inglaterra tinha uma provisão legal nacional para a assistência, bem como uma multidão de obras de caridade privadas apoiadas por ingleses de todas as classes, que angariavam vastas somas de dinheiro para complementar a assistência

---

² Bernard Mandeville, *The Fable of the Bees*. Ed. Phillip Harth. Londres, 1970 (reimp. da ed. de 1723), p. 329.

³ George, *England in Transition*, p. 73-74.

⁴ A. R. Humphreys, *The Augustan World: Society, Thought, and Letters in Eighteenth-Century England*, Nova York, 1963, p. 201, citando Fielding, fevereiro de 1740.

pública.⁵ Em 1756, quando se deu a segunda edição, essa seção do livro havia sido expandida para acomodar as muitas novas sociedades e instituições que haviam surgido no ínterim. Maitland aplaudia seus compatriotas pelo "espírito verdadeiramente cristão de benevolência, que nesses tempos prevalece enormemente entre nós, para grande honra dessa época e dessa nação".⁶

Tocqueville cometeu uma injustiça aos britânicos quando identificou associações voluntárias e sociedade civil com os Estados Unidos, como se elas existissem unicamente naquele país. A ideia de "associação política", ele dizia, era importada da Inglaterra, mas os americanos eram muito mais hábeis e constantes em seu uso de "associação civil". Essa era a diferença, explicava ele, entre sociedades aristocráticas e sociedades democráticas. Nas aristocracias, havia menor necessidade de tais associações porque bem poucos indivíduos ricos e poderosos poderiam executar grandes iniciativas por si próprios, enquanto nas sociedades democráticas cada indivíduo era impotente por si próprio e, portanto, havia a necessidade de unir-se a outros.⁷

Na realidade, havia uma plenitude de tais associações e uma sociedade civil bastante viva na Grã-Bretanha durante o século XVIII (bem como no século seguinte, quando Tocqueville escrevia). Existiam "sociedades" para todo tipo de finalidade e propósito: "promoção do conhecimento cristão"; "melhoria das condições e aumento do conforto dos pobres"; "reforma dos costumes"; a abolição da escravatura e o cuidado de uma variedade de desafortunados, incluindo crianças abandonadas, marinheiros doentes e aleijados, órfãos de clérigos, prostitutas, limpadores de chaminé, criminosos, criminosos libertos e criminosos potenciais (garotos pobres que poderiam ser tentados

---

⁵ William Maitland, *The History of London from Its Foundations by the Romans to the Present Time*. Londres, 1739, p. 635, 800.

⁶ William Maitland, *The History and Survey of London*. Londres, 1756, II, 764.

⁷ Alexis de Tocqueville, *Democracy in America*. Trad. e ed. Harvey Mansfield e Delba Winthrop. Chicago, 2000 (1. ed. francesa 1835, 1840), p. 183, 489-90.

pela vida do crime), os surdos, mudos, cegos e coxos. (Uma "Sociedade Humana" era devotada à ressuscitação de afogados.) E não eram apenas os muito ricos e poderosos, conforme pensava Tocqueville, que constituíam a força motriz dessas empreitadas. Um lorde ou uma nobre dama podiam emprestar seu nome a uma ou outra sociedade, mas geralmente eram homens e mulheres sem grandes riquezas ou precedências sociais – industriais, escritores, clérigos, militares reformados e comandantes navais, assim como mulheres com consciência cívica – que as iniciavam, dirigiam e financiavam.

A palavra "filantropia", assim como "benevolência" e "compaixão", estava bastante em moda, tanto no sentido original de "amor pela humanidade" quanto aplicado às muitas iniciativas caridosas que brotavam à época. Mais de cem instituições e sociedades estabeleceram-se no decurso do século e multidões de pessoas contribuíam não apenas com seu dinheiro, mas com considerável parte de seu tempo e de sua energia a uma ou várias causas, fazendo da filantropia uma profissão, uma vocação em tempo integral (ou quase integral).[8] Entre as figuras notáveis identificadas como filantropas estavam John Howard, Jonas Hanway, Thomas Gilbert, Henry Hoare, Thomas Coram, Griffith Jones, Thomas Bernard, John e Henry Thornton, Richard Reynolds e Sarah Trimmer. Em 1780, Edmund Burke, em um discurso de apoio à reforma prisional, homenageou Howard, que havia viajado pela Europa, dizia Burke, não por prazer pessoal ou estético, mas

> para mergulhar nas profundezas das masmorras; para precipitar-se na infecção dos hospitais; para visitar as mansões de sofrimento e dor; para tomar conhecimento das medidas e dimensões da miséria, da depressão e da desgraça; para lembrar os esquecidos, assistir aos negligenciados, visitar os abandonados e comparar e reunir as angústias do

---

[8] Ver as listas de sociedades e instituições em Ford K. Brown, *Father of the Victorians: The Age of Wilberforce*, Cambridge, 1961, p. 329-34. Ver, também, a identificação em livros de referência das várias figuras públicas como "filantropos".

homem em todos os países (...) Foi uma viagem de descoberta, uma circunavegação de caridade.[9]

(Howard morreu mais tarde, por conta de uma infecção contraída enquanto prestava cuidados a um prisioneiro na Rússia.)

Filantropos eram também, inevitavelmente, reformadores, expondo as condições miseráveis nas prisões e nos asilos, propondo variadas reformas sociais e legais, criando e subsidiando novas instituições. Entre 1720 e 1750, foram fundados cinco grandes hospitais em Londres e nove em todo o país; a primeira metade do século seguinte viu o surgimento de dispensários, clínicas e hospitais especializados (maternidades, doenças infecciosas e asilos de loucos). Uma ata que promoveu os cuidados de enfermagem no país para os filhos dos pobres, além de outras medidas como a pavimentação e drenagem de várias ruas de Londres e a limpeza de algumas de suas piores favelas, resultou em uma dramática redução das taxas de mortalidade, especialmente de crianças. Na metade do século, a proporção entre os enterros de crianças com idade abaixo de cinco anos e a porcentagem de crianças batizadas era de quase 75%; ao fim do século, essa proporção estava um pouco acima dos 40%.[10]

Filantropos e reformadores surgiam em diferentes tamanhos e formas. William Hogarth não é comumente incluído em tal companhia,

---

[9] Edmund Burke, "Speech at the Guildhall in Bristol". In: *The Works of Edmund Burke*. Londres, 1911, II, 142.

[10] M. Dorothy George, *London Life in the Eighteenth Century*. Nova York, 1965, p. 26, e apêndice, p. 406. Roy Porter observa que a "cultura da quantificação", que produziu essas importantes estatísticas, foi ela mesma um subproduto da preocupação com a saúde pública por parte dos médicos, atuários e oficiais. O que eram vistos como acidentes que refletiam a arbitrariedade da existência, eram vistos agora como evidências fisiológicas de doenças que poderiam ser controladas. Ver Roy Porter, *The Creation of The Modern World: The Untold Story of the British Enlightenment*. Nova York, 2000, p. 207-8.

embora certamente tenha sido um deles. Suas caricaturas eram poderosos julgamentos morais e foram tão efetivas – a julgar pelo tanto que foram plagiadas, pirateadas e adaptadas para o uso em romances e peças – quanto os sermões dos pregadores e as sóbrias revelações dos reformadores.[11] "Gin Lane [Beco do Gim]" retrata homens e mulheres bêbados e emaciados em estado de abandono; um homem esquelético está roendo um osso, outro homem está enforcado e uma mulher embriagada que amamenta uma criança deixa-a cair no beco de baixo. A inscrição na fachada da loja de bebidas diz: "Bêbado por um penny, morto de bêbado por dois pences, canudo limpo de graça". Uma charge que a acompanhava, "Beer Street [Rua da Cerveja]", representa a alternativa salutar ao gim, com homens felizes e corpulentos, e mulheres bebendo cerveja; aqui, a fachada da taverna tinha colheitadeiras felizes dançando em volta de um monte de feno. Talvez não tenha sido por acidente que aquele mesmo ano, 1751, viu passar uma ata regulamentando a venda de gim de baixa qualidade. Contemporâneos reconheceram o que historiadores já haviam afirmado uma vez, que essa medida era um dos grandes eventos na história social de Londres.

A série "Industry and Idleness [Indústria e Ociosidade]" era ainda mais desavergonhadamente didática. Hogarth explicava que ela seguiu a carreira de dois amigos aprendizes, "um deles, por fazer bons cursos e perseguir os passos do ofício de que era aprendiz, tornou-se um homem valoroso e um ornamento para seu país; ao passo que o outro, dando vazão à ociosidade, caiu naturalmente na pobreza e,

---

[11] Elas eram, entretanto, ilustrações e não deveriam ser entendidas literalmente. Um moderno historiador, comentando sobre uma das mais grotescas cenas da série "Indústria e Ociosidade", diz que tais ilustrações "provavelmente fornecem uma imagem adequada das condições nas quais as pessoas pobres viviam naquele tempo" (Eveline Cruikshanks, *Hogarth's England*. Londres, 1957, p. 55) – acerca de uma imagem de um "aprendiz ocioso" na cama com uma prostituta, em um quarto grotescamente sujo, com um gato caindo da chaminé e perseguindo um rato.

como é comum, terminou fatalmente".[12] Outras mensagens morais emergiam nas dezenas de gravuras daquela série: o aprendiz preguiçoso sendo levado ao lugar de sua execução acompanhado pelo pregador metodista, que, aparentemente, o havia convertido, ao menos até o ponto de o aprendiz acompanhar o pregador no canto de um hino; e a gravura final, em que uma grande multidão se diverte à vista de seu enforcamento em Tyburn – "A feira de Tyburn", como ela é ironicamente chamada. A última cena refletia o ultraje frequentemente expresso por seu amigo Henry Fielding sobre o "bárbaro costume, peculiar ao inglês, de insultar e zombar da miséria".[13] A série como um todo era, de certo modo, um comentário sobre a vida de outro amigo, Benjamin Franklin, que parecia representar em sua própria pessoa o triunfante progresso do aprendiz diligente. A última carta que Hogarth recebeu antes de sua morte, para sua grande satisfação, fora enviada por Franklin.

Em "The Four Stages of Cruelty [Os Quatro Estágios da Crueldade]", Hogarth dramatizou um assunto que havia perturbado os puritanos do século XVII e que emergia de maneira mais proeminente no XVIII. As ilustrações de Hogarth sobre a crueldade com os animais tinham uma dupla vantagem: a de expor "o tratamento bárbaro dos animais, cuja visão torna as ruas de nossa metrópole tão pesarosas para todos os que têm espíritos sensíveis", e assim demonstrar o efeito brutalizante de tal barbaridade sobre as pessoas que a infligiam.[14] O menino que maltrata os animais nas primeiras duas cenas crescia e seduzia uma criada, incitando-a ao roubo e chegando, então, a matá-la; o quadro final mostra o cadáver do homem ainda com a corda com a qual fora enforcado no pescoço, sendo dissecado da cabeça aos pés, com um cachorro mordendo seu intestino.

---

[12] Frederick Antal, *Hogarth and His Place in European Art*. Nova York, 1962, p. 10.

[13] Cruikshanks, *Hogarth's England*, p. 58.

[14] Antal, *Hogarth and His Place in European Art*, p. 10.

Anos depois da promulgação das leis que suprimiam esportes sangrentos (*bull and bear baiting, cock-throwing* e luta de cães),[15] Hogarth gostava de pensar que seu trabalho (outra de suas charges mostrava uma cena de jogo em uma rinha de galos) havia "detido o espírito diabólico da barbaridade" que uma vez prevalecera no país.[16] Um *best-seller* para adolescentes escrito por "Tom Telescope [Tom Telescópio]", ostentando o portentoso título *The Newtonian System of Philosophy Adapted to the Capacities of Young Gentlemen and Ladies* [O Sistema de Filosofia Newtoniana Adaptado às Capacidades dos Jovens Cavalheiros e Damas], ensinava seus leitores sobre os males da crueldade com os animais e aproveitava a ocasião para estender a lição aos escravos e outros humanos: "bondade com os animais, sim, mas maior bondade para com os seres humanos" era o tema da última lição de Tom.[17]

Discutindo a campanha contra os esportes sangrentos, o historiador Lawrence Stone relacionou-a com a explosão de novas atitudes e emoções inspiradas pelo surgimento de "um novo tipo ideal, denominado o 'Homem de Sentimentos', ou o 'Homem Sensível', o protótipo do romântico do fim do século XVIII".[18] Outros historiadores

---

[15] Os esportes sangrentos – esportes ou atividades que envolviam violência contra animais – eram bastante populares na Inglaterra. O *bear baiting* consistia no confinamento de ursos que eram atirados a cães que os provocavam e eram substituídos à medida que eram mortos (por vezes o combate se dava também entre ursos e touros); o *cock-throwing* era essencialmente o arremesso de paus e outros objetos em um galo, que ficava nas mãos de um dos participantes. (N. T.)

[16] Lawrence Stone, *The Family, Sex and Marriage in England, 1500-1800*. Nova York, 1977, p. 238.

[17] Ibidem, loc. cit.

[18] Ibidem, loc. cit. Quase que de passagem, Stone notou que "a conformidade com esse novo ideal positivamente reforçava a legitimidade da classe dominante". Mas essa nota depreciativa não prejudica o julgamento que assevera

relacionaram a "cultura da sensibilidade" à "cultura da reforma" e a um "culto à benevolência".[19] Normalmente, não são considerados românticos Shaftesbury ou Hutcheson, Smith, Hume ou Burke, ainda que suas filosofias, permeadas pelas ideias de sentimento e sensibilidade, bem possam qualificá-los como tal. A sensibilidade romântica deu ao mesmo tempo uma dimensão estética e emotiva às suas filosofias morais, de modo que a ideia de virtude – virtude social e virtude privada – tinha raízes mais profundas do que a mera razão ou mesmo experiência. "Piedade", escreveu o autor de *"The Man of Experience* [O Homem Experiente], "é o maior luxo que a alma da sensibilidade é capaz de saborear".[20]

A beleza também era associada à virtude. Shaftesbury define o tom equacionando "gosto", no domínio estético, com "senso", no âmbito moral; "verdade poética" com verdade moral; beleza com "um comportamento generoso, uma regularidade de conduta e uma consistência de vida e de modos".[21] Assim também o fez Hutcheson, postulando um sentido interno de beleza aparentado ao senso interno de moralidade e vendo na "beleza externa" das pessoas um reflexo de sua "virtude concomitante".[22] Para Smith, a imaginação era a origem da empatia – "é apenas pela imaginação que nós podemos formar qualquer

---

que "o movimento foi genuinamente moral", afetando tanto as atitudes para com os animais como para com os seres humanos.

[19] Ver, por exemplo, G. J. Berker-Benfield, *The Culture of Sensibility: Sex and Society in Eighteenth-Century Britain*, Chicago, 1992, e John Mullan, *Sentiment and Sociability: The Language of Feeling in the Eighteenth Century*, Oxford, 1988. Barker-Benfield enfatiza a relação da cultura da sensibilidade para com as mulheres, caracterizando as atitudes humanitárias para com os animais, por exemplo, como "um tipo de feminismo sucedâneo" (p. 236).

[20] Barker-Benfield, *The Culture of Sensibility*, p. 69.

[21] Anthony Ashley Cooper, terceiro conde de Shaftesbury, *Characteristics of Men, Manners, Opinions, Times*. Indianápolis, 2002 (reimp. da 6. ed. 1737-1738; 1. ed. 1711), I, 84, 88, 91, 121; III, 238-39.

[22] Francis Hutcheson, *An Inquiry Concerning Moral Good and Evil*. In: *British Moralists*. Ed. L. A. Selby-Bigge. Oxford, 1897, I, 148.

concepção do que são suas [dos desafortunados] sensações" –, assim como a da beleza. De fato, era a preocupação com "a beleza da ordem, da arte e da invenção" que dispunha os homens àquelas instituições que promoviam o "bem-estar público".[23]

O mais importante trabalho do jovem Burke, que foi altamente estimado por seus contemporâneos, era sobre estética. *A Philosophical Inquiry into the Origin of Our Ideas of the Sublime and Beautiful* [Uma Investigação Filosófica sobre a Origem de Nossas Ideias de Sublime e Belo] – um escrito de juventude, como lembramos – havia valido a seu autor um lugar nos anais do Iluminismo, mesmo entre alguns historiadores, que, no entanto, o qualificam de reacionário, posto que o livro é visto como um repúdio ao classicismo e um prenúncio do romantismo.[24] O principal tema do livro, a associação do sublime com o terror, foi a própria sinopse do romantismo, como expresso na passagem sobre a concepção de morte de Milton: "Tudo é escuro, incerto, confuso, terrível e sublime ao último grau".[25] No entanto, ao afirmar, de modo bem romântico, o primado dos sentidos e das paixões sobre os princípios clássicos de objetividade e perfeição, Burke insistia que havia padrões estéticos derivados de "nossa natureza comum", um "sentimento comum a toda humanidade". Esse sentimento comum, o sentimento de empatia que motivava as afecções sociais, aplicado também às artes,

---

[23] Adam Smith, *The Theory of Moral Sentiments*. Ed. D. D. Raphael e A. L. Macphie. Oxford, 1976 (reimp. da 6ª ed. 1790), p. 9, 185. Ver, também, p. 179.

[24] Peter Gay, por exemplo, admite Burke em seu trabalho sobre o Iluminismo apenas por conta desse livro (Gay, *The Enlightenment: An Interpretation*. Nova York, 1969, p. 303 e passim). O livro era de um período ainda mais jovem do que geralmente se supõe. Publicado em 1757, quando Burke tinha 28 anos, ele foi escrito quase dez anos antes, e foi o assunto de uma de suas falas perante um clube que ele formara no Trinity College, em Dublin.

[25] Edmund Burke, *A Philosophical Inquiry into the Origin of Our Ideas of the Sublime and Beautiful* (1757). In: *Works*, I, 90.

pois "é principalmente por esse princípio que a poesia, a pintura e outras artes afetivas transfundem suas paixões de um peito a outro, e são frequentemente capazes de enxertar um prazer na desgraça, na miséria e até mesmo na morte". Assim, para entender a tragédia literária, é preciso primeiro entender a tragédia real: "como nós somos afetados pelos sentimentos de nossos irmãos em circunstâncias de sofrimento real".[26]

Também nos romances, a sensibilidade era aliada com a moralidade. Samuel Richardson, Henry Fielding, Laurence Sterne, Oliver Goldsmith, Mrs. Radcliffe e uma série de outros escritores populares da época, esquecidos atualmente, fizeram dela o apogeu do que ficou conhecido como romance sentimental – uma sentimentalidade profundamente entremeada com moralidade. *A Nova Heloísa*, de Rousseau (publicado em 1761), é considerado o mais proeminente romance "sentimental-moral". Mas *Pamela*, de Richardson, precedeu em duas décadas o livro de Rousseau e teve cinco edições em seu primeiro ano. E este foi seguido por uma multidão de romances, peças, poemas e revistas (*Lady's Magazine* e *Female Spectator*, por exemplo) no mesmo filão, onde a virtude se afirmava a si própria não pela negação ou pela subjugação da paixão, mas pelo expediente de tornar a paixão virtuosa.

Mesmo os metodistas tiveram sua participação nessa cultura. O próprio Wesley professou sentir-se ofendido já pelo título de *A Sentimental Journey Through France and Italy* [Uma Jornada Sentimental pela França e Itália]. "Sentimental! O que é isso? Isso não é inglês; ele pode bem dizer 'continental'. Isso não faz sentido. Não transmite nenhuma ideia determinada".[27] Ainda assim, ele e seus seguidores fizeram parte daquela cultura de sensibilidade tanto quanto os romancistas e filósofos. Os metodistas publicaram

---

[26] Ibidem, p. 52, 79-80.
[27] Citado em Porter, *Creation of the Modern World*, p. 284.

poemas e romances sentimentais (um tanto purificados, é verdade), bem como sermões e tratados. E sua teologia tinha como núcleo sensações, sentimentos e emoções que ganhavam expressão em orações, hinos, homilias e, não menos importante, em auxílios para os doentes e necessitados.

Outros que eram notavelmente não sentimentais e não românticos eram suficientemente suscetíveis aos sentimentos a ponto de buscarem alguma causa humanitária para trazer à tona sua simpatia. Daniel Defoe escreveu um panfleto em favor dos hospitais de enjeitados; Mandeville sancionou a ajuda aos pobres também para os idosos e doentes; e Hannah More foi uma entusiasta apoiadora das Escolas Dominicais. Em 1758, relembrando talvez a efusão de dinheiro e simpatia pelas vítimas do terremoto em Lisboa três anos antes (uma generosidade tornada ainda mais memorável pelo fato de as vítimas serem estrangeiras e católicas), Samuel Johnson observou ironicamente: "Toda mão está aberta para contribuir com algo, toda língua está ocupada em solicitações, e toda arte do prazer está empenhada por um tempo no interesse da virtude".[28] Próximo ao fim de sua vida, Wesley fez a apreciação de sua época: "Enquanto a luxúria e a profanação aumentam de um lado, de outro, benevolência e compaixão para com todos os tipos de miséria humana aumentaram de uma maneira não conhecida antes, desde as primeiras eras do mundo".[29]

---

[28] Humphreys, *The Augustan World*, p. 202, citando Johnson em *Idler*, 6 de maio de 1758.

[29] David Owen, *English Philanthropy, 1660-1960*. Cambridge, 1965, p. 68. É curioso que essa seja a única menção a Wesley no livro de Owen, a despeito de suas contribuições substanciais ao movimento filantrópico – e a despeito da visão simpática de Owen sobre ele, como um dos "observadores humanos e informados do mundo do século XVIII". Em outra passagem, a referência inclui os wesleyanos entre aqueles que foram ativos no movimento antiescravagista (p. 129).

Educação não vem normalmente sob a rubrica da benevolência e da compaixão, e ainda menos do sentimento ou da sensibilidade. Contudo, a educação para os pobres foi uma parte importante da cultura refletida pelo Iluminismo britânico. O movimento de escolas de caridade iniciou-se em 1699 pela Sociedade para a Promoção do Conhecimento Cristão. Dentro de três décadas, houve por volta de 1400 dessas escolas, provendo ensino a mais de 22 mil alunos.[30] Para Addison e Steele, essas escolas representavam a "glória da época", a "maior instância de espírito público que a época produziu".[31] Para Mandeville, elas eram, no entanto, mais uma evidência da insidiosa influência de Shaftesbury e seus sucessores. A "paixão entusiástica" inspirada pelas escolas incitou-o a acrescentar em uma nova edição de *The Fable of the Bees* [A Fábula das Abelhas] um ensaio sobre elas, que confirmaria, suspeitava ele, a opinião geral sobre Shaftesbury como "um homem cruel, de coração duro e desumano, se não um ímpio, profano e ateu desgraçado". Audacioso, Mandeville prosseguiu denunciando as escolas por promoverem muitos vícios que deveriam corrigir. Longe de diminuir crimes e outras desordens sociais, conforme diziam seus defensores, elas tinham o efeito de encorajar a ociosidade por manterem os pobres longe do trabalho. E a ociosidade era mais responsável pelo "crescimento da vilania" do que "a mais asquerosa ignorância e estupidez".

> Leitura, escrita e aritmética são muito necessárias para aqueles negócios que requerem tais qualificações; mas onde o sustento das pessoas não depende dessas artes, elas são muito perniciosas aos pobres, que são forçados a retirar o pão de cada dia de seu trabalho diário (...) Frequentar a escola em comparação com o trabalho é ociosidade, e

---

[30] Eric Midwinter, *Nineteenth-Century Education*, Londres, 1970, p. 19. Ver, também, Gordon Rupp, *Religion in England, 1688-1791*, Oxford, 1986, p. 300 e passim.

[31] Thomas A. Horne, *The Social Thought of Bernard Mandeville: Virtue and Commerce in Early Eighteenth-Century England*. Nova York, 1978, p. 16.

quanto mais os garotos continuarem nesse tipo de vida fácil, mais incapazes eles serão, quando crescerem, para o trabalho justo, tanto quanto à força como quanto à inclinação.[32]

Mandeville estava bastante certo em antecipar que os ilustres da sua época seriam ultrajados por suas visões. Enquanto ele criticava as escolas como "perniciosas aos pobres", Adam Smith condenava o ensaio de Mandeville como "completamente pernicioso".[33]

O movimento de escolas de caridade foi sucedido por doações educacionais privadas e, no final do século, pelo movimento da Escola Dominical. Iniciado por uma sociedade constituída tanto de anglicanos como de dissidentes, as Escolas Dominicais tiveram o apoio de metodistas, assim como de evangélicos. Na virada do século, eles tiveram mais de 200 mil inscrições.[34] Hannah More é comumente citada como a favor da visão predominante de que a instrução deveria ser confinada à leitura, especialmente da Bíblia e dos tratados religiosos, a partir da teoria de que a escrita encorajaria as crianças a elevarem-se acima de suas posições. Na realidade, mesmo as primeiras escolas de caridade possuíam um conceito mais liberal de educação, como é evidente pela denúncia de Mandeville de que elas estavam ensinando assuntos "perniciosos" como leitura, escrita e aritmética, e que a maioria das Escolas Dominicais o fazia, o que pode ser deduzido pelos registros dos gastos com cartilhas, lousas, lápis e mesas. Em 1795, 94 mil cartilhas foram distribuídas; em uma década, esse número dobrou.[35] Os sabatistas opunham-se à escrita, mas somente sobre bases religiosas; em alguns casos, havia aulas durante a semana para permitir a instrução na escrita. Próximo ao

---

[32] Mandeville, *Fable of the Bees*, p. 276-78, 295.

[33] Smith, *Theory of Moral Sentiments*, p. 308. (Ver o capítulo 1 sobre filosofia moral, p. 31.)

[34] Thomas Walter Laqueur, *Religion and Respectability: Sunday Schools and Working-Class Culture, 1780-1850*. New Haven, 1976, p. XI.

[35] Ibidem, p. 35.

final do século, Sir Frederick Morton Eden, em seu volumoso estudo *The State of the Poor* [O Estado do Pobre], rejeitou as objeções que haviam sido levantadas contra a educação dos pobres:

> É agora, admitido por todos que as aquisições intelectuais são benéficas a todas as classes da comunidade, e que não é menos provável que os filhos de nossos trabalhadores se tornem membros úteis do Estado naquela esfera da vida para a qual eles estão destinados, por terem sido instruídos na leitura, escrita e aritmética.[36]

As Escolas Dominicais eram tanto um fenômeno social quanto um fenômeno religioso e educacional. Para além de educar os pobres, elas tinham o efeito secundário de incentivar o mesmo tipo de espírito comunal que o movimento wesleyano possuía. As excursões, chás e os clubes das escolas fizeram delas, como notou Thomas Laqueur, o principal historiador estudioso do movimento, "uma característica central da vida comunitária da classe trabalhadora" – ainda mais porque o corpo de professores era frequentemente constituído de ex-alunos e pais. (Isso também era reminiscência do metodismo, no qual pregadores leigos eram escolhidos pela congregação.) As escolas eram também o produto, observou Laqueur, de "uma nova, mais humana, mais tolerante e, de fato, mais otimista visão da infância".[37] O movimento pela educação dos pobres refletia, assim, a mesma sensibilidade e o *éthos*, que inspiravam outros movimentos filantrópicos e reformistas, como a campanha contra a crueldade para com os animais, a abolição da escravatura, as reformas legal e prisional e o estabelecimento de uma multidão de sociedades que se comprometeriam a aliviar uma grande variedade de problemas sociais.

Essas iniciativas educacionais – na verdade, os movimentos filantrópicos e reformistas em geral – não eram inspirados pelos radicais.

---

[36] Ibidem, p. 130. Laqueur atribui o livro a Sir Thomas Eden (p. 97), mas isso é evidentemente um erro tipográfico.

[37] Ibidem, p. XI, 9.

Na verdade, sua única contribuição para a reforma educacional envolvia crianças das classes média e alta. Em *Thoughts on the Education of Daughters* [Reflexões sobre a Educação das Filhas], Mary Wollstonecraft, que já havia sido professora em uma escola para meninas, propunha que estas deveriam ser educadas junto aos meninos e da mesma maneira racional que eles, em vez de serem segregadas em internatos onde eram jogadas e encorajadas a desenvolverem os piores hábitos sexuais. O livro é muito interessante e é um conveniente prelúdio ao seu *Vindication of the Rights of Woman*, publicado cinco anos depois. Mas nem então nem depois isso entraria em discussões e debates sobre educação. Tampouco serviu para levar os radicais a colocarem qualquer de suas ideias em prática, ou tomarem parte nos experimentos educacionais que estavam mobilizando vários de seus compatriotas.

Os próprios pobres foram tomados pelo mesmo *éthos* que motivava os reformistas e filantropos, um *éthos* que combinava um espírito comunal com um espírito de autoajuda. As Fraternidades – clubes securitários, essencialmente fundadas por trabalhadores para sua ajuda mútua – eram voluntárias e independentes, autogeridas e autossuficientes. Os membros contribuíam com somas regulares (guardadas, nos primeiros anos, em caixas-fortes ou grandes caixas de madeira), a serem distribuídas àqueles que se encontravam em necessidade por conta de doenças, enfermidades, desemprego ou para pagar funerais e outras emergências; alguns grupos contratavam médicos locais para atender aos doentes. Como as Escolas Dominicais, as Fraternidades serviam a uma importante função social, reunindo pessoas, algumas vezes em lugares públicos, por um objetivo comum e em um espírito comunitário. Em 1793, elas adquiriram reconhecimento legal por uma ata do Parlamento que fornecia às Fraternidades "encorajamento e auxílio". Em 1801, um estudo contemporâneo estimava que houvesse 7.200 sociedades como aquelas, com um número de membros de quase 650 mil homens adultos – isso em uma população total de 9 milhões.[38]

É necessário lembrar que todas essas iniciativas privadas e voluntárias – instituições de caridade, filantropia, Fraternidades – complementavam um elaborado sistema de auxílio público. Em 1795, esse sistema foi expandido pela adoção do "Sistema Speenhamland" por alguns condados, que fornecia um recurso familiar não apenas para o indigente, mas para "todo homem pobre e diligente" cujos rendimentos estavam abaixo de um nível determinado pelo preço do pão e pelo tamanho de sua família. Um projeto de lei apresentado pelo primeiro ministro Pitt no ano seguinte, que desejava estabelecer o auxílio como "um direito e uma honra", foi por fim recusado, pois acrescentava tantos benefícios adicionais, e tantos órgãos de supervisão foram somados ao projeto, que ele se tornaria impraticável. Mas mesmo sem essas provisões adicionais, os gastos dos fundos públicos haviam crescido consideravelmente. Em 1776, o custo anual do auxílio aos pobres era de 1,5 milhão de libras; no final do século, o gasto já passava de 4 milhões.

Não foi radical, mas Adam Smith, criticando implicitamente o famoso sermão de Price ostentando tal título, escreveu que "o amor por nosso país" repousa sobre dois princípios: o respeito pela constituição e a preocupação para com o bem e a felicidade dos outros. "Não é um cidadão que não está disposto a respeitar as leis e a obedecer ao magistrado civil; e certamente não é um bom cidadão quem não deseja promover, por todos os meios sob seu poder, o bem-estar de toda a sociedade e de seus concidadãos."[39] E foi o Tory Samuel Johnson quem disse: "Uma provisão decente para o pobre é o verdadeiro teste de civilização. (...) A condição das classes mais

---

[38] David G. Green, *Reinventing Civil Society: The Rediscovery of Welfare Without Politics*. Londres, 1993, p. 30 e passim.

[39] Smith, *Theory of Moral Sentiments*, p. 231 (parte VI, seção 3, cap. 2).

baixas, dos pobres mais especificamente, era o verdadeiro sinal da discriminação nacional".[40]

Talvez a característica mais notável dessa ética social foi ultrapassar os limites de partidos, classes e religiões. Quando Elie Halévy falou do "milagre da Inglaterra moderna" – o fato de que a Inglaterra foi poupada das revoluções que causaram tantos estragos no continente –, ele deu ao metodismo um papel crucial nesse milagre.[41] Mas o *éthos* metodista, apontava ele, foi compartilhado por outros de diferentes inclinações filosóficas e religiosas. Foi essa convergência de pensamento e sensibilidade que provou ser decisiva nesse período crítico da história inglesa. Na segunda metade do século XVIII, observava Halévy, "livres-pensadores associados a filantropos do movimento evangélico trabalhariam pela melhoria das condições morais e materiais dos pobres. Nesse período, eles foram 'convertidos' à filantropia através da influência dos pregadores metodistas".[42]

Historiadores têm discutido sobre um ou outro aspecto daquele "milagre", mas poucos desafiaram o papel do evangelicalismo, o herdeiro do metodismo, no movimento filantrópico. Na realidade, a própria palavra "filantropo", tem-se dito, tornou-se quase sinônimo

---

[40] James Boswell, *The Life of Samuel Johnson, LL.D.* Chicago, 1952, *Encyclopaedia Britannica* ed., p. 182. Johnson também desafia o protótipo convencional do Tory, por este ser um vigoroso oponente da escravidão. Em uma visita a Oxford, ele propôs um brinde "à próxima insurreição dos negros nas Antilhas Britânicas". Seu panfleto de 1775, *Taxation No Tyranny* [Taxação, Não Tirania], ridicularizava os americanos: "Como é que ouvimos os mais altos gritos por liberdade entre os dirigentes de negros?". Ibidem, p. 363.

[41] Ver acima, p. 117.

[42] Elie Halévy, *The Birth of Methodism in England*, trad. Bernard Semmel, Chicago, 1971 (ed. francesa 1906), p. 66. Ver, também, p. 37: "Eles [os metodistas] regeneraram a Igreja da Inglaterra. (...) Eles tiveram até mesmo um efeito sobre os livre-pensadores, que subsequentemente refrearam suas críticas à doutrina cristã a fim de se devotarem à economia política e à filantropia. Utilitarianos e evangélicos concordaram em trabalhar juntos pela liberdade comercial, pela abolição da escravatura e pela reforma das leis criminais e da organização prisional".

de evangélico, e a filantropia era identificada com aquelas boas obras que agradavam o gosto dos evangélicos.⁴³ Mas o movimento, como disse Halévy, estendeu-se para bem além da esfera religiosa. Ele refletia a ética social dominante, que era um composto de religiosidade e secularismo, público e privado, comunal e individual, humanitário e romântico. Se o evangelicalismo desempenhou um amplo papel nessa ética, assim também o fez a filosofia moral, que deu a ela sua argumentação filosófica. E os dois, embora diferentes em suas inspirações e disposições, trabalharam juntos pelo o que eles viam como uma causa comum: a "reforma moral" e material do povo.

Para padrões posteriores, é claro, as reformas, sociedades e instituições que refletiam essa ética parecem lamentavelmente inadequadas, e as cenas hogarthianas de bebedeiras e licenciosidades, crueldade e miséria continuam a dominar a imaginação, obscurecendo as intenções humanitárias por trás delas (obscurecendo, também, os ocasionais efeitos benéficos daquelas charges). "A Era da Benevolência" tem, obviamente, seu lado ruim. Se ela produziu uma geração de reformadores e pessoas humanitárias, foi parcialmente porque havia muito a reformar e ainda mais a ofender as sensibilidades de uma pessoa humana. Enquanto um historiador considera 1766 um ano digno de nota, por ser o ano da publicação de *Earnest Appeal of Mercy to the Children of the Poor* [Sério Apelo à Misericórdia para com os Filhos dos Pobres], de Jonas Hanway, um tratado que expunha as taxas de mortalidade infantil nos abrigos e preparou o caminhou para a lei de internato, outro cita aquele ano como um tempo de motins por comida sem precedentes, ocasionados por uma quebra de safra – sessenta motins em um período de três meses, segundo um levantamento.⁴⁴

---

⁴³ Owen, *English Philanthropy, 1660-1960*, p. 93.

⁴⁴ Dorothy Marshall, *Dr. Johnson's London*, Londres, 1926, p. 227; George Rudé, *The Crowd in History: A Study of Popular Disturbances in France and*

Ainda outro historiador, David Owen, atribui o movimento filantrópico a um composto de "piedade puritana, certa aparência de humanitarismo benevolente e uma preocupação com interesses nacionais".[45] Outros foram menos generosos, apontando para uma mistura de motivos nos quais o espírito de preocupação pública e o bom coração serviam aos interesses de autopromoção e autogratificação.[46] "A beleza de tal generosidade ilustrada", escreve Roy Porter, "estava em alta entre os *bien pensants*, como o brilho de uma sensibilidade superior". Mas mesmo ele não nega o efeito prático de tal generosidade na criação de hospitais, asilos e outros estabelecimentos caritativos, e nos movimentos pela reforma penal e pela abolição do comércio escravo.[47]

Essa foi a característica distintiva do Iluminismo britânico, especialmente em comparação com o francês. A benevolência era uma virtude mais modesta do que a razão, mas talvez uma virtude mais humana. E uma Era de Benevolência era uma aspiração mais modesta do que uma Era da Razão, mas também mais prática. Se a Era da Benevolência ficou muito aquém do que os reformadores da época, e historiadores desde então, gostariam, ela representou – como, de fato, a própria ideia de Iluminismo o fez – um avanço notável de espírito e de consciência, uma "marcha adiante do espírito humano", como coloca Diderot, explicando seu Iluminismo.[48]

England, 1730-1848, Nova York, 1964, p. 37.

[45] Owen, *English Philantropy, 1660-1960*, p. 15.

[46] Ver, por exemplo, Gordon Rupp: "Seus motivos vão desde o patriotismo local e a autopromoção até a piedade humana e a convicção cristã" (*Religion in England, 1688-1791*, p. 311). Ou Dorothy Marshall: "A benevolência da Londres do século XVIII não foi menos genuína porque se expressou em uma linguagem que faria soar uma nota dissonante aos ouvidos modernos" (*Dr. Johnson's London*, p. 283).

[47] Porter, *Creation of the Modern World*, p. 19.

[48] Diderot, "*Encyclopedia*". In: Denis Diderot, *Rameau's Nephew and Other Works*. Trad. e ed. Jacques Barzun e Ralph H. Bowen. Nova York, 1956, p. 304.

PARTE II

O Iluminismo Francês: A Ideologia da Razão

Assim como Tocqueville trouxe ao estudo da América a perspectiva de um francês, ele também trouxe ao estudo da França a perspectiva obtida de suas experiências na América e na Inglaterra. Como escreveu em seu trabalho sobre o *ancien régime*, o contraste entre os *philosophes* franceses e seus correspondentes ingleses refletia o papel distintivo dos intelectuais nos dois países.

> Na Inglaterra, escritores sobre a teoria de governo e quem governava cooperavam entre si; o primeiro, estabelecendo suas novas teorias; o segundo, alterando ou circunscrevendo tais teorias à luz da experiência prática. Na França, contudo, preceito e prática eram mantidos muito distantes e permaneciam nas mãos de dois grupos completamente independentes. Um deles tocava a administração atual, enquanto o outro estabelecia os princípios abstratos sobre os quais o governo deveria, segundo sua opinião, ser baseado; um tomava as medidas rotineiras apropriadas às necessidades do momento; o outro propunha leis gerais sem pensar em suas aplicações práticas; um grupo moldava o curso dos assuntos públicos; o outro, da opinião pública.[1]

---

[1] Alexis de Tocqueville, *The Old Regime and the French Revolution*. Trad. Stuart Gilbert. Nova York, 1955 (1. ed. francesa 1856), p. 145-46. Essa declaração tem sido disputada, por exemplo, por Peter Gay, *Voltaire's Politics: The Poet as Realist*, Princeton, 1959, p. 7-10, e por Keith Baker, *Inventing the French Revolution: Essays on French Political Culture in the Eighteenth Century*, Cambridge, 1990, p. 20-21 e passim. Alguns dos *philosophes* – Montesquieu, Mably, Voltaire, Turgot e Helvétius – envolveram-se em assuntos públicos como magistrados, cobradores de impostos ou em missões

Tocqueville poderia ter incluído a América no mesmo grupo da Inglaterra, posto que lá os "escritores sobre a teoria de governo e aqueles que governavam" não apenas cooperavam entre si, mas eram um e o mesmo, de modo que a prática e a teoria estavam ainda mais intimamente relacionadas.

Havia, é claro, uma grande quantidade de razões para que houvesse disparidades entre os três Iluminismos: as características políticas muito diferentes dos países e a relação das classes no interior desses sistemas políticos; a natureza e autoridade das igrejas e o seu papel no Estado; economias em vários níveis de industrialização e sujeitas a diferentes tipos e graus de regulação governamental; e todas as outras circunstâncias históricas e sociais que eram únicas a cada país e ajudaram a moldar seus temperamentos e caracteres. Os *philosophes*, vivendo em um país que não era nem autocrático nem livre, que era errático em seu exercício de censura e prossecução, que nunca experimentou um tipo de reforma, seja na Igreja, seja no Estado, que pudesse encorajar outra geração de reformadores, dificilmente podia aspirar a influenciar a política como suas contrapartes na Grã-Bretanha ou na América. O que eles podiam aspirar era a um pensamento ousado e imaginativo, livre de considerações práticas acerca de como tais ideias poderiam ser traduzidas para a realidade. Eles estavam, de fato, totalmente à vontade para teorizar e generalizar, pois estavam menos à vontade para consultar ou aconselhar.

A *Encyclopédie* encarnava o espírito do Iluminismo francês assim como o *The Federalist* fazia em relação ao Iluminismo americano. A edição inicial da *Encyclopédie*, publicada entre 1751 e 1772,

---

diplomáticas ocasionais. Com exceção de Turgot, entretanto, eles tiveram relações apenas transitórias e periféricas com questões políticas. Sobre esse tema, ver, também, Norman Hampson, "The Enlightenment in France". In: *The Enlightenment in National Context*. Ed. Roy Porter e Mikulas Teich. Cambridge, 1981, p. 45-46.

consistia em 17 volumes de texto e outros 11 de gravuras; 7 volumes suplementares apareceram entre 1776 e 1780. O subtítulo era suficientemente ambicioso, *Dictionnaire Raisonné des Sciences, des Arts et des Métiers* [Dicionário Sistemático das Ciências, das Artes e dos Ofícios], mas o prospecto o era ainda mais: a obra almejava ser uma análise sistemática da "ordem e das inter-relações do conhecimento humano".[2] No artigo "Enciclopédia", Denis Diderot, seu principal editor, foi além: para ele, sua missão era a de "coletar todo o conhecimento que estava disperso pela face da Terra – a fim de tornar conhecida sua estrutura geral aos homens entre os quais nós vivemos – para transmiti-lo àqueles que virão depois de nós", fazendo dos homens de seu tempo e de todos os tempos não apenas mais sábios, mas também "mais virtuosos e felizes".[3]

The Federalist não tinha tão grandes pretensões. Projetado para um propósito e um país específicos, os artigos aproveitavam a ocasião para refletir sobre a natureza humana e a sociedade, e aspiravam até mesmo a formular os princípios de uma ciência política. Mas mesmo essas especulações se erigiam a partir de preocupações imediatas e práticas, e avançavam modestamente, como uma espécie de ensaio. No artigo final, Hamilton alertava seus compatriotas para "a quimérica perseguição de um plano perfeito". "Eu nunca esperei ver um trabalho perfeito advindo de um homem imperfeito", e o trabalho coletivo de muitos homens (Hamilton estava falando da Constituição, mas isso se aplicava ao próprio *The Federalist*) seria provavelmente

---

[2] Jean le Rond d'Alembert, "Preliminary Discourse". In: *Denis Diderot's The Encyclopedia: Selections*. Ed. e trad. Stephen J. Gendzier. Nova York, 1967, p. 12. (Eu tenho publicado traduções dos artigos da *Encyclopédie* quando disponíveis e satisfatórias. Citações à própria *Encyclopédie* são de minha própria tradução. É incômodo fazer uso de múltiplas fontes, mas a alternativa, citar apenas o original, privaria o leitor de traduções acessíveis.)

[3] Diderot, "Encyclopedia". In: Denis Diderot, *Rameau's Nephew and Other Works*. Ed. e trad. Jacques Barzun e Ralph H. Bowen. Nova York, 1956, p. 291.

ainda mais imperfeito, um composto de "erros e preconceitos, bom-senso e sabedoria", de indivíduos de diversos interesses e inclinações.[4]

RAZÃO E RELIGIÃO

Não foi apenas a inclinação dos *philosophes* para os princípios abstratos, como disse Tocqueville, que os fez únicos. Foi um princípio em particular: a razão. Essa palavra, repetida constantemente e nos mais variados contextos, servia quase como um mantra, um símbolo de boa-fé e sensatez.[5] Muito antes de Paine declarar seu tempo como a "Era da Razão", Diderot havia definido a *Encyclopédie* como o instrumento de "uma era raciocinante", "uma era filosófica".[6] Esse artigo era bem complementado por outro que fazia do *philosophe* não somente o porta-voz dessa era filosófica, mas algo além. O leitor era lembrado do familiar adágio (atribuído ao imperador Antoninus): "Quão felizes seriam as pessoas se os reis fossem filósofos ou os filósofos fossem reis".[7]

A ideia de razão tinha como seu reverso a ideia de religião. "Razão é para o filósofo", declarava a *Encyclopédie*, "o que a graça é para

---

[4] *The Federalist: A Commentary on the Constitution of the United States*. Ed. Robert Scigliano. Nova York, 2000, p. 561. (*Federalist* 85.)

[5] As duas notáveis exceções, como veremos, eram Montesquieu e Rousseau, que não compartilhavam com os *philosophes* a reverência pela razão e que tinham uma relação difícil e anômala com eles. Montesquieu era tratado com respeito pessoal, embora suas ideias fossem ou ignoradas ou rejeitadas, enquanto Rousseau era desprezado por Voltaire como um "Judas" e por Diderot como um "*antiphilosophe*". John Lough, "Reflections on Enlightenment and *Lumières*", *British Journal of Eighteenth-Century Studies*, primavera de 1985, p. 13

[6] Diderot, "Encyclopedia". In: *Rameau's Nephew*, p. 312-13.

[7] Diderot, "*Philosophe*". In: *Encyclopédie, ou Dictionnaire Raisonné des Sciences, des Arts et des Métiers*. Paris, 1751-1752, XII, 510.

o cristão. A graça move o cristão a agir, a razão move o filósofo".[8] Aqui, como em outros lugares, a razão não era apenas oposta à religião ou definida em oposição a ela; reconhecia-se a razão como tendo o mesmo *status* absoluto e dogmático da religião. Nesse sentido, razão era o equivalente da doutrina da graça. Há muita verdade na asserção familiar que afirma que a animosidade dos *philosophes* para com a religião era um subproduto de sua hostilidade para com a Igreja Católica, que era vista como autoritária e repressiva, e, ainda mais, como cúmplice de um Estado autoritário e repressivo. Esse foi, certamente, um fator predominante em seu pensamento. Mas isso não dá conta de explicar inteiramente a "ferocidade deliberada", como coloca Tocqueville, de seu ataque à religião.[9] O que fazia as vezes de baliza para os *philosophes* não era nada menos do que a razão. E a razão tornava ilegítima não só a Igreja Católica, mas qualquer forma de religião estabelecida ou institucional, e, para além delas, qualquer fé religiosa dependente de milagres ou dogmas que violavam os cânones da razão.

Alguns dos artigos autorizados ou escritos por Diderot – sobre "Consciência", "Fanatismo", "Irreligião", "Tolerância", "Intolerância" –, em vez de problematizarem com a religião como tal, defendiam a tolerância religiosa, a liberdade para professar outra religião que não o catolicismo ou mesmo, talvez, para não professar nenhuma religião. Em "Irreligião", Diderot argumentava que tal liberdade não acarretaria sérias consequências para a sociedade porque a moralidade era independente da religião. Outros artigos, especialmente os do barão de Holbach, eram patentemente antirreligiosos: "Padres" e "Teocracia" sugeriam que a religião era uma

---

[8] Ibidem, p. 509.

[9] Tocqueville, *The Old Regime and the French Revolution*, p. 6. De acordo com Tocqueville, a igreja foi atacada "menos como uma fé religiosa do que como uma instituição política". Eu penso que a evidência aponta para um *animus* contra a religião como rival e inimiga da razão.

invenção de clérigos espertos que a impunham às massas ignorantes e intimidadas. Outros ainda faziam concessões suficientes à ortodoxia para evitar a censura e a perseguição.

O artigo de Diderot sobre a "Razão" era típica e deliberadamente ambíguo, concedendo dissimuladamente à religião uma área na qual a revelação tinha direito a um "completo assentimento da mente", apressando-se, então, a acrescentar que isso não limitava ou enfraquecia a razão, somente a confirmava em todas as matérias nas quais havia "uma ideia clara e distinta". Nesses casos, a razão era o único, "verdadeiro e competente juiz"; a revelação poderia confirmar os julgamentos baseados na razão, mas não podia invalidá-los. "Nós somos homens antes de sermos cristãos", lembrava Diderot a seus leitores. Depreciando as extravagâncias doutrinárias e cerimoniais da maioria das religiões, ele concluía que a religião, "que é a honra da humanidade e a mais excelente prerrogativa de nossa natureza sobre as bestas, é frequentemente a área onde os homens parecem ser mais irracionais".[10]

Fora da *Encyclopédie*, alguns dos *philosophes* eram menos contidos. Holbach, Claude Helvétius e Julien de Lamettrie eram ateus e materialistas devotados, enquanto outros professavam crer em algum tipo de cristianismo, rejeitando apenas a autoridade e as instituições da igreja. Voltaire, um deísta ou proponente da religião natural, era acima de tudo um crente na tolerância religiosa. Mas seu ódio a "*l'infâme*" (Voltaire anunciou certa vez que ele desejava encerrar suas cartas com aquilo que se tornou sua assinatura, "*Ecrasez l'infâme*") ia muito além da causa da tolerância. Ele era dirigido contra a intolerância e o fanatismo, as instituições e a autoridade da Igreja Católica Romana, e contra o próprio cristianismo. Diderot dizia que falava pela maioria dos *philosophes* quando elogiava Voltaire como o "sublime, honorável e querido anticristo".[11] O historiador Peter Gay,

---

[10] Diderot, "*Raison*". In: *Encyclopédie*, XIII, 773-74.

[11] Peter Gay, *The Enlightenment: An Interpretation*, vol. I: *The Rise of Modern Paganism*. Nova York, 1966, p. 391.

um admirador de Voltaire, descrevia sua "aversão" pelo cristianismo como "quase uma obsessão". Repetida e apaixonadamente, Voltaire retornava ao tema: "Todo homem sensível, todo homem honrado, deve ter horror à seita cristã".[12]

"Todo homem sensível, todo homem honrado" – mas não as pessoas comuns, que, aos olhos de alguns dos eminentes *philosophes*, não eram nem sensíveis nem honradas porque eram escravas do cristianismo. Em seu artigo sobre a *Encyclopédie*, Diderot deixava claro que as pessoas comuns não tomavam parte na "era filosófica" celebrada ali. "A massa geral dos homens não é feita de modo que possa promover ou entender essa marcha adiante do espírito humano".[13] Em outro artigo, "Multidão", Diderot desprezava, na realidade, desdenhava ainda mais as massas:

> Desconfie do julgamento da multidão em assuntos de reflexão e filosofia; sua voz é aquela da maldade, estupidez, desumanidade, irracionalidade e preconceito (...) A multidão é ignorante e estupefata (...) Desconfie dela em questões de moralidade; ela não é capaz de ações fortes e generosas (...); heroísmo é praticamente loucura a seus olhos.[14]

Diderot poderia ter dito – e essa poderia bem ter sido a intenção de outros *Encyclopédistes* – que as massas estavam em condições infelizes porque ainda estavam amarradas à religião e à Igreja, e que o progresso do Iluminismo as libertaria daquele estado de ignorância.

---

[12] Ibidem, p. 391. Ao documentar essa "obsessão", Gay comenta: "E assim Voltaire atacava a intolerância em nome da tolerância, crueldade em nome da bondade, superstição em nome da ciência, religião revelada em nome da adoração racional, um Deus cruel em nome de um Deus beneficente" (p. 392).

[13] Diderot, "Encyclopedia". In: *Rameau's Nephew*, p. 304. No prefácio ao *Espírito das Leis*, Montesquieu escreveu: "Não é uma questão de indiferença que as mentes das pessoas sejam iluminadas" (*The Spirit of the Laws*, trad. Thomas Nugent, ed. Franz Neumann, Nova York, 1949, I, p. LXVIII). Mas não fica claro o que ele quis dizer nem por "as pessoas" nem por "iluminadas".

[14] "*Multitude*". In: *Encyclopédie*, X, 860.

Teria sido uma missão bem plausível da *Encyclopédie* estender a "marcha do espírito humano" à "massa geral dos homens". Contudo, esse não era o argumento nem do artigo sobre a própria *Encyclopédie*, tampouco daquele sobre a "Multidão". A censura de Diderot a Helvétius, que um homem era "destinado por natureza a dada função",[15] era uma versão mais leve de suas críticas a Voltaire. Os pobres, disse ele a Voltaire, eram "imbecis" em matéria de religião, "muito idiotas – bestiais –, muito miseráveis e muito ocupados" para esclarecerem-se a si mesmos. Eles nunca mudariam: "a quantidade da *canaille* é praticamente sempre a mesma".[16]

Voltaire concordava, com uma reserva tipicamente voltairiana. A religião, escreveu a Diderot, "deve ser destruída entre as pessoas respeitáveis e ser deixada à *canaille* tanto grande quanto pequena, para a qual ela foi feita". Esse era o ponto principal de seu famoso chiste: "Eu quero que meu advogado, meu alfaiate, meus empregados e mesmo a minha esposa creiam em Deus, porque isso significa que eu hei de ser iludido, roubado e enganado menos frequentemente (...) Se Deus não existisse, seria necessário inventá-lo". Quase como uma correção, ele acrescenta: "Mas toda a natureza nos mostra que ele existe",[17] fazendo assim de Deus um cúmplice na criação daquelas almas ignorantes.

Voltaire era um deísta, diferentemente de alguns de seus confrades – notavelmente Holbach –, que eram totalmente ateus. Entretanto, não foi por causa de suas diferenças teológicas com Holbach que ele e d'Alembert (que era substancialmente de acordo com Holbach)

---

[15] Ver John Morley, *Diderot and the Encyclopaedists*, Nova York, 1978, p. 338. O último trabalho de Diderot, *Réfutation d'Helvétius*, escrito por volta de 1773, foi publicado postumamente.

[16] Gay, *The Enlightenment*, vol. II: *The Science of Freedom*. Nova York, 1969, p. 521.

[17] Maurice Cranston, *Philosophers and Pamphleteers: Political Theorists of the Enlightenment*, Oxford, 1986, p. 44. Gay, *Voltaire's Politics* (p. 265), cita parte disso, mas diz que Voltaire foi mal interpretado.

se opuseram à publicação dos escritos ateus de Holbach. Apesar de seus compromissos com a tolerância religiosa, eles argumentaram, a partir da honrada tradição dos filósofos prudentes, que tais visões deveriam circular privadamente, mas não publicamente. Em seu *Dicionário Filosófico*, Voltaire levantava a questão da possibilidade de "uma nação de ateus" existir. "A mim me parece", respondia ele, "que é necessário distinguir entre a nação propriamente dita e uma sociedade de filósofos acima da nação. É decerto verdade que em todo país a população tem necessidade dos maiores freios". Príncipes, concedia ele (embora, presumivelmente, não filósofos), também precisavam de restrições, mas era especialmente o povo que requeria um "ser supremo, criador, legislador, recompensador e vingador".[18] Sem religião, escreveu ele em outro lugar, as classes mais baixas não seriam nada além de "uma horda de bandidos como nossos ladrões"; eles iriam "passar suas miseráveis vidas em tavernas com mulheres decaídas"; a cada dia recomeçaria "esse abominável círculo de brutalidades".[19]

Um historiador descreveu a crença dos *philosophes* na utilidade social da religião como um "paradoxo", uma "contradição", um "atraso em seu pensamento social" causado pela inabilidade deles em criar uma concepção orgânica e unitária da sociedade baseada em suas crenças seculares.[20] Mas essa concepção orgânica e unitária não poderia existir enquanto as classes estivessem divididas, como pensavam os *philosophes*, pelo abismo não apenas da pobreza, mas, de maneira ainda mais crucial, da superstição e da ignorância. Para os filósofos britânicos, esse abismo social era vencido pelo senso moral e comum que eram presumivelmente inatos a todas as pessoas, tanto

---

[18] Voltaire, "Atheism", em seu *Philosophical Dictionary*. Nova York, 1943, p. 34, 43.

[19] Ronald I. Boss, "The Development of Social Religion: A Contradiction of French Free Thought", *Journal of the History of Ideas*, outubro-dezembro de 1973, p. 583, citando Voltaire, *Histoire de Jenni*.

[20] Ibidem, p. 577.

nas classes mais baixas como nas mais elevadas. Os *philosophes*, não concedendo às pessoas comuns nem senso moral nem senso comum que pudessem aproximá-las da razão, confina-as a um estado de natureza não benigno, como o de Rousseau, mas brutalizado, aos moldes hobbesianos, no qual elas pudessem ser controladas e pacificadas apenas por meio de sanções e restrições da religião.

Embora Voltaire julgasse a declaração de ateísmo de Holbach bastante imprudente, a ponto de justificar sua supressão, ele próprio não fazia nenhum esforço para conciliar, tanto em público quanto privadamente, seu "horror" ao cristianismo – ou, ainda mais, seu horror ao judaísmo.[21] O Antigo Testamento para ele não era nada mais do que uma crônica de crueldade, barbarismo e superstição. Sugeriu-se que Voltaire usava o judaísmo como um substituto para o cristianismo, com seus discursos contra o primeiro servindo como um conveniente disfarce para sua animosidade contra o último.[22] Mas sua obsessão pelo judaísmo ia além desse subterfúgio. Além disso, não era apenas o judaísmo do Antigo Testamento, a fundação do cristianismo, que ele criticava. Muitas das entradas no *Dicionário Filosófico* eram acerca dos judeus, tanto antigos quanto modernos, vilipendiando-os, ao clássico modo do antissemitismo, como gananciosos, materialistas, bárbaros, não civilizados e usurários (sendo esta última acusação ainda mais escandalosa devido ao fato de que o próprio Voltaire defendia firmemente o princípio de usura contra a Igreja Católica, que o condenava). Os judeus haviam merecido sua expulsão da Espanha, dizia Voltaire, porque eles haviam controlado

---

[21] Ronald I. Boss, "The Development of Social Religion: A Contradiction of French Free Thought", *Journal of the History of Ideas*, outubro/dezembro de 1973, p. x.

[22] Ver, por exemplo, Peter Gay, *The Party of Humanity: Essays in the French Enlightenment*, Nova York, 1964, p. 103-8, e *Voltaire's Politics*, onde o assunto é relegado a um apêndice (p. 351-54). Na obra em dois volume de Gay, *Enlightenment*, o assunto é mencionado apenas em uma nota (II, 38, nota 7).

todo o dinheiro e o comércio no país. E eles ainda aspiravam fazê-lo, fazendo da usura seu "dever sagrado".[23]

Em uma carta a d'Alembert, Voltaire ressentidamente concedia que, embora os judeus tivessem uma história de perseguição, eles mereciam ser tolerados porque homens esclarecidos devem ser tolerantes a todo custo. Mas isso foi escrito à altura do caso Calas, quando ele estava envolvido no processo de tolerância dos huguenotes. Seis anos depois, ele esqueceria o argumento que deu vazão a diatribes (não em cartas privadas, mas em escritos publicados), que são especialmente perturbadoras à luz da história recente: "Eu não ficaria surpreso se essas pessoas [judeus] algum dia se tornassem fatais à raça humana (...) Vocês [judeus] superaram todas as nações em fábulas impertinentes, má conduta e barbarismo. Vocês merecem ser punidos, pois esse é o seu destino".[24]

Enquanto alguns historiadores atualmente ignoram ou minimizam o antissemitismo de Voltaire, seus contemporâneos eram bem conscientes dele. Panfletários antijudeus citavam-no com aprovação, e escritores judeus contavam-no como seu inimigo. Além disso, suas visões eram compartilhadas em grande parte (embora de maneira menos apaixonada e obsessiva) por Diderot, Holbach e outros. Talvez preocupado acerca dessa patente violação do princípio de tolerância, Diderot confiou o artigo "Judeu" a Louis de Jaucourt, que escreveu um texto totalmente simpático aos judeus e ao judaísmo. Todavia, à parte Jaucourt e Montesquieu, praticamente o último filosemita, a

---

[23] Arthur Hertzberg, *The French Enlightenment and the Jews*, Nova York, 1968, p. 303, citando o *Essai sur les Moeurs*, de Voltaire.

[24] Ibidem, p. 300-301 e passim. Ver, também, Adam Sutcliffe, *Judaism and Enlightenment*, Cambridge, 2003. Sobre o antissemitismo na Revolução, ver Shanti Marie Singham, "Betwixt Cattle and Men: Jews, Blacks, and Women, and the Declaration of the Rights of Man". In: Singham, *The French Idea of Freedom: The Old Regime and the Declaration of the Rights of 1789*, Stanford, Calif., 1994, p. 114-53.

maioria dos *philosophes* era muito mais depreciadora do judaísmo que do cristianismo.[25]

LIBERDADE E RAZÃO

Se a razão encabeça a lista de qualidades que definem o Iluminismo francês, a liberdade não fica muito atrás. A razão pode ter sido o impulso por trás do apelo à tolerância religiosa – com a razão recusando-se a ser limitada pelos constrangimentos da religião –, mas o princípio ostensivo que apoiava tal apelo era a liberdade para seguir sua própria consciência, vontade e interesse. A ideia de liberdade, embora muitas vezes invocada, não gerava nada como a paixão ou o comprometimento causados pela noção de razão. Tampouco inspirava os *philosophes* a se engajarem em análises sistemáticas das

---

[25] O antissemitismo também estava presente entre os britânicos, mas sob uma forma mais leve e menos insistente. Shaftesbury via nos heróis judeus da Bíblia a encarnação das piores características dos seres humanos. E Burke falava casualmente de "agiotas, usurários e judeus", e descrevia lorde George Gordon, o agitador anticatólico responsável pelos motins, que, posteriormente, se converteu ao judaísmo, como o "herdeiro do velho tesouro da sinagoga (...) o longo juro composto das trinta moedas de prata". Mas Gordon poderia redimir-se, acrescentava Burke, pela meditação do Talmude até que ele aprendesse a conduzir-se de uma maneira "não tão desgraçada para com a antiga religião" que ele havia abraçado. (Ver Burke, *Reflections on the Revolution in France*, Nova York, 1961, p. 60-61, 67, 97-98.) Hume, por sua vez, era notavelmente simpático para com os judeus e crítico da "egrégia tirania" que havia sido responsável por sua perseguição e expulsão da Inglaterra no século XIII (ver *The History of England from the Invasion of Julius Caesar to the Revolution in 1688*, 4 vols., Filadélfia, 1828, I, 377). Longe de serem vilipendiados como usurários, os judeus eram frequentemente elogiados (após sua readmissão à Inglaterra por Cromwell) por suas contribuições ao comércio e à economia. Na Grã-Bretanha, sobretudo os homens de letras e figuras públicas eram favoráveis aos judeus, favorecendo, por exemplo, a lei aprovada no Parlamento, em 1753, que fornecia a naturalização a judeus estrangeiros. Essa lei foi rechaçada alguns meses depois devido à pressão popular.

instituições políticas e sociais que promoveriam e protegeriam a liberdade.[26] Duas exceções notáveis foram Turgot e seus companheiros fisiocratas, que se perguntavam seriamente sobre as condições da liberdade econômica, e Montesquieu, cujo *O Espírito das Leis* foi a obra seminal (para a América, embora não o fosse para a França) sobre liberdade política.

Um longo artigo de Diderot sobre "Autoridade Política", no primeiro volume da *Encyclopédie*, iniciava-se de maneira promissora: "Nenhum homem recebeu da natureza o direito de comandar outros. Liberdade é um presente dos céus, e cada indivíduo da mesma espécie tem o direito de usufruir dela como usufrui da razão".[27] No entanto, a partir daí, o artigo passa a tratar apenas dos termos mais gerais com respeito à relação entre os indivíduos e os monarcas. Outro extenso artigo sobre "Liberdade" tratava-a inteiramente como um problema metafísico, uma questão de livre-arbítrio e determinismo. Esse artigo era seguido por outros de meia página sobre "Liberdade Natural" (liberdade no estado de natureza), "Liberdade Civil" (liberdade sob a lei), "Liberdade Política" (sobre os órgãos legislativos e executivos) e por um artigo consideravelmente longo sobre "Liberdade de Pensamento" (primariamente sobre religião).

Sobre o tema da liberdade, como sobre o de religião, os *philosophes* podem ter sido menos francos por razões de prudência. Uma análise mais concreta e extensa sobre a liberdade poderia muito bem servir como um convite à censura, perseguição e prisão. Essa foi, de fato, a experiência de vários *philosophes* vez ou outra. Diderot foi brevemente encarcerado no início de sua carreira; Rousseau e Voltaire tiveram de se refugiar temporariamente no exterior, e d'Alembert

---

[26] John Lough conclui, de seu amplo estudo sobre o Iluminismo francês, que "a busca pela visão dos *philosophes* sobre o futuro governo da França traz recompensas muito pequenas" (*The Philosophes and Post-Revolutionary France*, Oxford, 1982, p. 42).

[27] Diderot, "Political Authority". In: *Encyclopedia,* ed. Gendzier, p. 185.

sentiu-se obrigado a abandonar a editoria da *Encyclopédie* (que continuou a ser publicada sob a supervisão de Diderot, mesmo depois de ser formalmente suprimida em 1759). Apesar dessas medidas, contudo, os *philosophes* administraram a discussão por algum tempo e com grande paixão, acerca do assunto não menos sensível da religião, obviamente com os usuais eufemismos e concessões – estratagemas que poderiam ser adaptados também ao tema da liberdade.

A censura e a condenação pública, como inibição e intimidação dos vendedores de livros, bem como de seus autores, eram menos pavorosas do que se poderia supor. Por vezes elas redundavam a favor dos escritores. As *Cartas Persas*, de Montesquieu, publicadas anonimamente em Amsterdã, em 1721, foram facilmente contrabandeadas para a França, onde venderam tão bem que alcançaram oito novas edições em alguns anos – todas elas sem aparecerem nos catálogos das livrarias. (O disfarce, de cartas ficcionais sobre um país exótico, foi adotado por muitos imitadores a fim de escapar dos censores.) Em 1748, *O Espírito das Leis* obteve ainda mais sucesso, apesar de a obra ter sido colocada no *Index*. A queima pública das *Cartas Filosóficas*, de Voltaire, em 1734, sob o argumento de que a obra era subversiva e sacrílega, ajudou a fazer dela um sucesso imediato e pode ter inspirado o autor a feitos mais audaciosos. Em 1765, longe de ser desencorajado pela queima de seu *Dicionário Filosófico* e por sua proscrição por Roma, Voltaire passou os próximos cinco anos reimprimindo, revisando e aumentando a obra. O *De l'esprit* [Sobre o Espírito], de Helvétius, foi condenado pela Sorbonne e queimado em praça pública (e com o bônus de ser criticado por Voltaire, Rousseau, entre outros), evento que tornou a obra famosa na França, e que levou à sua tradução para todas as línguas europeias.

O caso de Montesquieu ilustra, talvez mais dramaticamente do que qualquer outro, o papel equivocado da liberdade no pensamento dos *philosophes*. Rousseau é frequentemente considerado, por boas razões, como o homem estranho entre eles. Mas em importantes aspectos, Montesquieu o fora ainda mais. Embora *O Espírito das Leis* fosse citado na *Encyclopédie*, ele não informou o pensamento dos *philosophes*, como o fez aos autores do *The Federalist*, onde ele é citado frequentemente e com concordância. O próprio Montesquieu foi convidado a contribuir com a *Encyclopédie*, embora não tenha aceitado; por fim, certo tempo depois, concordou em escrever um artigo sobre "Gosto", mas morreu antes de completá-lo (d'Alembert escreveu seu epitáfio na *Encyclopédie*). Afora Jaucourt, que genuinamente o admirava, Montesquieu tinha muitos críticos e poucos seguidores entre os *philosophes*. Quando morreu, apenas Diderot compareceu a seu funeral, como sinal de respeito pessoal mais do que por simpatia por suas ideias.

Diferentemente de seus confrades, Montesquieu não assumia a razão como o princípio fundamental da política e da sociedade. Em vez disso, ele abordava esses assuntos sociologicamente, fazendo as formas políticas e instituições de um país, dependentes do "espírito" do regime e de suas circunstâncias físicas e históricas: "A humanidade é influenciada por várias causas, pelo clima, pela religião, pelas leis, pelas máximas de governo, pelos antecedentes, moral e costumes, a partir dos quais é formado o espírito geral das nações".[28] A razão estava conspicuamente ausente dessa lista de causas, mas a religião estava presente. Montesquieu não criticava a igreja na França, mas era um crítico maior do ateísmo, preferindo uma igreja estabelecida adaptável ao caráter do país – a Igreja Católica, para a França; a Anglicana, para a Inglaterra.

Essa maneira sociológica de ver as coisas não agradava muito aos *philosophes*, que acreditavam que a função da razão era produzir princípios universais independentes de história, circunstância

---

[28] Montesquieu, *Spirit of the Laws*, p. 293 (livro XIX, 4).

e espírito nacional. "Uma boa lei", protestava Condorcet, "deve ser boa para todos os homens, assim como uma proposição verdadeira é verdadeira para todos."[29] O abade Sieyès deu voz a uma denúncia comum quando disse que Montesquieu estava preocupado com "o que é" mais do que com "o que deveria ser", violando, assim, o propósito básico de uma "verdadeira ciência política".[30] Rousseau criticou Montesquieu de maneira similar em nome da "ciência do direito político", por tratar do "direito positivo do governo estabelecido" em vez de tratar dos "princípios do direito político".[31] Helvétius foi além, rejeitando, em *O Espírito das Leis*, tudo o que era derivado do modelo britânico, de modo mais notável, a separação dos poderes, que Montesquieu via como a genialidade da constituição britânica e o pré-requisito para a liberdade política. Helvétius pensava tão mal do livro que chegou a recomendar a Montesquieu que não o publicasse, alertando ao autor que isto iria ferir sua reputação.[32] Voltaire, em seu *Comentário sobre O Espírito das Leis*, enquanto elogiava seu brilhante autor, era agudamente crítico da obra. "Dificilmente ele teria estabelecido um princípio, quando a história se abrisse diante dele e mostrasse uma centena de exceções." (Montesquieu respondeu na mesma moeda: "O julgamento é melhor do que o brilhantismo [do autor]", disse ele de Voltaire.)[33]

Entre as outras objeções de Voltaire, compartilhadas por quase todos os *philosophes*, estava a aderência de Montesquieu a uma teoria que hoje pode ser vista como esotérica e acadêmica, mas foi

---

[29] *A Critical Dictionary of the French Revolution*. Ed. François Furet e Mona Ozouf, trad. Arthur Goldhammer. Cambridge, 1989, p. 729.

[30] Isaiah Berlin, *Against the Current: Essays in the History of Ideas*. Ed. Henry Hardy. Princeton, 2001, p. 145.

[31] Rousseau, *Emile* (1762). Trad. Allan Bloom. Nova York, 1979, p. 458.

[32] Robert Anchor, *The Enlightenment Tradition*, Nova York, 1967, p. 49; Berlin, *Against the Current*, p. 145.

[33] Gay, *Voltaire's Politics*, p. 29, 185.

de grande significância política em seu tempo. Tal teoria era a *thèse nobiliaire*, a ideia de que o poder essencial no sistema de governo da França e a salvaguarda contra o despotismo monárquico residiam na nobreza e nas instituições que ela controlava: os *parlements* e o judiciário. É interessante que a teoria alternativa esposada pela maioria dos *philosophes* não era a *thèse bourgeoise*, muito menos a *thèse prolétaire*, mas a *thèse royale*, que insistia na autoridade fundamental do rei e denegria a aristocracia como egoísta e como força disruptiva. "Quanto aos nossos aristocratas e nossos pequenos déspotas de todos os níveis," escreveu Helvétius a Montesquieu, "se eles o entendem, não podem louvá-lo muito, e esse é o defeito que encontro nos princípios da sua obra".[34]

Essas teorias alternativas tinham as maiores implicações. Para Montesquieu, a nobreza era de tal modo uma força compensatória à força do monarca – uma parte essencial na separação e no equilíbrio de poderes – que ele a assumiu como o princípio fundamental da liberdade política. Para os *philosophes*, essa limitação da soberania era inaceitável, não apenas porque ela concedia poder demais aos pequenos aristocratas, mas também porque ameaçava a autoridade e o poder de um monarca realmente, ou ao menos potencialmente, esclarecido.

---

[34] Montesquieu, *Spirit of the Laws*, p. XXVII. Pode-se dizer que Montesquieu tinha um interesse pessoal na *thèse nobiliaire*, tendo nascido no interior da *noblesse de robe*. Pelo mesmo motivo, alguns dos que aderiam à *thèse royale* também eram pessoalmente motivados, seja por causa de suas relações com monarcas esclarecidos, seja por suas posições, pensões e subvenções, que eram dependentes da corte (38 dos *Encyclopédistes* pertenciam às prestigiosas Academias Reais, cujos postos eram assalariados, e 15 eram há muito empregados na administração civil ou militar). Voltaire tinha uma razão especial para se ressentir das teorias de Montesquieu. Na época em que ele estava completando sua *História de Luís XIV*, com sua defesa da *thèse royale*, O *Espírito das Leis* foi publicado, minando aquela tese (que também caíra em descrédito pela fragilidade de Luís XV).

DESPOTISMO ESCLARECIDO E A VONTADE GERAL

A predileção dos *philosophes* pelo "despotismo esclarecido" (a expressão era contemporânea e não uma invenção dos historiadores) era mais do que um exercício de vaidade, era uma resposta aos monarcas que os lisonjeavam por consultá-los, festejá-los e mesmo sustentá-los financeiramente, como se eles fossem realmente reis filósofos. Voltaire era candidamente simpático em relação a isso: "Como se pode resistir a um rei vitorioso, poeta, músico e filósofo que aparenta me amar!".[35] Mas, para além disso, havia um sério princípio filosófico. O despotismo esclarecido era uma tentativa de tornar real – ou de certo modo entronar – a razão, como se incorporada na pessoa de um monarca esclarecido, um Frederico iluminado por Voltaire, uma Catarina por Diderot. "Não há príncipe na Europa", alegrava-se Diderot, "que não seja também um filósofo".[36] Quando Voltaire deixou a Prússia em 1753, após passar dois anos lá, não foi ele quem ficou desiludido com Frederico, mas foi Frederico quem deixou claro que Voltaire não era mais bem-vindo na corte (entre outras razões, por causa de sua especulação ilegal nos limites do governo). Quase 25 anos depois, Voltaire defenderia a Rússia de Catarina contra Montesquieu, que a havia criticado por ser despótica. Seu governo, afirmava Voltaire, "procura destruir a anarquia, as odiosas prerrogativas dos nobres e o poder dos magnatas, e não estabelecer órgãos intermediários ou diminuir sua autoridade".[37]

Se alguns dos *philosophes* expressaram posteriormente escrúpulos acerca do poder absoluto nas mãos de um déspota esclarecido, não foi por conta de algum comprometimento de princípio para com a liberdade, mas porque eles começaram a suspeitar que bons

---

[35] Gay, *Voltaire's Politics*, p. 147.

[36] Geoffrey Bruun, *The Enlightened Despots*. 2. ed. Nova York, 1967, p. 38.

[37] Gay, *Voltaire's Politics*, p. 177, citando o *Comentário sobre o Espírito das Leis*, de Voltaire.

déspotas eram raros e que mesmo os esclarecidos podiam falhar em usar seus poderes sábia ou justamente. As relações de Diderot com Catarina eram mais amigáveis do que as de Voltaire com Frederico, mas mesmo ele foi posteriormente levado à dúvida. "Se a razão governa soberanos", escreveu Diderot, "(...) as pessoas não precisam atar as mãos de tais soberanos". Infelizmente, raramente este era o caso. As qualidades que faziam "um bom, resoluto, justo e esclarecido mestre" já eram raras o suficiente de serem encontradas separadamente, quanto mais combinadas em uma única pessoa.[38] Dois ou três reinos de um "justo e esclarecido despotismo", dizia ele a Catarina, seria um grande infortúnio, posto que eles reduziriam os indivíduos ao nível dos animais habituados à cega obediência. (Diderot fez esse comentário em uma audiência privada com Catarina e o repetiu brevemente em seu último ensaio publicado, e pouco conhecido, sobre os imperadores Cláudio e Nero.)[39]

Mesmo utilitaristas como Helvétius e Holbach, cujo princípio último era a felicidade do povo, não acolhiam de bom grado a separação de poderes. Ao contrário, eles eram devotos da *thèse royale*, como Voltaire, e opostos a qualquer ideia de separação de poderes. Na realidade, eles todos eram mais ansiosos para revestir de poder um "legislador" (um termo genérico que incluía um monarca) que asseguraria que os interesses individuais estivessem em consonância com o maior bem de todos. "O Legislador", explicava o artigo com esse título na *Encyclopédie*, "em todos os climas, circunstâncias e governos [a alusão a Montesquieu é óbvia] deve propor mudar interesses privados e próprios em interesses comunitários. A legislação é mais ou menos perfeita de acordo com a extensão que se dá a esse objetivo".[40] Os utilitaristas só tinham objeções de ordem prática ao

---

[38] Leonard Krieger, *An Essay on the Theory of Enlightened Despotism*. Chicago, 1975, p. 86.

[39] Lough, *The Philosophes and Post-Revolutionary France*, p. 16-17.

[40] Saint-Lambert, "Legislator". In: *Enclycopedia*, ed. Gendzier, p. 160.

despotismo esclarecido. Era uma falha de caráter e vontade, não de liberdade, que lhes trazia certa hesitação. Holbach, tendo dedicado um de seus livros a Luís XVI e falado com aprovação de seu "poder absoluto", reconsiderou posteriormente:

> O poder absoluto é muito útil quando serve para destruir abusos, abolir injustiças, reprovar vícios e reformar a moral. O despotismo seria o melhor dos governos se se pudesse prometer que ele seria sempre exercido por um Tito, um Trajano ou um Antonino; mas ele frequentemente cai em mãos incapazes de exercê-lo sabiamente.[41]

Embora fosse desejável que o poder ilimitado estivesse nas mãos de um déspota esclarecido, concluía Holbach, tal poder finalmente "corrompe a mente e o coração, e perverte o mais bem-disposto dos homens".[42] Mesmo assim, ele não foi levado a reconsiderar sua oposição à soberania limitada ou à separação dos poderes.

"No tipo de universo retratado por Helvétius", observou Isaiah Berlin, "há pouco ou nenhum espaço para a liberdade individual".[43] Ele poderia ter dito o mesmo de outros pensadores do Iluminismo – os fisiocratas, por exemplo, que, em nome da razão, argumentavam em favor tanto do livre comércio como do despotismo esclarecido. François Quesnay escreveu certa vez que homens não fazem leis, eles apenas descobrem aquelas leis que são conformes "à suprema razão que governa o universo".[44] E essa razão suprema estava mais prontamente descoberta e ativa em um único soberano do que em uma multidão de indivíduos em um parlamento, refletindo diferentes interesses e ideias. Mercier de la Rivière cunhou o termo "despotismo legal" no lugar de "despotismo esclarecido", para deixar claro

---

[41] Krieger, *Essay on the Theory of Enlightened Despotism*, p. 42.
[42] Ibidem, p. 99, nota 43.
[43] Isaiah Berlin, "The Art of Being Ruled", *Times Literary Supplement*, 15 de fevereiro de 2002, p. 15.
[44] Citado em Bruun, *Enlightened Despots*, p. 32.

que a autoridade do déspota derivava da lei natural que era a base de sua soberania. Posteriormente, o termo tornou-se uma desvantagem, e mesmo Mercier o abandonou; mas, à época, ele chegou a ser assumido favoravelmente por Diderot, Mirabeau e outros (mas não por Turgot, que o julgou político). Foi Mercier quem fez o famoso pronunciamento divinizando Euclides, que havia se tornado o epigrama dessa escola:

> Euclides é o verdadeiro tipo de déspota. Os axiomas geométricos que ele nos transmitiu são genuínas leis despóticas; nelas, o despotismo legal e pessoal do legislador são uma e a mesma coisa, uma força evidente e irresistível; e, por esta razão, o déspota Euclides tem exercido por séculos seu controle inconteste sobre todas as pessoas esclarecidas.[45]

Por conta de seu preceito "*laisser faire, laisser passer* [deixar fazer, deixar passar]", os fisiocratas têm sido identificados com Adam Smith; um historiador os descreveu como "reconhecidamente de inspiração em Smith".[46] Mas enquanto Smith concordava com eles no que diz respeito ao livre comércio, ele discordava não apenas em relação à primazia dada por eles à agricultura, contra a indústria e o comércio, mas também de sua concepção de estado e de autoridade política. Enquanto a teoria de liberdade natural de Smith era aplicada à política e à economia, os fisiocratas eram favoráveis à liberdade individual apenas no mercado, sustentando que a soberania absoluta de um monarca era necessária para estabelecer as condições para a liberdade econômica. Contrastando os fisiocratas (*économistes*, como ele

---

[45] Bruun, *Enlightened Despots*, p. 36. O paradigma matemático foi tão incisivo para a maior parte dos *philosophes*, que isso explica por que Isaac Newton foi idolatrado. D'Alembert foi um matemático de certa distinção: autor, aos 26 anos, de um *Tratado de Dinâmica*, que foi elaborado sobre as leis do movimento de Newton. Do mesmo modo, Condorcet deixou sua marca como matemático com seu trabalho sobre probabilidade, muito antes de aplicar tal modo de pensamento aos assuntos sociais e políticos.

[46] Emma Rothschild, *Economic Sentiments: Adam Smith, Condorcet and the Enlightenment*. Cambridge, 2001, p. 54.

os chamava) com Smith, Walter Bagehot os descrevia como, "acima de todas as coisas, ansiosos por um governo muito forte; eles sustentavam a máxima tudo *para* o povo – nada por ele; tinham verdadeiro horror de um sistema de pesos e contrapesos; desejavam que tudo fosse feito pelo *fiat* do soberano".[47]

* * *

O que o déspota esclarecido era para alguns dos *philosophes* – o supremo árbitro e legislador –, a vontade geral era para os outros. O conceito de vontade geral foi sempre, e propriamente, identificado com O *Contrato Social* de Rousseau, publicado em 1762. Mas o próprio Rousseau, sete anos antes, em seu artigo "Economia Política" (um termo impróprio, já que tratava inteiramente de política e nada de economia), atribuía o termo ao artigo de Diderot "Lei Natural" no mesmo volume da *Encyclopédie*.[48] É curioso ver os dois artigos sobre assuntos ostensivamente diferentes, apontando as mesmas coisas, com quase as mesmas palavras, sobre a subserviência da vontade individual à vontade geral. O artigo de Diderot é valioso em parte porque mostra que a ideia de vontade geral não está, como por vezes se pensa, confinada a Rousseau; Diderot a associa, diferentemente de Rousseau, à ideia de razão.

"Nós devemos raciocinar sobre todas as coisas", escreveu Diderot, "porque o homem não é só um animal, mas um animal que raciocina". Haveria diferentes caminhos para se chegar à verdade,

---

[47] Walter Bagehot, "Adam Smith as a Person", *Collected Works*. Ed. Norman St. John-Stevas. Cambridge, 1968, III, 104.

[48] A questão de prioridade é obscura. Rousseau havia utilizado a ideia de vontade geral, embora não sob esse nome, em seu *Segundo Discurso*, em 1754. Mas ele havia tido acesso, no outono anterior, a um esboço do artigo "Direito Natural", de Diderot.

mas quem se recusasse a procurá-la renunciaria à própria natureza do homem e "deveria ser tratado pelo restante de sua espécie como uma besta selvagem". E uma vez que a verdade seja descoberta, quem quer que se recuse a aceitá-la é "ou louco ou perverso e moralmente mau".[49] Sem liberdade, não haveria nem bem nem mal, nem certo nem errado. Mas não seria o indivíduo que teria "o direito de decidir sobre a natureza do certo e do errado". Apenas "a raça humana" teria tal direito, pois apenas ela expressaria a vontade geral. E a vontade geral seria sempre soberana.

> As vontades individuais são suspeitas; elas podem ser boas ou más. Mas a vontade geral é sempre boa. Ela nunca erra, nem nunca irá errar (...). É à vontade geral que o indivíduo deve se direcionar, a fim de conhecer a maneira que ele deve ser como um homem, um cidadão, um indivíduo, um pai, uma criança e quando é apropriado viver ou morrer. É, pois, a vontade geral que determina os limites de todos os deveres (...).
>
> Assim, se você meditar cuidadosamente sobre o que foi dito acima, ficará convencido: 1) de que o homem que dá ouvido apenas a sua vontade individual é inimigo da raça humana; 2) de que a vontade geral em cada indivíduo é um puro ato de entendimento que raciocina, no silêncio das paixões, acerca do que o homem pode esperar de seus companheiros e o que seus companheiros podem esperar dele; 3) de que essa consideração da vontade geral da espécie e do desejo comum é a regra de conduta que relaciona um indivíduo a outro na mesma sociedade (...).

Após várias outras proposições, Diderot concluía, invocando uma vez mais a autoridade da razão: "Todas essas conclusões são evidentes para qualquer um que pense e, (...) quem quer que não deseje pensar, renunciando à sua natureza de ser humano, deve ser tratado como um ser não natural".[50] Com efeito, a teoria da vontade geral era

---

[49] Diderot, "*Droit Naturel*". In: *Encyclopédie*, V, 116.
[50] Ibidem, loc. cit.

um sucedâneo do déspota esclarecido. Ela possuía a mesma autoridade política e moral do déspota, pois estava, também, alicerçada na razão, que era a fonte de toda autoridade legítima.

Se a ideia de razão se prestava às teorias do déspota esclarecido e da vontade geral, ela era também invocada em auxílio de causas classicamente liberais, como a tolerância religiosa e as reformas legais. Esses dois assuntos chegaram a um ponto dramático no notório caso Calas. A condenação e execução, em 1762, de Jean Calas, um huguenote acusado de assassinar seu filho deliberadamente por conta do desejo do jovem em se converter ao catolicismo, tornou-se uma *cause célèbre* internacional quando do envolvimento de Voltaire. Para ele, como diz Peter Gay, o caso era perfeito: se Calas tivesse matado seu filho, isso seria um exemplo de fanatismo protestante; se o Estado matasse o pai, o caso seria um exemplar do fanatismo católico. "De um jeito ou de outro", escreveu Voltaire, "este é o mais horrível caso de fanatismo no mais esclarecido dos séculos".[51] Quando começou a questionar sobre as circunstâncias do caso, após a execução do Calas-pai, Voltaire concluiu que o pai era inocente, a vítima de uma inquisição apoiada pelo Estado e em favor da Igreja – outro exemplo da *infâme* onipresente.

Para Voltaire, como para a maioria dos *philosophes*, a lição imediata a ser tirada do caso Calas era a necessidade da tolerância religiosa; a segunda lição era a reforma do sistema legal, que permitia tal malogro da justiça. Muito antes disso, Montesquieu já havia sustentado a causa da reforma legal. Em *O Espírito das Leis*, ele propunha várias medidas concebidas para liberalizar a lei. Sacrilégio, heresia e "o crime contra a natureza" (homossexualidade) não deveriam ser tratados como crimes; "discursos imprudentes" não deveriam ser tratados como alta traição; a pena de morte deveria ser utilizada de maneira menos indiscriminada;

---

[51] Gay, *The Enlightenment*, II, 435.

e a punição, em geral (e de devedores, em particular), deveria ser menos severa e proporcional ao crime.[52] Quaisquer que fossem suas diferenças com Montesquieu, os *philosophes* estavam inteiramente de acordo com ele no que dizia respeito a essas reformas. E quaisquer que fossem suas diferenças com os ingleses sobre a separação de poderes e o papel do Parlamento, eles eram favoráveis à adoção de outras instituições britânicas como o julgamento por júri, *habeas corpus* e moratórias reais (Condorcet ia ainda mais longe, sendo a favor de um código de leis internacionalmente uniforme). Eles também se opunham vigorosamente à escravidão e ao comércio de escravos; sendo a maioria pela emancipação imediata dos escravos, outros pela sua abolição gradual.

LE PEUPLE E LA CANAILLE

Em se tratando de outras questões sociais, entretanto, os *philosophes* estavam muito distantes dos britânicos. Assim como não havia nada parecido com o conceito de vontade geral entre os filósofos britânicos, também não havia nada parecido com o problema da "condição do povo" (como os britânicos o chamavam) entre os franceses. Os americanos estavam certamente menos preocupados do que os britânicos com esse problema, talvez porque a pobreza na América, com todas as suas condições auxiliares, era bem menos exigente do que a na Grã-Bretanha. Na França, contudo, a situação era pior do que entre os britânicos. Pode-se dizer que os *philosophes* eram inibidos de tratar de problemas sociais pela ameaça de censura e processo. Muito embora tais ameaças fossem bem mais sérias a respeito da religião, e isso não os impedia de especular e escrever sobre o assunto.

É como se os *philosophes* gastassem tanto capital intelectual na exaltada ideia de razão, que lhes sobrava pouco pensamento, e ainda

---

[52] Montesquieu, *Spirit of the Laws*, I, 183 e passim (livro XII).

menos empatia, para as pessoas comuns. Diderot professava grande admiração por Shaftesbury, cujo livro ele havia traduzido. Mas Shaftesbury nunca teria dito, como Diderot o fez em um de seus artigos, que um homem que não quisesse pensar deveria ser tratado como um "ser não natural", uma "besta selvagem"[53] ou, em outro artigo, que "as pessoas comuns eram incrivelmente estúpidas".[54] O senso moral e o senso comum que o britânico atribuía a todos os indivíduos dava a todas as pessoas, incluindo as mais comuns, também uma humanidade comum e um fundo comum de obrigações morais e sociais. A ideia francesa de razão não estava disponível às pessoas comuns e não possuía nenhum componente moral ou social.

Holbach estava obviamente criticando Adam Smith (e os filósofos morais em geral) quando disse que o que os moralistas denominavam "empatia" era apenas um ato da imaginação. Para algumas pessoas, observava, o sentimento de piedade simplesmente não existia ou existia em um estado muito débil. De fato, a maioria das pessoas era insensível aos sofrimentos de outras – príncipes, aos infortúnios de seus súditos; pais, às reclamações de suas esposas e filhos; homens gananciosos, aos apuros daqueles a quem tinham reduzido à miséria. Longe de estenderem a mão amiga ao desafortunado, elas fugiam do espetáculo de sua miséria. Pior ainda, elas deliberadamente aumentavam os desgostos dos outros. "Devo ir além disso", dizia um Holbach inflamado por seu tema, "a maioria dos homens sente-se no direito, pela fraqueza ou infortúnio de outros, de infligir maiores atrocidades sobre estes sem o menor medo de represália; eles gozam de um prazer bárbaro em aumentar as aflições dos desafortunados, em fazê-los sentir sua superioridade, em tratá-los cruelmente, em ridicularizá-los".[55]

---

[53] Ver p. 212-13 acima.

[54] "*Misère*". In: *Encyclopédie*, X, 575.

[55] D'Holbach, *Universal Morality*. In: *The Age of Enlightenment*. Ed. Lester G. Crocker. Nova York, 1969, p. 66-68.

Em um ensaio ironicamente intitulado "Discurso sobre a Felicidade", Lamettrie descrevia a felicidade das pessoas ordinárias como consistindo em fazer outras pessoas infelizes. "O homem em geral parece um animal traiçoeiro, trapaceiro, perigoso e pérfido; ele parece seguir o calor de seu sangue e de suas paixões mais do que as ideias que lhe foram dadas na infância e que são a base da lei natural e do remorso." Essa observação era prefaciada por um comentário ainda mais cínico: "Que não seja dito que eu estou incitando as pessoas ao crime. Eu estou apenas incitando-as a serem tranquilas no crime".[56] Helvétius não era menos áspero. A ignorância era mais perigosa do que a ambição, escrevia ele, e os homens em geral eram "mais estúpidos que malvados".[57] Assim também Voltaire, que nunca escondera seu desdém pelo povo – *la canaille* (a ralé), como habitualmente ele o chamava. "Quanto à *canaille*", dizia a d'Alembert (tanto como Diderot havia dito a ele), "não tenho nenhuma preocupação; ela será sempre a *canaille*".[58]

O equivalente britânico mais próximo desse tipo de misantropia era Bernard Mandeville, e mesmo ele não se expressava de tal maneira. Mandeville era inflamadamente repudiado pela comunidade iluminista da Grã-Bretanha, enquanto, na França, Diderot, Voltaire, Holbach, Helvétius e Lamettrie eram as luzes guia do Iluminismo, importantes

---

[56] Lamettrie, "Discourse on Happiness", ibidem, p. 145.

[57] Alan Charles Kors, *D'Holbach's Coterie: An Enlightenment in Paris*, Princeton, 1976, p. 323, citando *De l'Esprit*, de Helvétius.

[58] Gay, *Voltaire's Politics*, p. 221-22. (Sobre o comentário de Diderot a Voltaire, ver p. 198 acima.) Gay diz que embora as visões de Voltaire sobre a *canaille* tenham se tornado moderadas com o passar do tempo, ele nunca perdeu seu "descrédito nas massas" e continuou a identificá-las "com a paixão, e as classes educadas com a razão" (p. 226). Poder-se-ia dizer que os ingleses tinham seu equivalente da *canaille* nos imigrantes irlandeses. Mas, embora houvesse muita indignação com a vadiagem, bebedeira e ilegalidade de alguns dos imigrantes, ela era acompanhada, frequentemente, de expressões de piedade pelas condições miseráveis nas quais eles viviam na Inglaterra, e pelas condições ainda mais desesperadoras que encontravam em seu próprio país, do qual eles haviam fugido.

colaboradores da *Encyclopédie* e frequentadores dos salões de Paris (Holbach, o mais rico dos *philosophes*, presidia o mais pródigo salão).

É curioso que assim como o termo "Iluminismo" é associado aos franceses, a palavra "compaixão" também o seja. De fato, foram os ingleses quem introduziram essa palavra no vocabulário social e fizeram dela o tema central de sua filosofia moral, diferentemente dos franceses. Na *Encyclopédie*, "Compaixão" ganhou uma entrada de apenas algumas sentenças, concluindo com a observação de que o mais miserável é o mais suscetível à compaixão – motivo pelo qual, concluía ironicamente d'Alembert, o povo ama assistir a execuções.[59] "Beneficência" teve uma sorte um pouco melhor, uma única coluna contendo os chavões habituais, com o acréscimo de uma qualificação que dava primazia à razão: "Não é simplesmente a bondade da alma que caracteriza as pessoas beneficentes; isso as torna apenas sensíveis e incapazes de prejudicarem o outro. É uma razão superior que a aperfeiçoa".[60]

Rousseau, que geralmente é creditado pela ideia de compaixão (ou piedade, como ele a chamava mais comumente),[61] concedia a tal

---

[59] "Compassion". In: *Encyclopédie*, III, 760-61.

[60] "Bienfaisance", ibidem, II, 888.

[61] Allan Bloom dá um lugar de destaque à ideia de compaixão de Rousseau, na introdução à sua tradução de *Emile*, p. 17-18. Ver também Hannah Arendt, *On Revolution*, Nova York, 1963, p. 54 e passim; Judith N. Shklar, "Jean-Jacques Rousseau and Equality", *Dedalus*, verão de 1978, p. 13; e Clifford Orwin, "Compassion", *American Scholar*, verão de 1980, p. 319. Orwin, em um artigo entregue no encontro da Associação Americana de Ciência Política, em 1977, disse que Smith devia a ideia de compaixão ao *Discurso sobre a Desigualdade*, de Rousseau (1755), que ele resenhou em julho de 1755, três anos antes da publicação de *A Teoria dos Sentimentos Morais*. Pelo mesmo motivo, pode-se argumentar que *Emílio*, de Rousseau, está em débito com a *Teoria dos Sentimentos Morais*, de Smith, publicado três anos antes. Mais importante do que o tema da prioridade é o fato de que a compaixão (ou "empatia", como Smith a chama mais frequentemente) desempenha um papel muito maior em *A Teoria dos Sentimentos Morais* do que no *Discurso* ou no *Emílio*.

ideia um papel ambíguo na sociedade. Diferentemente dos britânicos, para os quais a compaixão era uma virtude social, uma qualidade natural dos indivíduos em sociedade, no *Discurso sobre a Origem da Desigualdade*, a piedade aparecia como um "sentimento natural" apenas no estado de natureza, em que ela contribuía para a preservação das espécies através da moderação da força de *l'amour de soi* (amor de si). Na sociedade civil, a piedade teria sido substituída pelo sentimento "artificial" de *l'amour propre* (vaidade, a corrupção do amor de si), que teria destruído tanto a igualdade como a liberdade, e subjugaria a humanidade a "trabalho, servidão e miséria".[62] Resenhando o *Discurso* (quatro anos antes do lançamento de seu próprio *Teoria dos Sentimentos Morais*), Smith criticou Rousseau por compartilhar da concepção não social de Mandeville sobre a natureza humana, que assumia que "não há no homem um instinto poderoso que necessariamente o determina a buscar a sociedade para seu próprio bem". A ausência de tal instinto moral, em Rousseau como em Mandeville, significava que as leis da sociedade não tinham validade moral; elas não seriam nada além de "invenções do astuto e do poderoso, a fim de manter ou adquirir uma superioridade não natural e injusta sobre o restante de seus pares".[63]

Em seu romance, *Emílio*, Rousseau postula um "sentimento interior" como a base do amor próprio, não da compaixão. "Quando a força de uma alma expansiva faz com que eu me identifique com meu

---

[62] Rousseau, *The First and Second Discourses* (1755), trad. Victor Gourevitch, Nova York, 1986, p. 162, 184-85. Ver, também, a nota de Rousseau, p. 226.

[63] Donald Winch, *Riches and Poverty: An Intellectual History of Political Economy in Britain, 1750-1834*, Cambridge, 1996, p. 67. Winch observa que Smith foi um dos primeiros a notar as afinidades fundamentais entre Rousseau e Mandeville; assim, a refutação de Mandeville por Smith em *A Teoria dos Sentimentos Morais* era também uma refutação de Rousseau (p. 60). Joseph Cropsey, entretanto, enfatiza a semelhança do *Discurso* e de *A Teoria dos Sentimentos Morais* ("Adam Smith and Political Philosophy". In: *Essays on Adam Smith*, ed. Andrew S. Skinner e Thomas Wilson, Oxford, 1975, p. 136, nota 4).

par, e eu sinto que estou, por assim dizer, também nele, é no sentido de que eu mesmo não sofra o que não desejo que ele sofra. Eu me interesso por ele por amor de mim mesmo [*l'amour de moi*]." Essa seria também, por sua vez, a fonte da justiça: "o amor pelos homens derivado do amor próprio [*l'amour de soi*] é o princípio da justiça humana".⁶⁴ As virtudes sociais não vêm naturalmente para Emílio. Ele teve de aprendê-las pelo envolvimento com os menos afortunados que ele. Mas teve de aprender também que "seu primeiro dever é para consigo mesmo".⁶⁵ E ele foi instruído para exercer as virtudes sociais não em relação a indivíduos particulares, mas em relação à "espécie", à "humanidade".

> Quanto menos o objeto de nosso cuidado está envolvido conosco, menos se deve recear a ilusão do interesse particular. Quanto mais se generaliza esse interesse, mais ele se torna equitativo, e o amor pela humanidade não é nada senão o amor pela justiça. (...)
>
> É de pouca importância para ele [Emílio] quem alcance maior parcela de felicidade, desde que contribua para a maior felicidade de todos. Esse é o primeiro interesse do homem sábio depois de seu interesse privado, pois cada um é parte de sua espécie e não de outro indivíduo.
>
> A fim de prevenir a degeneração da piedade em fraqueza, ela deve ser generalizada e estendida a toda a humanidade. Assim, o indivíduo se beneficia dela apenas enquanto está de acordo com a justiça, porque, de todas as virtudes, a justiça é a única que contribui enormemente para o bem comum dos homens. Pelo bem da razão e pelo bem do amor a nós próprios, devemos ter piedade por nossa espécie ainda mais do que por nosso vizinho.⁶⁶

Quaisquer que fossem as diferenças entre Rousseau e os *philosophes* (e eram muitas), eles tinham isso em comum: a tendência a

---

⁶⁴ Rousseau, *Emile*, p. 235n.
⁶⁵ Ibidem, p. 250.
⁶⁶ Ibidem, p. 253.

"generalizar" as virtudes, a elevar a "totalidade da humanidade" acima do "indivíduo", a "espécie" sobre o "vizinho". Quando Francis Hutcheson falava sobre a "maior felicidade para o maior número", ele o dizia no sentido mais prosaico, mais qualitativo; quando Rousseau falava da "maior felicidade de todas", ele o dizia em certo sentido metafísico, transcendente, um "bem comum dos homens", diferente da mera soma dos bens de homens individuais.

O "bem comum dos homens" não significava o bem do homem comum. Nem mesmo significava a educação do homem comum. Em *Emílio*, a maior das obras de Rousseau sobre educação, o homem comum simplesmente não aparece. O próprio Emílio era de "nobre nascimento", e sua educação era dada por um tutor privado. "O homem pobre", observava Rousseau, "não precisa ser educado. Sua situação lhe dá uma educação compulsória. Ele não poderia ter outra".[67] A mesma mensagem aparecia em *Júlia, ou A Nova Heloísa*: "Aqueles que são destinados a viver na simplicidade campestre não têm necessidade de desenvolver suas faculdades para serem felizes. (...) Não instrua o filho do aldeão, pois não é adequado que ele seja instruído; não instrua o filho do habitante da cidade, pois não se sabe ainda qual instrução lhe é mais adequada".[68]

Em seu artigo "Economia Política", Rousseau tratava da necessidade de educação pública, não no sentido prosaico da leitura, escrita e aritmética, mas como uma disciplina moral e social. Educação, nesse sentido mais amplo, explicava ele, era muito importante para ser deixada aos "entendimentos e preconceitos" dos pais mortais, já que "a família se dissolve, mas o Estado permanece". Assim, a autoridade pública deveria tomar o lugar dos pais e assumir a responsabilidade

---

[67] Ibidem, p. 40, 52.

[68] Rousseau, *Julie, ou La Nouvelle Héloïse*. In: *Oeuvres Complètes de Jean-Jacques Rousseau*. Paris, Pléiade, 1959, II, 567 (carta 3).

de imbuir as crianças de "leis do Estado e das máximas da vontade geral". Só então as crianças aprenderiam "a estimarem-se umas às outras mutuamente, como irmãs, e a não desejarem nada que seja contrário à vontade da sociedade, a substituirem pelas ações dos homens e cidadãos o balbucio infrutífero dos sofistas e se tornarem, um dia, as defensoras e pais do país do qual elas foram por tanto tempo as filhas".[69] Era no mesmo espírito, dezessete anos mais tarde, que Rousseau recomendava ao novo governo da Polônia um sistema de educação que inculcasse nas crianças o amor pelo país. "É a educação que deve dar às almas a forma nacional, e assim dirigir suas opiniões e seus gostos para que elas sejam patriotas por inclinação, por paixão, por necessidade. Uma criança, ao abrir seus olhos, deve ver seu país, e até que morra ela não deve ver nada além de seu país." Sob tal regime, as crianças não teriam permissão para brincar separada e privadamente; brincariam apenas juntas e em público, para que pudessem aspirar pelo bem comum.[70]

Pode-se dizer que Rousseau restringira a educação, em seu sentido ordinário, do homem comum sob força da crença que o homem natural tinha suas próprias virtudes e sabedorias naturais, que seriam somente corrompidas pela educação. Mas isso não vale para os outros *philosophes*, que não tinham essa fé no homem natural. É interessante notar que as principais luzes do Iluminismo tenham prestado tão pouca atenção à educação elementar, que deveria ser justamente o prelúdio necessário para o esclarecimento em seu sentido mais elevado. As propostas para a educação popular que circulavam naquele tempo não vinham dos maiores *philosophes* e não tinham o *imprimatur* da *Encyclopédie*. Quando a *Encyclopédie* trazia o assunto à tona, ela o tratava em termos morais e políticos, em vez de fazê-lo no sentido mais básico de alfabetização, por exemplo.

---

[69] Rousseau, "Political Economy". In: *Encylopedia*, ed. Gendzier, p. 195.

[70] Rousseau, "Considerations on the Government of Poland" (1772). In: *Age of Enlightenment*, ed. Crocker, p. 242.

O artigo sobre "Escola" a definia simplesmente como um lugar público "onde se ensinam línguas, humanidades, ciências, artes, etc.", seguido por um curto parágrafo sobre a etimologia da palavra.[71] Outro artigo, sobre "Educação", explicava que para toda espécie de civilização um certo tipo de educação era apropriado. Assim como havia escolas que ensinavam as verdades da religião, assim também deveria haver aquelas que ensinassem os "exercícios, as práticas, os deveres e as virtudes de seu Estado".[72] Ainda outro artigo atribuía ao "Legislador" a tarefa de educar as crianças como um meio "de unir as pessoas a seu país, de inspirá-las com o espírito comunitário, a humanidade, a benevolência, as virtudes públicas e privadas, o amor pela honestidade, as paixões úteis ao Estado e, finalmente, de conceder e conservar nelas o tipo de caráter, de gênio, que seja apropriado ao país".[73]

Voltaire tratou do tema da educação no sentido mais usual da palavra, concedendo que algumas poucas crianças, a prole de artesãos qualificados, pudessem ser ensinadas a ler, escrever e calcular. Mas, como Rousseau, ele não via necessidade de ensino para as crianças dos que trabalhavam na agricultura: "O cultivo da terra requer apenas um tipo muito comum de inteligência". Ele zombava dos *Frères des Écoles Chrétiennes*, que assumiam como missão estabelecer escolas nas áreas rurais, e elogiava o autor de um livro sobre educação, que se opunha ao ensino para as massas e assegurava ao equivocado autor de outro, que apoiava um sistema nacional de educação, que o povo nunca teria capacidade de aprender: "Eles irão morrer de fome antes de tornarem-se filósofos. A mim me parece que eles sejam essencialmente pobres coitados".[74]

---

[71] "*Ecole*". In: *Encyclopédie*, V, 303.

[72] "*Education*", ibidem, V, 397.

[73] "Legislator". In: *Encyclopedia*, ed. Gendzier, p. 161-62.

[74] Lough, *The Philosophes and Post-Revolutionary France*, p. 250.

Para d'Alembert, ele escreveu: "nós nunca pretendemos instruir sapateiros e criados; esse é o trabalho dos apóstolos".⁷⁵

A contribuição de Diderot ao tema não se deu na *Encyclopédie*, mas em cartas privadas trocadas com Catarina, a Grande, sobre a reforma da Rússia, em uma das quais ele sugeria que escolas sustentadas publicamente fossem estabelecidas nas cidades e nos vilarejos. Quando Catarina protestou, dizendo ser impossível educar uma população tão grande, ele respondeu dizendo que não tinha conhecimento de nenhum país, mesmo populoso, que não pudesse ter pequenas escolas para crianças pobres, onde elas seriam alimentadas e também instruídas na leitura, escrita, aritmética e na "moral e no catecismo religioso".⁷⁶ É irônico que a proposta de Diderot para as escolas na Rússia se assemelhasse àquelas mantidas pela Igreja na França, motivo pelo qual ele talvez nunca tivesse recomendado tal sistema público para seu próprio país. Em todo caso, sua comunicação com Catarina era privada (a correspondência nunca havia sido publicada até 1920) e, assim, a proposta não estava disponível a seus compatriotas. O que era público, consagrado na *Encyclopédie*, era a sua imagem da multidão "ignorante e estupefata", cuja voz era a da "maldade, estupidez, desumanidade, irracionalidade e preconceito".⁷⁷

O argumento recorrente por trás disso era o grande inimigo, *l'infâme*. As pessoas eram ignorantes porque não eram esclarecidas. Elas não eram esclarecidas porque eram incapazes do tipo de

---

⁷⁵ Gay, *Voltaire's Politics*, p. 221-22.

⁷⁶ Diderot, "Observations on the Instruction of the Empress of Russia to the Deputies for the Making of the Laws". In: Diderot, *Political Writings*, ed. John Hope Mason e Robert Wokler, Cambridge, 1992, p. 141. Diderot começou a escrever as "Observações" após seu retorno da Rússia, em 1774, e trabalhou nelas por muitos anos. Após a sua morte, em 1784, elas foram enviadas a Catarina, junto com outros materiais de sua biblioteca. Elas foram publicadas pela primeira vez em 1920.

⁷⁷ Ver, acima, p. 197.

racionalidade que os *philosophes* julgavam a essência do esclarecimento. E elas eram incapazes de tal tipo de racionalidade porque estavam atoladas nos preconceitos e superstições, milagres e barbaridades da religião. Além disso, a própria ideia de educação popular era suspeita, pois as instituições de ensino estavam nas mãos da Igreja, assim, a expansão da educação só iria aumentar a estupefação e estultificar as pessoas.

Se alguns pobres foram de fato educados na França pré-revolucionária, não o foram por causa dos *philosophes*, como aponta o historiador Daniel Roche, mas apesar deles. "A maioria dos pensadores iluministas se opunha ao ensino da leitura e da escrita dos camponeses, enquanto a Igreja, e especialmente o baixo clero, eram favoráveis a isso."[78] No início do século, alguns decretos foram aprovados, tornando o ensino compulsório – certamente, não por solicitude para com a educação em si, mas como parte da campanha contra o protestantismo. Embora essas leis não fossem sempre postas em prática, as taxas de alfabetização (definida como a habilidade de assinar o próprio nome) cresceram de 29%, em 1700, para 37%, em 1790, como resultado das escolas administradas pela Igreja e pelas quais os *philosophes* sentiam desprezo.[79] É também irônico, como observa Alan Kors, que a Igreja não havia apenas educado os *philosophes* (que em

---

[78] Daniel Roche, *France in the Enlightenment*. Trad. Arthur Goldhammer. Cambridge, 1998, p. 432.

[79] Ibidem, p. 428. Os números eram maiores no norte da França do que no sul, e consideravelmente maiores em Paris (p. 428, 659). Outra estimativa via a alfabetização aumentar de 25% em 1686-1690 para 40-45% em 1786-1790 (Carlo M. Cippola, *Literacy and Development in the West*, Londres, 1969, p. 62). Nenhum desses números corrobora a afirmação extraordinária de Simon Schama, que diz que "as taxas de alfabetização na França do fim do século XVIII eram muito maiores do que nos Estados Unidos do fim do século XX" (*Citizens: A Chronicle of the French Revolution*. Nova York, 1989, p. 180). Hoje, é claro, a alfabetização não é mais definida como a mera capacidade de assinar o nome.

sua grande maioria, como Voltaire, havia frequentado escolas jesuítas), mas havia criado um público leitor para a *Encyclopédie*.[80]

A *Encyclopédie* se orgulhava de seu tratamento das "artes mecânicas". Ela incluía muitos desenhos, diagramas e gravuras que ilustravam essas artes, e professava grande respeito pelos artesãos que as praticavam. Entretanto, ela mostrava pouca paciência e menos respeito pela grande massa de pessoas que não eram artesãs, e suas páginas continham poucas propostas práticas para aliviar sua condição. Em um artigo muito breve sobre o "Indigente", Diderot protestava contra a divisão da sociedade em opulentos e miseráveis, concluindo com uma críptica observação: "Não há indigentes entre os selvagens".[81] Mas ele não explicava por que a situação era assim ou como a sociedade civilizada poderia lidar com seus indigentes. Outros artigos reclamavam das brutais desigualdades na sociedade e a infeliz situação dos mais pobres, sem oferecer quaisquer propostas práticas para a reforma.

Turgot era um raro *philosophe* que também foi um reformador. Como intendente de Limoges, uma das mais pobres províncias da França, ele introduziu novos métodos de agricultura e colheita,

---

[80] Alan Charles Kors, "Just and Arbitray Authority in Enlightenment Thought". In: *Modern Enlightenment and the Rule of Reason*. Ed. John C. McCarthy. Washington, 1998, p. 25.

[81] Diderot, "*Indigent*". In: *Encyclopédie*, VIII, 676. Tocqueville fez uma declaração similar, não sobre os selvagens, mas sobre os países mais pobres. Havia mais indigentes, explicava, na Inglaterra do que em Portugal; em parte porque o padrão de indigência (o que era considerado como necessário para uma vida básica) era mais alto na Inglaterra, e em parte porque a Inglaterra era mais desejosa de remediar a condição do indigente, permitindo, assim, que mais pessoas se qualificassem como indigentes. Ver Alexis de Tocqueville, *Memoir on Pauperism*, trad. Seymour Drescher, ed. Gertrude Himmelfarb, Chicago, 1997. Diderot talvez quisesse dizer algo parecido em sua afirmação sobre os selvagens e os indigentes.

promoveu o livre comércio local, encorajou a indústria e criou medidas de auxílio para os pobres. Mais tarde, em seu breve mandato como controlador geral de finanças da França, ele tentou decretar reformas em larga escala, abolindo algumas sinecuras e monopólios, imunidades de taxação, privilégios corporativos e o trabalho compulsório nas estradas (após sua resignação forçada, muitas dessas reformas foram rechaçadas). Como um proeminente fisiocrata, ele advogava a favor de uma política de livre comércio que seria (como Smith também havia apontado), em última análise, vantajosa tanto para os pobres quanto para a economia nacional. Entretanto, ele era pouco simpático, e mesmo hostil, à caridade, não apenas porque ela era administrada pela Igreja, mas também porque ele deplorava seus efeitos práticos. O pobre, escreveu na *Encyclopédie*, possuía "direitos incontestáveis sobre a abundância do rico", e fundações de caridade tinham por objetivo suavizar sua miséria. O resultado de tais empreitadas, contudo, era lamentável, pois aqueles países nos quais a caridade era mais abundante eram também aqueles nos quais a miséria era mais difundida. A razão era simples:

> Permitir a um grande número de homens viver livre de responsabilidade é encorajar a preguiça e todas as desordens que a seguem; é tornar a condição do desocupado preferível àquela do homem que trabalha. (...) A estirpe dos cidadãos industriosos é substituída por uma população vil composta de pedintes vagabundos livres para cometerem toda sorte de crimes.[82]

Diderot fazia eco a esses sentimentos, criticando os *hôpitaux* (abrigos que eram simultaneamente hospitais) como refúgios para mendigos profissionais. Tampouco a situação fora dos abrigos era muito melhor, pois havia massas de "jovens e vigorosos desocupados, que, encontrando em nossa mal concebida caridade um sustento mais fácil e mais generoso do que poderiam ganhar pelo trabalho, enchem

---

[82] Turgot, "*Fondations*". In: *Encyclopédie*, VIII, 75.

nossas ruas, nossas igrejas, nossos bulevares, nossos mercados, nossas cidades e nossos campos"; eles eram os "vermes" produzidos por um Estado que não valorizava os homens de verdade.[83] Jaucourt foi um dos poucos colaboradores da *Encyclopédie* que fez uma distinção entre mendigos – "vagabundos por profissão (...) que preferem pedir esmola por desocupação e preguiça a ganharem suas vidas pelo trabalho" – e aqueles que eram indigentes por doença ou velhice. Diferentemente de Diderot, ele recomendava que casas de auxílio fossem estabelecidas para os necessitados, em conjunção com os *hôpitaux*.[84] Em outro artigo, fazendo uma distinção similar entre os mendigos e as pessoas comuns, ele contestava a ideia predominante de que as pessoas comuns somente se fossem mantidas na pobreza trabalhariam e seriam dóceis.[85]

É interessante que não se tenha pensado seriamente sobre o exemplo inglês das Leis dos Pobres. D'Holbach fez menção a elas apenas para criticá-las, pelas mesmas razões pelas quais ele desaprovava as fundações religiosas e caritativas em geral, porque elas encorajavam a preguiça e o ócio.[86] Mesmo Montesquieu, em outras ocasiões tão bem disposto para com os ingleses, se opunha ao sistema inglês. Em certo ponto, ele parecia ser a favor de algo como uma provisão estatal para os pobres: "As esmolas dadas a um homem nu na rua não preenchem as obrigações do Estado, que deve a todo cidadão certa subsistência, uma nutrição apropriada, vestimenta conveniente e um estilo de vida saudável". Contudo, ele passou a argumentar não apenas contra um sistema de auxílio do Estado, mas também contra instituições caritativas organizadas e privadas. Uma ajuda provisória e pontual, insistia ele, era muito melhor do que fundações permanentes. "O mal

---

[83] Diderot, "*Hôpital*", ibidem, VIII, 294.

[84] Jaucourt, "*Mendiant*", ibidem, X, 331.

[85] Jaucourt, "*Le Peuple*", ibidem, XII, 476.

[86] Lough, *The Philosophes and Post-Revolutionary France*, p. 127.

é momentâneo; é necessário, entretanto, que o socorro seja da mesma natureza, e que seja aplicado a acidentes particulares."[87]

Desconfiados em relação às instituições de caridade e à própria caridade (não só porque eram administradas pela Igreja), os *philosophes* não produziram nem uma comunidade de filantropos, nem a multiplicidade de sociedades privadas que eram tão comuns na Grã-Bretanha. O artigo sobre "Filantropia", na *Encyclopédie*, consistia em um pequeno parágrafo que distinguia dois tipos de filantropia: o primeiro tem como objetivo fazer alguém ser amado por suas virtudes; o segundo, comum em uma sociedade polida, tem como objetivo ganhar a aprovação de outros. Nesse último caso, "não são os homens a quem se ama, mas a si mesmos".[88] Os *philosophes* gostavam da palavra *bienfaisance*, mas eles mesmos (com a notável exceção de Turgot) não se envolviam pessoalmente em ações benevolentes ou reformas práticas. Assim como não houve uma "Era da Razão" na Grã-Bretanha, também não houve uma "Era da Benevolência" na França.

ILUMINISMO E REVOLUÇÃO

Diz-se frequentemente que os *philosophes* não previam ou desejavam a revolução, e que eles teriam preferido que a mudança ocorresse através de um monarca ilustrado em vez de através de uma turba ignorante. Entretanto, em uma ocasião, quando estava se sentindo especialmente lesado, Voltaire confessou que havia ansiado por uma revolução popular.

---

[87] Montesquieu, *The Spirit of the Laws*, II, 25-26. O início dessa passagem, mas não as sentenças finais, é citado por Norman Hampson, *Will and Circumstance: Montesquieu, Rousseau and the French Revolution*. Norman, Okla., 1983, p. 22.

[88] Jaucourt, "*Philantropie*". In: *Encyclopédie*, XII, 504.

> Tudo o que eu observo [escreveu ele a um amigo em 1764] está deitando as sementes de uma revolução que irá inevitavelmente acontecer e que eu não devo ter o prazer de testemunhar. Os franceses sempre se atrasam, mas ao menos sempre chegam. Por etapas, o esclarecimento se espalhou tão amplamente que ele irá irromper na primeira oportunidade e, então, haverá uma grande comoção. A geração mais jovem tem sorte; eles verão algumas grandes coisas.[89]

Dentre os *philosophes* mais famosos, apenas Condorcet teve "sorte" o bastante para ver o Iluminismo irromper em forma de revolução. Helvétius morreu em 1771, Voltaire e Rousseau em 1778, d'Alembert e Diderot em 1783 e 1784, Holbach em 1789, no despertar da Revolução (mas estava doente e inativo há muitos anos). Condorcet viveu para ver a Revolução e teve as maiores esperanças em relação a ela, até ser forçado a fugir do Terror; morreu na prisão em 1794. Um grande número de colaboradores menores da *Encyclopédie* também sobreviveu. Quase uma dezena participou nas assembleias locais que esboçaram os *cahiers*, as cartas de agravo submetidas aos Estados gerais em maio de 1789, não expressando, contudo, o desejo de abolir a nobreza ou a monarquia. Eles não eram, de fato, revolucionários ou republicanos, e tornaram-se logo descontentes com o curso da Revolução. Alguns fugiram de Paris ou emigraram; quatro foram aprisionados pelo Terror; um foi executado.[90]

Ainda que as ideias do Iluminismo tenham tido ressonância na Revolução, não foi nas proporções que seus criadores talvez desejassem. O legado mais óbvio do Iluminismo foi o anticlericalismo. Os *philosophes* certamente teriam aprovado a separação entre Igreja e Estado, a emancipação dos protestantes e judeus, e a legalização do

---

[89] Bruun, *Enlightened Despots*, p. 102.

[90] Para os enciclopedistas durante a Revolução, ver o trabalho monumental de Frank A. Kafker, *The Encyclopedists as a Group: A Collective Biography of the Authors of the* Encyclopédie, Oxford, 1996, e Serena L. Kafker, *The Encyclopedists as Individuals: A Biographical Dictionary of the Authors of the* Encyclopédie, Oxford, 1988. Ver, também, Kors, *D'Holbach's Coterie*.

casamento civil e do divórcio. Mas poderiam ter tido motivo para se preocupar por conta de algumas outras consequências dessa separação. Eles tinham se oposto às obras de caridade geridas pela Igreja, mas a eliminação de tais obras deixou os indigentes totalmente sem recursos. As soluções improvisadas às pressas pela Revolução – oficinas e leis que regulavam preços, salários e a produção de comida – provaram-se desajeitadas e ineficazes, deixando os pobres piores ao fim da Revolução, como concorda grande parte dos historiadores, do que estavam no começo dela.[91]

De forma similar, as escolas tocadas pela Igreja também foram abolidas sem que nada as substituísse. Em 1791, Condorcet escreveu um relatório para a Assembleia recomendando o estabelecimento de escolas populares, mas tal recomendação foi adiada, talvez por conta do início da guerra no ano seguinte. Quando retornou ao assunto, em seu *Esboço para um Quadro Histórico do Progresso do Espírito Humano* (escrito enquanto estava escondido do Terror, e publicado postumamente), Condorcet devotou apenas um único parágrafo aos propósitos da educação, começando com a administração de uma casa e concluindo com a habilidade de se exercer os direitos e a razão, mas sem nenhuma proposta concreta para a escolarização. Em 1793, Robespierre apresentou um plano de educação compulsória em internatos, em que as crianças seriam protegidas da insidiosa influência de pais reacionários. Embora essa proposta tenha sido aprovada na Convenção, suas provisões essenciais foram eliminadas. Só após o Termidor, o diretório promulgaria um código educacional fornecendo as instruções para uma mínima educação elementar a ser paga pelos pais.

---

[91] Ver, por exemplo, Alan Forrest, *The French Revolution and the Poor,* Nova York, 1981, p. 169 e passim. Alguns historiadores fizeram muito com essas medidas, descrevendo-as como antecipações do Estado assistencial; no entanto, eles mesmos admitiram que estavam errados. Ver, por exemplo, George Rudé, *Robespierre: Portrait of a Revolutionary Democrat*, Nova York, 1975, p. 140, e Colin Jones, *Charity and* Bienfaisance: *The Treatment of the Poor in the Montpelier Region, 1740-1815*, Cambridge, 1982, p. 8, 159 e passim, 184 e passim.

Não se pode, sem cometer uma injustiça, atribuir ao Iluminismo a responsabilidade por todos os atos ou delitos da Revolução, ainda que tenha havido ecos inegáveis dos *philosophes*, especialmente de Rousseau, em todos os estágios. O famoso pronunciamento do abade Sieyès no panfleto publicado na aurora da Revolução, *O que é o Terceiro Estado?*, pode ter sido cunhado por seu herói Rousseau. "A nação", declarava Sieyès, "vem antes de todas as coisas. É a fonte de tudo. Sua vontade é sempre legal; é verdadeiramente a própria lei".[92] As primeiras sessões da Assembleia Nacional, em 1789, foram dedicadas a esboçar a Declaração dos Direitos do Homem e do Cidadão, que incluía referências ao contrato social tomadas quase literalmente do livro de Rousseau. No ano seguinte, um busto de Rousseau foi instalado na Assembleia Municipal, juntamente com uma cópia de *O Contrato Social*, e foi aprovada uma lei para a construção de uma estátua. Efígies, bustos e imagens de Rousseau eram comuns, e itens reputadamente pertencentes a ele (sua bengala, por exemplo) foram vendidos muitas vezes. Quando Paris foi dividida em distritos eleitorais, uma seção foi nomeada "Contrato Social". E quando seu corpo foi transferido ao Panteão, foi junto a uma cópia do *Contrato Social* resplandecente deitada em uma almofada de veludo. Um membro da Convenção Nacional escreveu sobre esse evento: "Não é o *Contrato Social* que trouxe a Revolução. Ao contrário, foi a Revolução que nos explicou o *Contrato Social*".[93]

A influência de Rousseau sobre Robespierre foi ainda mais pronunciada. As primeiras linhas de *Emílio*, "Tudo é bom quando deixa as mãos do Autor; tudo degenera nas mãos do homem", encontrou

---

[92] Emmanuel Sieyès, *Qu'est-ce que le Tiers État?*. Nova York, 1979 (1. ed. francesa 1789), p. 10.

[93] François Furet, "Rousseau and the French Revolution". In: *The Legacy of Rousseau*. Ed. Clifford Orwin e Nathan Tarcov. Chicago, 1997, p. 181. Ver, também, James Miller, *Rousseau: Dreamer of Democracy*. New Haven, 1984, p. 132 e passim.

eco em Robespierre: "O homem é bom, pois vem das mãos da natureza. (...) se ele é corrompido, a responsabilidade repousa sobre as instituições sociais viciadas".[94] Robespierre também poderia estar invocando a vontade geral quando contrastou o "povo" e os "indivíduos": "O povo é bom, paciente e generoso. (...) O interesse, o desejo do povo, é aquele da natureza, da humanidade e do bem-estar geral. (...) O povo é sempre mais valioso do que os indivíduos. (...) O povo é sublime, mas os indivíduos são fracos".[95]

Robespierre homenageou explicitamente Rousseau quando proclamou o "Festival do Ser Supremo" prenunciando a "República da Virtude" (eufemismo para o Terror). Na *Encyclopédie*, Rousseau havia convocado a formação de um "reino da virtude", que conformaria as "vontades particulares" à "vontade geral".[96] Voltaire não usou a expressão "reino da virtude" no *Contrato Social*, mas apresentou, no capítulo final do livro, a ideia de uma religião civil que inauguraria esse reino. Essa religião seria baseada em uma "profissão de fé civil", prescrevendo os "sentimentos sociais sem os quais um homem não pode ser um bom cidadão ou um indivíduo fiel". Ninguém, acrescentava Rousseau, seria compelido a acreditar nos dogmas de tal religião, mas todos os que não acreditassem seriam banidos do Estado – banidos não por impiedade, mas como um "ser antissocial, incapaz de amar verdadeiramente as leis e a justiça e de sacrificar, quando necessário, sua vida a seu dever".[97] E todo aquele que, após ter professado a crença nos dogmas, agisse como se não

---

[94] Hampson, "The Enlightenment in France". In: Porter e Teich (eds.), *Enlightenment in National Context*, p. 49.

[95] Robespierre, *Lettres à ses Commettans*, Paris, 1792, II, 55; Ernest Hamel, *Histoire de Robespierre*, Paris, 1865, I, 427-28; F. A. Aulard (ed.), *La Société des Jacobins*, Paris, 1891, V, 254.

[96] Rousseau, "Political Economy". In: *Encyclopedia*, ed. Gendzier, p. 191.

[97] Rousseau, *The Social Contract*. Trad. G. D. H. Cole. Chicago, Great Books ed., 1952, p. 439 (livro IV, cap. 8).

acreditasse neles, seria condenado à morte. Os dogmas em si parecem banais, até mesmo inocentes: a existência de uma divindade todo-poderosa e benfazeja; a imortalidade; a felicidade do justo e a punição dos perversos; a santidade do contrato social e das leis. Mas a ideia de uma religião civil, com toda solenidade, e as censuras ligadas a ela, era tudo menos inocente, pois era o meio para a realização do propósito do novo regime, como Rousseau o entendia, que não era nada menos que a reformulação radical não apenas da sociedade, mas da própria humanidade:

> Ele [o soberano ou 'legislador'] que ousa empreender a realização das instituições do povo deve sentir-se capaz, por assim dizer, de mudar a natureza humana, de transformar cada indivíduo, que é por si próprio um todo completo e solitário, em parte de um todo ainda maior do qual ele, de certa maneira, recebe sua vida e seu ser; de alterar a constituição do homem com o propósito de fortalecê-la; e de substituir uma existência parcial e moral por uma existência física e independente que a natureza nos conferiu a todos.[98]

Foi como se Robespierre, ao instituir a República da Virtude, estivesse respondendo ao desafio de Rousseau, tomando para si, como o supremo legislador, a tarefa de "mudar a natureza humana" e "transformar cada indivíduo". "Eu estou convencido", disse Robespierre acerca de sua proposta para a educação de jovens nos internatos, "da necessidade de trazer uma completa regeneração e, se me é permitido me expressar nestes termos, de criar um novo povo".[99]

Essa foi a leitura da Revolução feita por Tocqueville: "O ideal da Revolução Francesa definido desde antes não era o de uma mera mudança no sistema social francês, mas nada menos do que uma

---

[98] Ibidem, p. 400 (livro II, cap. 7).
[99] *Réimpression de l'Ancien Moniteur*, Paris, 1858, XVII, 135 (sessão de 13 de julho de 1793); ibidem, XVI, 748 (sessão de 25 de junho de 1793).

regeneração de toda a raça humana". E ainda: "Eles [os revolucionários] tinham uma fé fanática em sua vocação – a de transformar o sistema social, raízes e ramos, e de regenerar toda a raça humana".[100] Uma moderna historiadora francesa concorda. A ideia de "regeneração", diz Mona Ozouf, era um conceito chave do discurso revolucionário: "As pessoas começaram a falar somente de regeneração, um programa sem limites, a um só tempo físico, político, moral e social, que almejava nada menos do que a criação de um 'novo povo'". Essa ideia, tão fervorosamente afirmada por Rousseau, era frequentemente invocada pelos revolucionários, e era "uma das razões pela qual a Revolução foi completamente dele desde o início".[101]

Uma visão alternativa da Revolução realça a ideia de uma natureza humana regenerada, vendo os eventos como uma profunda revolução social. Para Hannah Arendt, a Revolução "nasceu da compaixão" pelas "pessoas de camadas inferiores", *les misérables*. Articulada primeiramente por Rousseau, e levada a cabo por seu discípulo Robespierre, essa "paixão pela compaixão" culminou inevitavelmente no Terror, pois a compaixão respondia apenas à "necessidade, às urgentes necessidades do povo", não deixando espaço para lei ou governo, para liberdade ou mesmo para razão.[102] Essa é uma leitura comovente, mas, creio eu, fantasiosa da história. A Revolução Francesa não foi uma revolução social, e o Terror foi instituído não por compaixão para com os pobres, mas por propósitos de "segurança pública", a segurança do regime. *Le peuple*, em cujo nome Robespierre

---

[100] Tocqueville, *The Old Regime*, p. 12-13, 156.

[101] Mona Ozouf, "Regeneration". In: *A Critical Dictionary of the French Revolution*, ed. Furet e Ozouf, p. 781. "Regeneração" é descrita também como a meta da educação (p. 785). Outro artigo no mesmo volume, "Enlightenment", de Bronislaw Baczko, atribui ao Iluminismo em geral a ideia de "regeneração nacional": a crença que instituições e homens são "infinitamente maleáveis" e que o "potencial transformador" da política é ilimitado (p. 664, 661).

[102] Hannah Arendt, *On Revolution*. Nova York, 1963, p. 54-55, 66, 69-70.

estabeleceu a república, não era o povo no sentido ordinário, ainda menos *les misérables*, mas um povo singular e abstrato, representado por uma vontade geral apropriadamente singular e abstrata.

"Ah", proclamou Robespierre, prestando homenagem a Rousseau, "se ele tivesse testemunhado esta revolução da qual foi o precursor e que o carregou ao Panteão, quem poderia duvidar que sua alma generosa teria abraçado com arrebatamento a causa da justiça e da igualdade?".[103] Justiça e igualdade – não liberdade. Imagina-se, por vezes, como Rousseau, ou mesmo outros *philosophes*, teria se saído caso tivesse tido "sorte" o bastante (como Voltaire o disse) de viver para ver a Revolução. Não tão bem, a julgar pelo fato de que Condorcet e alguns dos *encyclopédistes* viveram para vê-la – e morreram por causa dela. E, é claro, havia o próprio Robespierre, discípulo de Rousseau, que se tornou vítima de seu próprio Terror.

---

[103] Maurice Cranston, *The Solitary Self: Jean-Jacques Rousseau in Exile and Adversity*. Chicago, 1991, p. 189.

PARTE III

O Iluminismo Americano: A Política da Liberdade

Na Grã-Bretanha, as virtudes sociais estavam em primeiro plano na especulação filosófica e na política social. Eram as condições primárias do bem público. Na América, elas estavam, de certo modo, em segundo plano; eram condições necessárias, mas não suficientes. O que ocupava o primeiro plano era a liberdade. E não a liberdade natural, que Smith via como a base de uma economia e de uma sociedade livres, mas, por assim dizer, uma liberdade artificial – liberdade política, os princípios e as instituições apropriadas à nova república. Foi em nome da liberdade – liberdade religiosa – que muitos dos primeiros colonos foram para a América (certamente, alguns foram por sua própria liberdade, embora não pela liberdade de outros). E foi em nome da liberdade – agora liberdade política – que eles declararam posteriormente sua independência da Grã-Bretanha. "Um império da liberdade", conforme a descrição de John Adams, de acordo com a visão da América do futuro, como um império compreendendo "vinte ou trinta milhões de homens livres sem um nobre ou um rei entre eles".[1]

A *novus ordo saeclorum* [nova ordem dos séculos] americana era uma nova ordem política, não uma nova ordem social ou uma

---

[1] *The American Enlightenment: The Shaping of the American Experiment and a Free Society*. Ed. Adrienne Koch. Nova York, 1965, p. 191. (John Adams ao conde Sarsfield, 3 de fevereiro de 1786.) Para Adams, essa visão era melhorada com o contraste com a Grã-Bretanha, onde ele serviu como embaixador.

nova ordem humana.² Assim como a liberdade [*liberty*] foi a força motriz do Iluminismo americano, foi também uma teoria política que inspirou a Constituição, projetada para sustentar a nova república. Gordon S. Wood comentou sobre a curiosa situação em que se encontravam os americanos às vésperas da Revolução. Por quase um século, eles tinham gozado da glória da constituição britânica: "o melhor modelo de governo que pôde ser projetado por mortais"; "a gloriosa estrutura da liberdade britânica"; "a salvaguarda da liberdade civil"; "a mais perfeita forma de governo". Mesmo com a proximidade da Revolução, os americanos se orgulhavam por terem a constituição britânica a seu lado, e porque sua Revolução era justificada "tanto pela letra como pelo espírito da constituição britânica".³

---

² A distinção entre o político e o social é refletida na comum (mas não explícita ou consistente) distinção entre *liberty* e *freedom*, sendo *liberty* um conceito primariamente político e legal, e *freedom* um conceito primariamente social e psicológico. Em seu famoso ensaio "Dois Conceitos de Liberdade", Isaiah Berlin nega essa distinção, fazendo uso das duas palavras indistintamente (ver Isaiah Berlin, "Dois Conceitos de Liberdade". In: Berlin, *Estudos Sobre a Humanidade: Uma Antologia de Ensaio*. Trad. Rosaura Eichenberg. São Paulo, Companhia das Letras, 2002). Hannah Arendt, para quem a "questão social" era o assunto distintivo da Revolução Francesa, distinguia entre "liberação" política e "liberdade" social. Mas, então, ela obscurece a distinção ao falar de "liberdade política" (*On Revolution*. Nova York, 1963, p 22). Geoffrey Nunberg atualizou essa distinção em "Freedom vs. Liberty: More Than Just Another Word for Nothing Left to Lose", *New York Times*, 23 de março de 2003, p. 6. Contudo, muito de sua discussão sobre liberdade positiva e negativa – com efeito, *liberty* e *freedom* – seria clarificada pelo reconhecimento daquela distinção.
* Optamos por traduzir os termos por "liberdade", indicando ao lado o termo no original inglês quando se fizer necessária a distinção, não só pela dificuldade apresentada pelo português, mas, principalmente, pelo risco de que algumas opções possíveis possam ocasionar um deslizamento de sentido, de um termo para o outro, que obscureça a distinção conceitual da autora e até mesmo pelo fato de os sentidos não se recobrirem. (N. T.)
³ Gordon S. Wood, *The Creation of the American Republic, 1776-1787*. Chapel Hill, 1969, p. 11-13. Sobre o débito do novo país para com o antigo, em termos de instituições e tradições, mais do que em termos de ideias, ver, por exemplo, David Grayson Allen, *In English Ways: The Movement of Societies*

Os *Commentaries on the Laws of England* [Comentários Acerca das Leis da Inglaterra], de Sir William Blackstone, publicados a menos de uma década da Revolução, foram frequentemente citados como as fontes oficiais dos próprios princípios e instituições americanas, assim como O *Espírito das Leis*, de Montesquieu, que se apoiava fortemente sobre o exemplo britânico. Dentro de poucos anos, os americanos estariam denunciando aquele governo, o Parlamento, bem como o rei, os corruptos e tirânicos. Foi então que se aplicaram à criação do que *The Federalist* chamou de uma nova "ciência da política", uma ciência designada a criar uma república *de novo* [do início].[4]

"Está sob nosso poder criar o mundo novamente", exultava Thomas Paine em 1776; e após a Revolução Francesa, ele se alegrava em "ver o governo começar, como se nós tivéssemos vivido no começo dos tempos".[5] John Jay, mais sóbrio e conservador, não estava menos entusiasmado: "Os americanos são o primeiro povo a quem os céus favoreceram com uma oportunidade de deliberar e escolher as formas de governo sob as quais eles deverão viver".[6] No entanto, os Fundadores não se aproximaram de sua tarefa como se ela fosse *de novo*. Eles eram homens de negócio práticos, que estavam envolvidos em trabalhos do governo, sendo, de fato, os atores principais da vida pública, da qual também eram os principais teóricos.

and the Transferral of English Local Law and Customs to Massachusetts Bay in the Seventeenth Century, Chapel Hill, 1981, e David Hackett Fischer, *Albion's Seed: Four British Folkways in America*, Oxford, 1989.

[4] *The Federalist: A Commentary on the Constitution of the United States*. Ed. Robert Scigliano. Nova York, 2000, p. 48. Focando o tema da corrupção, os colunistas estavam ecoando as reclamações dos "conterrâneos" ou "cidadãos" na Inglaterra, que, no fim do século XVII e no início do XVIII, trouxeram as mesmas acusações contra o Parlamento e os ministros do rei.

[5] Thomas Paine, *Common Sense*, Nova York, 1992 (reimp. da ed. de 1791), p. 58; *The Rights of Man*, Nova York, ed. Dolphin, 1961 (1. ed. 1791-1792), p. 420 (parte II, cap. 4).

[6] Henry Steele Commager, *The Empire of Reason: How Europe Imagined and America Realized the Enlightenment*. Nova York, 1977, p. 182.

Talvez algo ainda mais importante seja o fato de que os próprios cidadãos tenham tido experiência em governar – em se autogovernar. Muitos anos depois, Adams observou: "A Revolução foi efetuada mesmo antes de a guerra começar. A Revolução estava nos corações e nas mentes do povo; uma mudança em seus sentimentos religiosos de seus deveres e obrigações".[7] No momento, entretanto, ele encontrara as raízes da Revolução não na religião, mas na política. Tais raízes estavam em seus "órgãos públicos", em suas prefeituras e assembleias, nas quais os americanos "adquiriam desde sua infância o hábito de discutir, deliberar e julgar os interesses públicos"; e era aí que "os sentimentos do povo foram formados em primeiro lugar".[8] Por conta da existência prévia dessas instituições e desses sentimentos políticos, a Revolução não fez com que o povo retornasse à sociedade civil (como Locke teria feito), muito menos a um estado de natureza (como pensava Hobbes), mas o conduziu a uma sociedade política, a uma organização política – menos organizada e, certamente, menos centralizada do que a Constituição lhes dera, contudo, politizada.

REVOLUÇÃO E CONSTITUIÇÃO

Essa experiência política, bem como tal temperamento, refletiu-se em uma literatura que não conheceu equivalente nem na França nem na Grã-Bretanha. O *The Federalist* (um termo impróprio nessa forma singular, mas que foi o título originalmente dado a ele) consistia de

---

[7] *The Political Writings of John Adams*. Ed. George W. Carey. Washington, D. C., 2000, p. 701 (carta a H. Niles, 13 de fevereiro de 1816).

[8] John Adams, ao abade de Mably, 1782, no apêndice de *A Defence of the Constitutions of Government of the United States of America*. In: *The Works of John Adams*, Boston, 1851, V, 495. Ver, também, Alexis de Tocqueville, *Democracy in America*, ed. e trad. de Harvey C. Mansfield e Delba Winthrop, Chicago, 2000 (1. ed. francesa 1835, 1840), p. 53 e passim (vol. I, parte 1, cap. 4-5).

85 artigos de jornal que apareceram no decurso de dez meses, entre outubro de 1787 até agosto de 1788 (publicados em dois volumes, enquanto os artigos em série ainda estavam sendo lançados). Escrito por Alexander Hamilton, John Jay e James Madison, os artigos debatiam todo tipo de assunto pertinente não apenas à Constituição, mas à própria ideia de um governo republicano. Alguns eram respostas aos antifederalistas, cujos escritos eram igualmente impressionantes e ainda mais volumosos (seis tomos na última edição, mais um volume introdutório). Além disso, havia uma multidão de panfletos, sermões, editoriais e ensaios; discursos proferidos nas assembleias de Estado ratificando convenções e a Convenção Constitucional; cartas privadas dos Fundadores que eram comentários sérios sobre ideias e assuntos públicos. Esse *corpus* de literatura política era uma extraordinária conquista intelectual para um país que, como disse Bernard Bailyn, era "provinciano", distante milhares de milhas do centro da civilização.[9]

O que é notável é que o *The Federalist* – escrito por três homens que muitas vezes discordavam entre si e que era composto às pressas em resposta às questões prementes do momento ou pela reciclagem de cartas e discursos – tenha alcançado a atenção e o respeito que alcançou e, o que é digno de nota, ainda alcança. Contra os poderosos argumentos dos antifederalistas, os federalistas defendiam o princípio essencial da Constituição: um forte governo central com o devido respeito pelos direitos e liberdades tanto dos indivíduos quanto dos estados. Nenhum assunto era tão amplo ou tão restrito que não pudessem se debruçar sobre ele: taxação e representação; guerra e comércio; relações exteriores e assuntos domésticos; a separação dos poderes e os sistemas de freios e contrapesos. De um jeito ou de outro, eles tentavam reconciliar o que muitos acreditavam ser irreconciliável, a saber, a soberania do Estado e a liberdade dos indivíduos – e, o que

---

[9] Bernard Bailyn, *To Begin the World Anew: The Genius and Ambiguities of the American Founders*. Nova York, 2003, p. IX e passim.

era ainda mais difícil, reconciliá-los dentro de um contexto de uma república ampla e comercial.

Se havia poucas referências às antigas repúblicas em *The Federalist* (e tais referências eram predominantemente desfavoráveis ou de repúdio), era porque a obra era destinada a um propósito específico e a uma situação singularmente moderna. Nesse sentido, ele era, como a própria Constituição, um documento conscientemente moderno. Era, também, poder-se-ia dizer, uma obra conscientemente pós-revolucionária, deixando a Revolução para trás e avançando ao próximo estágio da história: o *novus ordo saeclorum* era aquilo que sucedia e transcendia – ou, como diria Hegel, "negava" – a Revolução. Com efeito, ela era uma resposta àqueles, como Jefferson e Paine, que não queriam deixar a Revolução para trás, que queriam perpetuar não tanto a memória ou a glória da Revolução, mas a continuidade do fato e uma realidade revolucionária.

Como revolucionários de uma geração posterior, Jefferson e Paine aderiram a algo como uma teoria de "revolução permanente", de separação e renovação perpétuas. Quase no mesmo dia em que Hamilton, com a Rebelião de Shay em mente, alertava os leitores de *The Federalist* contra "facções domésticas e convulsões",[10] Jefferson, então embaixador na França, estava escrevendo de Paris para um americano (o genro de Adams), elogiando a rebelião que fora "tão honoravelmente conduzida". "Queira Deus que nós fiquemos vinte anos sem tal rebelião. (...) O que significa umas poucas vidas perdidas em um século ou dois? A árvore da liberdade deve ser renovada de tempos em tempos com o sangue de patriotas e tiranos. É esse o seu fertilizante natural."[11] Apenas um pouco menos sanguinária era a carta anterior de Jefferson a Abigail Adams, que havia ficado horrorizado com sua recomendação para que os rebeldes fossem perdoados.

---

[10] *Federalist* 6, p. 27.

[11] Thomas Jefferson, *Writings*. Ed. Merrill D. Peterson. Nova York, 1984, p. 911 (carta a William S. Smith, 13 de novembro de 1787).

"O espírito de resistência ao governo é tão válido em certas ocasiões, que desejo que ele seja sempre mantido vivo. Ele será frequentemente adestrado quando estiver errado, o que é melhor do que nunca ser exercitado. Eu gosto de uma pequena rebelião de vez em quando. É como uma tempestade na atmosfera."[12]

Dois anos depois, escrevendo a Madison, de Paris, inspirado talvez pela Declaração dos Direitos do Homem e do Cidadão, que havia acabado de ser lançada na França, Jefferson enunciava seu famoso princípio: "Nenhuma sociedade pode fazer uma constituição perpétua ou mesmo uma lei perpétua. A terra pertence sempre à geração vivente". À primeira vista, Jefferson parecia limitar aquele princípio a bens materiais. Seria a propriedade, o "usufruto" da terra, que pertenceria aos viventes – e não apenas propriedades como dívidas, que não poderiam passar de uma geração para outra. Mas Jefferson foi rapidamente para além, aplicando o princípio às leis e aos estatutos, de tal modo que os indivíduos de uma geração seriam senhores de suas propriedades e "senhores também das próprias pessoas e, consequentemente, poderão governá-las como lhes agradar". Jefferson chegou até mesmo a especificar a definição de geração, estabelecendo-a, inicialmente, como um período de 34 anos, mas revisou-a após consultar as tabelas atuariais, baixando o intervalo para dezenove anos. Assim, nenhuma lei ou estatuto seriam válidos por mais de dezenove anos, a menos que fosse expressamente promulgada pelo povo. Essa condição não seria satisfeita, ele insistia, por uma cláusula para a revogação ou alteração de leis, porque havia muitos impedimentos para tais ações.[13]

Madison respondeu à proposta de Jefferson com grande seriedade. Não estaria tal governo "altamente sujeito à casualidade e às consequências de um interregno?". Ele não se tornaria "muito mutável e

---

[12] Ibidem, p. 889-90 (carta a Abigail Adams, 22 de fevereiro de 1787).
[13] Ibidem, p. 959-64 (carta a Madison, 6 de setembro de 1789).

novato para preservar aquele quinhão de predisposição em seu favor, que constitui uma ajuda salutar aos mais racionais governos?". E ele não "engendraria facções perniciosas (...) e agitaria a opinião pública de maneira mais frequente e mais violenta do que poderia ser útil?". Após uma série de objeções, Madison concluía, como para abrandar seu impacto, que ele não queria colocar em dúvida a utilidade do princípio de Jefferson em casos específicos ou negar sua importância "aos olhos do legislador filosófico". Infelizmente, acrescentava ele, o espírito da legislação filosófica não estava muito em moda na América ou em seu órgão legislativo.[14]

O próprio Madison não era especialmente respeitoso para com o "legislador filosófico". Nem Jefferson foi sempre tão crítico da ideia de uma constituição. Ele havia, de fato, esboçado o rascunho de uma constituição para a Virgínia em 1776 (reimpressa seis anos depois em suas *Notas sobre o Estado da Virgínia*), projetada para estabelecer "as leis e os princípios fundamentais do governo", incluindo uma cláusula para a revogação ou alteração de partes da constituição do estado. Posteriormente, em *The Federalist*, Madison iria muito além, ao ponto de criticar tal cláusula de revogação. Pela sugestão de que havia uma falha no governo e chamando o povo a corrigi-la, a cláusula destituía a constituição "daquela veneração que o tempo confere a todas as coisas, e sem a qual talvez o governo mais sábio e mais livre não poderia possuir a estabilidade necessária". A razão sozinha, como o homem só, lembrava Madison a seus leitores (e a seu amigo Jefferson), era "tímida e circunspecta", e deveria ser fortificada pela opinião de outros.

> Em uma nação de filósofos, essa consideração deve ser desconsiderada. Uma reverência pelas leis seria suficientemente inculcada pela voz de uma razão esclarecida. Mas uma nação de filósofos é de se pouco esperar, como a raça de reis filósofos desejada por Platão. E em todas as

---

[14] Marvin Meyers, *The Mind of the Founder: Sources of the Political Thought of James Madison*. Hanover, 1981, p. 176-79.

outras nações, o governo mais racional não encontrará nem uma vantagem superficial em ter as predisposições da comunidade a seu lado.[15]

Só dois anos depois, Burke e Paine, respondendo à Revolução Francesa, iriam entabular um diálogo similar. Em suas *Reflexões*, Burke protestava contra os "metafísicos", que desejavam criar um governo baseado na razão e que falhavam em apreciar o papel da opinião e da predisposição nos assuntos dos homens. Paine respondeu ridicularizando essa legitimação das opiniões e predisposições. Como Jefferson, ele declarava cada geração soberana, não sendo limitada por nada senão por sua própria razão e por seus direitos. "Toda época e geração deve ser livre para agir por si própria, *em todos os casos*, como as épocas e gerações que a precederam. A vaidade e a presunção de governar para além da sepultura é a mais ridícula e insolente das tiranias." Assim como toda criança era um novo nascimento, o mundo "era novo para ele como para o primeiro homem que existiu", também toda geração era uma nova "criação".[16]

Nessa época, o assunto era muito discutível. De fato, nunca existiu uma opção séria. A república americana, o *novus ordo saeclorum*, foi criada certamente *de novo*. Mas os Fundadores nunca duvidaram que estivessem não apenas criando, mas "fundando" uma república, tanto para sua geração quanto para um indizível número de gerações futuras. Esse era o sentido da Constituição, na qual eles investiram tanta reflexão e esforço. Ela foi pensada para instalar "as leis e princípios fundamentais do governo", como Jefferson disse acerca da constituição que propora para a Virgínia. E a cláusula de alteração foi

---

[15] *Federalist 49*, p. 323. A citação dessa provisão de Madison difere da versão nas *Notas sobre o Estado da Virgínia*. Como citado em *The Federalist*, a revogação requeria uma convenção convocada por dois terços dos membros de quaisquer dois dos três ramos do governo. Nas *Notas*, o poder de revogar foi concedido ao eleitorado em dois terços dos condados do estado. (Ver Jefferson, *Writings*, p. 343.)

[16] Paine, *Rights of Man*, p. 277-78, 304 (em itálico no original).

concebida para abrir espaço à consideração de novas circunstâncias que inevitavelmente surgiriam para permitir a reafirmação daquelas leis e daqueles princípios fundamentais.

LIBERDADE E VIRTUDE

A "política da liberdade", espírito animador dos Fundadores, era, em certo sentido, um corolário da "sociologia da virtude". Foi só porque a virtude – o desejo e a capacidade de colocar o interesse público sobre o privado – era insuficiente para manter a liberdade que a política tinha de desempenhar essa função. "Eu penso como você", escreveu John Adams a seu primo Samuel Adams, "que conhecimento e benevolência devem ser promovidos tanto quanto possível; mas, não tendo esperanças de vê-los sempre como suficientemente gerais, a ponto de garantirem a segurança da sociedade, eu busco instituições que possam suprir em certo grau a insuficiência". Tampouco o amor à liberdade era, em si mesmo, suficiente. "Nós não devemos, então, depender apenas do amor à liberdade presente na alma do homem para sua preservação. Algumas instituições políticas devem estar preparadas para assistir a esse amor contra seus inimigos".[17]

A relação entre virtude social e liberdade política estava no centro da querela entre os federalistas e os antifederalistas. A virtude era o principal interesse dos antifederalistas, e a corrupção (o tipo de corrupção que eles viam na Inglaterra), sua principal preocupação. Se os federalistas eram enamorados por Montesquieu, principalmente por suas visões acerca da separação e do equilíbrio de poderes – ele foi de longe o autor mais citado em *The Federalist*, bem como nos debates sobre a Constituição –, os antifederalistas o reverenciavam por sua definição de virtude em uma república: "o amor às leis e ao

---

[17] *Political Writings of John Adams*, p. 665, 668 (18 de outubro de 1790).

nosso país", "uma constante preferência pelo interesse público ao invés do privado".[18] Como ele, os antifederalistas acreditavam que um povo virtuoso poderia prosperar apenas em uma república que fosse pequena, homogênea e predominantemente agrária.[19]

Não havia nada de utópico ou mesmo de otimista nessa visão da virtude ou da natureza humana. Ao contrário, era justamente porque os antifederalistas eram tão pessimistas (ou realistas) que eles se preocupavam com os efeitos desestabilizadores e desmoralizantes da indústria, do comércio e da sociedade urbana. Eles acreditavam que uma sociedade comercial "gera o luxo, o pai da desigualdade, o inimigo da virtude e o inimigo da moderação".[20] Jefferson era inflexível sobre esse assunto. Dever-se-ia recorrer à manufatura apenas por necessidade, não por escolha, porque um povo engajado na indústria seria dependente do capricho dos clientes e tal dependência "gera subserviência e venalidade, sufoca o germe da virtude e prepara instrumentos adequados aos desígnios da ambição". A agricultura, no entanto, era uma receita para a virtude. "Aqueles que trabalham na terra são o povo escolhido de Deus, se de fato ele tiver um povo escolhido. (...) A corrupção da moral no meio da

---

[18] Montesquieu, *The Spirit of the Laws*, trad. Thomas Nugen, Nova York, 1949 (1. ed. francesa 1750), p. 34 (livro IV, seção 5). Sobre Montesquieu como um clássico americano, ver Paul Merrill Spurlin, *The French Enlightenment in America: Essays on the Times of the Founding Fathers*, Athens, Ga., 1984, p. 89 e passim.

[19] Jefferson encheu 28 páginas de seu *Livro de Notas* com excertos de *O Espírito das Leis*; mais espaço do que o concedido a qualquer outro autor. Ele e Madison tornaram-se críticos de Montesquieu posteriormente – Jefferson pelo fato de que Montesquieu era por demais simpático às instituições inglesas, e Madison por conta da insistência de Montesquieu sobre o fato de que uma república possa se sustentar apenas em um pequeno território.

[20] Citado em Herbert J. Storing, *What the Anti-Federalists Were For*, Chicago, 1981, p. 73 (uma reimpressão da introdução de Storing ao volume I de *The Complete Anti-Federalist*, Chicago, 1978). Para a ideia de "virtude clássica", como entendida pelos antifederalistas, ver Wood, *Creation of the American Republic*. Wood modifica um pouco sua tese no prefácio à edição de 1998.

massa de agricultores é um fenômeno do qual nenhuma época ou nação já forneceu um exemplo."[21]

Uma vez desaparecida a euforia da revolução, prediziam os antifederalistas, tanto o povo quanto seus líderes sucumbiriam vítimas da venalidade e da corrupção, e a própria república estaria ameaçada. Na esperança de chamar a atenção do país para as bases morais do regime, eles intentaram incorporar uma Carta de Direitos no corpo da Constituição, completada por uma afirmação de princípios éticos. Mas nisso, como em quase todo o resto da Constituição, os federalistas prevaleceram. A Carta de Direitos (recomendada por Jefferson, mas escrita por Madison) apareceu sob a forma de uma emenda, sem os "aforismos", como *The Federalist* depreciativamente chamou aquelas afirmações extras que seriam mais apropriadas a um tratado ético do que a uma constituição.[22]

Em sua insistência sobre os direitos naturais e em um contrato entre o povo e o governo, Jefferson poderia ser considerado um discípulo de Locke (de fato ele lera o *Tratado sobre o Governo*, de Locke), ainda que acreditasse no senso moral a que os filósofos escoceses eram favoráveis de uma maneira não menos ardente do que aquela com a qual Locke o repudiava.[23] Em um diálogo entre a "Cabeça" e o "Coração" em 1786, no qual ele assumiu o papel do "Coração", Jefferson asseverava

---

[21] Jefferson, *Writings*, p. 290. (*Notes on Virginia*, questão 19.)

[22] *Federalist 84*, p. 549.

[23] A combinação das visões de Locke e dos escoceses, como se eles fossem inteiramente compatíveis, era tão comum na época que desafia as tentativas dos historiadores de caracterizar o Iluminismo americano como lockeano ou como escocês. Sobre a interpretação lockeana, ver, por exemplo, Thomas L. Pangle, *The Spirit of Modern Republicanism: The Moral Vision of the American Founders*, Chicago, 1988; Michael P. Zuckert, *The Natural Rights Republic: Studies in the Foundation of the American Political Tradition*, Notre Dame, 1996; e T. H. Breen, "The Lockean Moment: The Language of Rights on the Eve of the American Revolution", conferência proferida na Universidade de Oxford, em 15 de maio de 2001. Sobre a interpretação escocesa, ver Garry Wills, *Inventing America: Jefferson's Declaration of Independence*,

que "a moral era muito essencial para a felicidade do homem para ser colocada em risco pelas combinações incertas da cabeça. Ela [a natureza] lançou, portanto, sua fundação no sentimento, e não na ciência".[24] Uma carta para seu sobrinho no ano seguinte (repetida quase literalmente a John Adams 28 anos depois) bem poderia ter sido escrita por um professor de filosofia moral da Universidade de Glasgow.

> O homem foi destinado à sociedade. Sua moralidade, portanto, foi formada para esse objetivo. Ele foi dotado de um senso de certo e errado apenas em relação a isso. Esse senso é tão parte de sua natureza como o são a audição, a visão, as sensações; é a fundação verdadeira da moralidade. (...) O senso moral, ou consciência, é tão parte do homem como sua perna ou braço. Ele foi dado a todos os seres humanos em maiores ou menores graus de força ou fraqueza, como a força dos membros também é dada do mesmo modo. Ele deve ser fortalecido pelo exercício, assim como o pode qualquer membro do corpo em particular. Esse senso é submetido, certamente, em certo grau, à orientação da razão; mas é necessário que apenas uma pequena parcela o seja: uma parcela ainda menor do que o que chamamos senso comum.[25]

Os federalistas não eram menos pessimistas (ou realistas) que os antifederalistas. Tendo pouca confiança na habilidade de um povo em sustentar o espírito público identificado com a virtude, eles desejavam um sucedâneo em proveito da virtude pública – ou melhor, dos "interesses opostos e rivais" que emergiriam naturalmente em uma grande república comercial. Foi, então, para fomentar tal multiplicidade e diversidade de interesses junto com partidos e facções que representassem

---

Nova York, 1978, e Garry Wills, *Explaining America: The Federalist,* Nova York, 1981.

[24] Jefferson, *Writings*, p. 874 (carta a Maria Cosway, 12 de outubro de 1786).

[25] Ibidem, p. 901-2 (carta a Peter Carr, 10 de agosto de 1787). Ver Henry May, *The Enlightenment in America*, Oxford, 1976, p. 296, para a carta a Adams de 14 de outubro de 1815.

esses interesses, que eles queriam encorajar o comércio e aumentar a república. Como Adam Smith e Hume (e diferentemente de Jefferson), os federalistas intentavam uma economia comercial e industrial expansiva e "progressista", com a condição para o autoaperfeiçoamento moral e material. "O comerciante assíduo", escreveu Hamilton, "o lavrador laborioso, o mecânico ativo e o industrioso fabricante – são tipos de homens que olham adiante com ardente expectativa e crescente espontaneidade para a agradável recompensa de sua labuta".[26]

Pelo mesmo motivo, era para prevenir a corrupção e preservar a União que eles eram tão insistentes acerca da separação de poderes e de um sistema de freios e contrapesos. "Pode ser um reflexo da natureza humana que tais dispositivos devam ser necessários para controlar os abusos do governo. Mas o que é o governo, senão o maior de todos os reflexos da natureza humana?" Essa observação levava ao memorável epigrama: "Se os homens fossem anjos, nenhum governo seria necessário".[27] Porque os homens não eram anjos, o governo tinha de tirar partido de sua natureza inferior, colocando interesse contra interesse e ambição contra ambição. Essas forças compensatórias, dizia Madison, eram o "remédio republicano para as doenças mais comuns a um governo republicano".[28] Esta era a diferença essencial entre os dois partidos: onde os antifederalistas eram temerosos acerca

---

[26] *Federalist 12*, p. 70. O papel do comércio e do capitalismo no pensamento dos Fundadores foi tema de muito debate. Em *Capitalism and a New Social Order: The Republican Vision of the 1790s*, Nova York, 1984, Joyce Appleby sustenta que os republicanos jeffersonianos eram, naquele período, favoravelmente dispostos ao capitalismo. Isso é questionado por Stanley Elkins e Eric McKittrick, *The Age of Federalism: The Early American Republic, 1788-1800,* Oxford, 1993, p. 109-13 e 760, nota 31. Ver, também, Peter McNamara, *Political Economy and Statemanship: Smith, Hamilton, and the Foundation of the Commercial Republic*, Dekalb, Ill., 1998, e *How Capitalistic is the Constitution?*, ed. Robert A. Goldwin e William A. Schambra, Washington, D.C., 1982.

[27] *Federalist 51*, p. 331.

[28] *Federalist 10*, p. 61.

das doenças que acometiam o governo republicano, os federalistas viam remédios precisamente nelas.

"Se os homens fossem anjos (...)." Mas eles não eram anjos nem tampouco demônios. Assim como os antifederalistas identificavam-se com Montesquieu, os federalistas identificavam-se com Hobbes.[29] Entretanto, suas visões não eram exatamente as visões hobbesianas sobre a natureza humana e a sociedade. Também não eram totalmente, ou talvez nem predominantemente, visões lockeanas. Montesquieu era repetidamente citado em *The Federalist*; Locke não era de jeito nenhum, e a citação final da obra era uma cautelosa nota de Hume sobre os erros inevitáveis a toda empreitada como a deles. Ecos de Hume também podiam ser ouvidos nos argumentos dos federalistas (*pace* Montesquieu) em favor de uma república maior – um governo, como dizia Hume, com "alcance e posição favoráveis para aperfeiçoar a democracia".[30] (Mas Montesquieu também podia ser citado, como Hamilton o fez, a respeito de uma "República Confederada", como um meio de aumentar a área do governo republicano.)[31]

Os Fundadores não estavam dispostos a confiar no senso moral, quanto mais na razão, para criarem as instituições políticas de seu novo governo republicano. Mas eles conferiam à virtude – tanto à individual quanto à social – uma parte crucial na formação dos *moeurs* [costumes] do povo, como base de uma sólida política. Os novos governos, dizia John Adams à sua esposa, exigiriam "uma purificação de nossos vícios e um aumento de nossas virtudes, ou eles não seriam abençoados".[32] Samuel Adams concordava: "Nós seremos

---

[29] Richard Hofstadter, *The American Political Tradition and the Men Who Made It*. Nova York, 1948, p. 3 (citação de Horace White).

[30] David Hume, "Idea of a Perfect Commonwealth". In: *David Hume's Political Essay*. Ed. Charles W. Hendel. Indianápolis, 1953, p. 157.

[31] *Federalist 9*, p. 50.

[32] *Political Writings of John Adams*, p. 652 (carta a Abigail Adams, 1º de julho de 1776).

bem-sucedidos se formos virtuosos. Eu sou infinitamente mais preocupado com o contágio do vício do que com o poder de todos os outros inimigos".[33] Assim também pensava Benjamin Rush: "Liberdade sem virtude não seria uma benção para nós".[34]

Os federalistas, assim como os antifederalistas, acreditavam que uma república deveria assumir a existência da virtude nos cidadãos, mesmo se suas instituições políticas fossem baseadas na diversidade de interesses e facções. "Assim como há certo grau de depravação na humanidade, que requer certo grau de circunspecção e suspeita, há outras qualidades na natureza humana que justificam certa porção de estima e confiança. O governo republicano pressupõe a existência dessas qualidades em um grau mais alto do que qualquer outra forma [de governo]".[35] O governo republicano não apenas pressupunha tais qualidades; ele as convocava, trazendo para seus postos cidadãos "cuja sabedoria é capaz de discernir melhor o verdadeiro interesse de seu país, e cujo patriotismo e amor pela justiça provavelmente sacrificariam menos tal interesse a considerações temporárias e parciais".[36] Virtude e sabedoria seriam encontradas nos representantes do povo porque tais qualidades estariam presentes no próprio povo, que seria, ele mesmo, virtuoso e sábio o suficiente para escolhê-los.

> Eu sigo esse grande princípio republicano [dizia Madison], que reza que o povo terá virtude e inteligência para selecionar homens de virtude e sabedoria. (...) Não existe virtude entre nós? Se não existe, estamos então em uma situação miserável. Nenhum artifício teórico nem nenhuma forma de governo pode nos proteger. Supor que alguma forma de governo possa assegurar a liberdade ou a felicidade sem qualquer virtude no povo é uma quimera. Se há virtude e inteligência

---

[33] Wood, *Creation of the American Republic* (ed. 1998), p. 124 (carta de Samuel Adams a John Langdon, 7 de agosto de 1777).

[34] Ibidem, carta de Rush a John Adams, 8 de agosto de 1777.

[35] *Federalist 55*, p. 359.

[36] *Federalist 10*, p. 59.

suficientes na comunidade, elas serão exercidas na seleção desses homens, de tal modo que nós não dependamos de suas virtudes, ou que confiemos em nossos legisladores, mas sim no povo que os escolhe.[37]

Virtude era um pressuposto da Constituição, mas ela não aparece no documento. Tampouco a religião. Ambas foram omitidas pela mesma razão: pois se presumia que estavam enraizadas na própria natureza do homem e se refletiriam nos *moeurs* do povo e nas tradições e instituições informais da sociedade. Fazer da virtude ou da religião objetos diretos do governo – e especialmente do governo nacional – seria contraproducente, debilitando os impulsos naturais que deram origem a elas e que as mantinham vivas. Educação, não o governo, era o instrumento próprio para a difusão da virtude. Para Rush, a solução era uma educação enraizada na religião: "o único fundamento para uma educação útil em uma república", escrevia ele, "deve ser encontrado na religião. Sem ela não pode haver virtude, sem virtude não pode haver liberdade, e liberdade é a meta e a vida de todos os governos republicanos".[38] (Note-se que a Constituição não diz nada sobre educação e, assim como ocorre com a virtude e a religião, é deixada aos indivíduos e aos estados.)

A religião faz aparições fugazes na Declaração de Independência: nas "leis da natureza e do Deus da natureza", na verdade "autoevidente" que os homens são "dotados por seu Criador de certos direitos inalienáveis", e no apelo ao "supremo juiz do mundo" e à "divina Providência" (esta última acrescentada pelo Congresso ao rascunho de Jefferson).[39] No entanto, permitiu-se que a religião tivesse apenas

---

[37] *The Debates in the Several State Conventions, on the Adoption of the Federal Constitution*. Ed. Jonathan Elliot. Filadélfia, 1907, III, 536-37.

[38] Michael Novak, *On Two Wings: Humble Faith and Common Sense at the American Founding*, São Francisco, 2002, p. 34, citando Rush, "Of the Mode of Education Proper to a Republic", 1798.

[39] Poderia haver outra nota religiosa na Declaração se Franklin não houvesse modificado a frase de Jefferson, "Nós sustentamos que essas verdades são

um papel negativo na Constituição: na proibição de requisitos religiosos para os cargos públicos e na proibição de uma religião oficial. (Algumas das constituições dos estados deram um papel mais positivo à religião: a Declaração de Direitos de Massachusetts, por exemplo, clamava pela "adoração pública de Deus" e pela "instrução pública na piedade, religião e moralidade".)[40] Muitos dos delegados, independentemente de suas visões pessoais, queriam evitar o que seria um assunto controverso e que poderia causar dissensões. Aqueles que teriam preferido agradecer a Deus, que os tinha guiado à vitória, tiveram de se consolar com o pensamento que a religião era "autoevidente", tão firmemente arraigada na sociedade, que não requeria o *imprimatur* do governo. Foi Franklin, surpreendentemente, o menos religioso dos Fundadores, quem quis que fosse feita alguma menção a Deus na Constituição, e foi ele quem propôs que diariamente se iniciassem os trabalhos da Convenção com uma prece.

Embora a religião não estivesse na Constituição, ela estava firmemente incorporada na sociedade, que era a infraestrutura do governo. Tocqueville explicou posteriormente que, embora raramente fizesse menção à França enquanto escrevia sobre a América, dificilmente ele escrevia uma página sem tê-la em mente.[41] Isso era mais óbvio acerca de assuntos de religião. Os *philosophes*, escrevia ele, acreditavam que "o zelo religioso (...) seria extinto com o aumento da liberdade e do esclarecimento". A América refutou essa teoria. A primeira coisa que o impressionou quando chegou nos Estados Unidos foi a natureza religiosa do país. "Entre nós [os franceses], eu tenho visto o espírito

---

sagradas e inegáveis" para a máxima mais secular, "Nós sustentamos que essas verdades são autoevidentes". O documento com a correção manuscrita está na Biblioteca do Congresso.

[40] Richard D. Brown, "The Idea of an Informed Citizenry in the Early Republic", em seu *Devising Liberty: Preserving and Creating Freedom in the New American Republic*, Stanford, 1995, p. 160.

[41] *Memoir, Letters, and Remains of Alexis de Tocqueville*. Londres, 1861, I, 359 (carta a M. de Kergolay, s.d.).

religioso e o espírito de liberdade quase sempre se movendo em sentidos opostos. Aqui, eu os encontro unidos um ao outro intimamente: eles reinam juntos no mesmo solo." Assim, o país onde o cristianismo era mais influente, era também "o mais ilustrado e o mais livre".[42]

Tocqueville estava escrevendo meio século depois da formação da república, mas suas observações valiam também para o período colonial. O primeiro Grande Despertar, o reflorescimento religioso da década de 1730 e começo da década de 1740, foi paralelo ao despertar metodista na Grã-Bretanha. Ele afetou, ainda mais do que na Grã-Bretanha, uma maior paisagem religiosa, revitalizando e evangelizando, por assim dizer, outros credos, e influenciando o clima político. Em 1750, o Despertar havia começado a se enfraquecer; o número de igrejas declinava (proporcionalmente à população) e poucos dos líderes revolucionários eram evangélicos. Mas enquanto o zelo evangélico diminuía (seria novamente reavivado nos anos 1790), a religião em geral continuava a ser um apoio poderoso para o republicanismo.[43] "Deístas

---

[42] Tocqueville, *Democracy in America*, p. 282, 278 (vol. I, parte 1, cap. 9). Ele trata do tema de maneira ainda mais clara na carta a M. de Kergolay: "eu creio que, como um princípio geral, liberdade política [*freedom*] mais aumenta do que diminui o sentimento religioso. Há uma maior semelhança familiar entre essas duas paixões do que se supõe" (*Memoir*, I, 360).

[43] Ver Mark A. Noll, *America's God: From Jonathan Edwards to Abraham Lincoln*, Oxford, 2002, p. 161 e passim. Um subtítulo em um dos capítulos de Noll sobre o evangelicalismo dá a época dos anos de 1790 como a data da reemergência do evangelicalismo como uma força vital (p. 161), mas, no texto, essa data é por vezes movida para a metade dos anos de 1780 (p. 179, 181). Sobre a relação entre o evangelicalismo e a Revolução, ver, também, J. C. D. Clark, *The Language of Liberty, 1660-1832: Political Discourse and Social Dynamics in the Anglo-American World*, Cambridge, 1994, p. 336 e passim. (O "evangelismo" americano, em sentido teológico e espiritual, aparece aqui com um "e" minúsculo como distinto do "Evangelismo" britânico, com maiúscula, que o denota como uma seita específica da Igreja da Inglaterra.) A evidência estatística sobre as igrejas é ambígua e contraditória. Uma tabela

e unitarianistas", aponta Mark Noll, "juntaram-se, na adesão ao republicanismo, aos conservadores teológicos protestantes, que representavam as velhas igrejas britânicas, aos indóceis promotores do novo tipo de evangelicalismo, aos porta-vozes dos tradicionais credos protestantes do continente, aos católicos romanos e até mesmo aos representantes do que era então a pequena comunidade dos judeus americanos".[44]

Outros estudiosos têm dado à religião uma parte ainda maior na criação da república, mesmo nesse suposto período de declínio evangélico. Um desses estudos vê a religião como um "vigoroso crescimento e exuberante desenvolvimento", uma renovação, em menor escala, do primeiro Grande Despertar.[45] Outro descreve o período entre os dois despertares como uma "convergência do milenarismo e do pensamento republicano", uma junção de "história republicana" e "escatologia cristã".[46] Martin Marty possui uma imagem gráfica das duas revoluções simultâneas: a primeira, uma revolução interior, espiritual,

---

revela um aumento no número de igrejas entre 1770 e 1790, sem indicação de quando, durante esse período de vinte anos, o crescimento começou (ver Noll, *America's God*, p. 162). De outras estatísticas mostrando uma taxa menor de membros nas igrejas em 1776, os autores concluem que "a vasta maioria dos americanos não tinha sido alcançada por uma fé organizada". (Ver Roger Finke e Rodney Stark, *The Churching of America, 1776-1990*. New Brunswick, 1994, p. 30). Outra pesquisa, entretanto, mostra um percentual entre 71 e 77% de pessoas na igreja em um domingo de 1776, sugerindo um nível bastante respeitável de observância religiosa. (Ver James H. Hutson, *Religion and the Founding of the American Republic*. Washington, D.C., 1998, p. 32).

[44] Noll, *America's God*, p. 64.

[45] Hutson, *Religion and the Founding of the American Republic*, p. 32-33.

[46] Nathan O. Hatch, *The Sacred Cause of Liberty: Republican Thought and the Millennium in Revolutionary New England*, New Haven, 1977, p. 2-3; ver, também, p. 17. Em outro livro, *The Democratization of American Christianity*, New Haven, 1989, Hatch associa a democratização do cristianismo com a "cristianização" da sociedade americana. Esse livro trata de um período posterior, o início do século XIX, no qual o termo "democratização" é apropriado. Henry May alerta para a identificação imprópria do Iluminismo do século XVIII com a democracia (*The Enlightenment in America*, p. 361-62). Foi o republicanismo, não a democracia, o assunto na América.

que formou a religião evangélica americana; a segunda, uma revolução externa, política, que formou a sociedade republicana americana. Inspirando ambas as revoluções estava um novo tipo de milenarismo, mais gradual e reformista do que cataclísmico e apocalíptico (como o de Priestley). Nessa visão particularmente americana de uma "cidade sobre a montanha", observa Marty, piedade e Iluminismo coincidem, uma América cristã e uma América republicana andam juntas na busca comum de felicidade.[47]

A força e a influência da religião foram tamanhas que mesmo aqueles que não eram crentes respeitavam as crenças religiosas dos outros e a própria ideia de religião. Novamente, as observações de Tocqueville estavam corretas tanto a respeito desse período quanto do posterior. "Todos diferem no que diz respeito à adoração que se deve prestar ao Criador, mas todos concordam sobre os deveres dos homens uns para com os outros. Cada seita adora a Deus a sua própria maneira, mas todas as seitas pregam a mesma moralidade em nome de Deus." O que era importante não era tanto que "todos os cidadãos professassem a verdadeira religião, mas que eles professassem uma religião"[48]. O contraste com a França estava implícito. Em busca de uma fuga das paixões religiosas do Velho Mundo, os americanos não se voltaram, como os franceses, contra a própria religião. Em vez disso, eles incorporaram a religião, em quase todos os graus e variedades, nos costumes da sociedade. Eles "moralizaram" e "socializaram" a religião, mesmo quando observavam os rituais e dogmas de suas igrejas particulares – ou mesmo quando não observavam tais rituais e dogmas.

Os americanos fizeram isso, ademais, sem formalizar ou institucionalizar o papel da religião, e sem estabelecer uma igreja oficial. De fato, a Primeira Emenda proíbe tal decisão. Essa cláusula tem sido

---

[47] Martin E. Marty, *Religion, Awakening and Revolution*. Wilmington, 1977, p. 130.

[48] Tocqueville, *Democracy in America*, p. 278 (vol. I, parte 2, cap. 9).

interpretada de várias maneiras: como tendo o intento de proteger as igrejas escolhidas pelo estado de um deslocamento causado pela escolha de uma igreja nacionalmente oficial; ou como parte de um princípio federalista mais amplo, que declarava a religião, como vários outros assuntos, como não sendo uma questão nacional e, assim, não era um assunto sujeito aos poderes de polícia do governo nacional; ou como oposição à imposição de qualquer igreja oficial sem impedir que o governo, nacional ou dos estados, possa apoiar atividades religiosas voluntárias. Atualmente, uma interpretação comum dessa cláusula vai além das interpretações eruditas, dizendo que ela proíbe não apenas a oficialização de uma religião, mas qualquer "intrusão" de religião nas "discussões públicas", sejam elas da nação, dos estados ou mesmo locais. Essa leitura cita como argumento de autoridade o "muro de separação entre Igreja e Estado" de Jefferson, enunciado em sua famosa Carta de Ano Novo de 1802, à Associação Batista Danbury. Mesmo assim, Jefferson poderia estar querendo dizer, com aquele muro, algo diferente do que se entende atualmente. Dois dias após a carta à Associação Danbury, no primeiro domingo do novo ano, Jefferson não foi ao culto na igreja local que normalmente frequentava, mas foi à celebração na Câmara dos Representantes, costume que manteve nos sete anos seguintes. Um estudioso vai mais além, dizendo que, nos domingos em Washington, durante sua presidência, "o Estado tornou-se a Igreja".[49]

Muito antes de seu mandato como presidente, Jefferson havia demonstrado uma atitude mais sutil e positiva para com a religião do que geralmente se lhe atribui. Sua polida recusa da religião em suas *Notas Sobre o Estado da Virgínia* é frequentemente citada: "A mim não me ofende que meu vizinho diga que há vinte deuses ou nenhum deus. Isso não me deixa mais pobre nem quebra a minha perna". Mas, algumas páginas depois, ele escreveu: "As liberdades de uma

---

[49] Hutson, *Religion and the Founding of the American Republic*, p. 91-93.

nação podem ser consideradas seguras quando nós removemos sua única base firme, uma convicção dispersa nas mentes das pessoas de que estas liberdades são presentes de Deus? Que elas não são violadas senão com Sua ira?".[50] Isso foi dito antes da suposta conversão de Jefferson ao unitarianismo, sob a influência de Priestley, quando ele passou a reconhecer Jesus como um preceptor moral e salvador. Como presidente, ele foi ainda mais respeitoso para com o cristianismo como baluarte da liberdade e da moralidade pública. Aconteceu de um amigo encontrá-lo, em uma manhã de domingo, a caminho da igreja carregando seu grande livro vermelho de orações: "Você indo à igreja, Sr. J? Você não acredita em uma palavra deste livro". "Senhor", respondeu Jefferson, "nunca existiu, ou foi governada, uma nação sem religião. Nem pode ser. A religião cristã é a melhor religião que já foi dada ao homem e eu, como magistrado desta nação, sou obrigado a dar a ela a sanção do meu exemplo. Bom dia, senhor".[51]

A separação de Igreja e Estado, seja como for interpretada, não significava a separação entre igreja e sociedade. Ao contrário, a religião era ainda mais enraizada na sociedade porque não era prescrita ou oficialmente estabelecida pelo governo. Esse é o motivo, explicava Tocqueville, pelo qual religião e liberdade coexistiam e fortaleciam uma à outra. E esse é o sentido de um de seus mais profundos paradoxos: "a religião, que entre os americanos nunca se imiscui diretamente no governo da sociedade, deve, então, ser considerada como a primeira de suas instituições políticas; pois se a religião não dá a eles o gosto pela liberdade, de modo singular ela ao menos facilita seu uso". A religião seria "a primeira de suas instituições políticas" porque

---

[50] Jefferson, *Writings*, p. 285, 289 (*Notes on the State of Virginia*, questões 17, 18).

[51] Hutson, *Religion and the Founding of American Republic*, p. 96, citando um manuscrito da Biblioteca do Congresso, do everendo Ethan Allen.

era o pré-requisito tanto da liberdade quanto da moralidade – assim como do próprio governo republicano.

> A liberdade vê na religião a companheira de suas lutas e de seus triunfos, o berço de sua infância, a fonte divina de seus direitos. Ela considera a religião como a salvaguarda dos costumes; e os costumes como a garantia das leis e o penhor de sua própria duração.[52]

> Ao mesmo tempo em que a lei permite ao povo americano fazer tudo, a religião o previne de tudo conceber e o proíbe de tudo ousar.[53]

> Pode haver despotismo sem fé, mas não liberdade. (...) Como poderia não perecer uma sociedade se, enquanto a amarra política é relaxada, o laço moral não for apertado? E o que faz um povo dominar-se a si mesmo se não for a submissão a Deus?[54]

E, finalmente, de maneira mais eloquente:

> Eu não sei se todos os americanos têm fé em sua religião – pois quem pode examinar as profundezas dos corações? –, mas estou certo de que eles acreditam que ela seja necessária para a manutenção das instituições republicanas. Essa opinião não pertence apenas a uma classe de cidadãos ou a um partido, mas à nação inteira; encontra-se em todos os níveis.[55]

É curioso que Tocqueville, que frequentemente citava *The Federalist* em outros assuntos, nunca citasse os Fundadores quando falava

---

[52] Tocqueville, *Democracy in America*, p. 43-44 (vol. I, parte 1, cap. 2).

[53] Ibidem, p. 280 (vol. I, parte 2, cap. 9).

[54] Ibidem, p. 282.

[55] Ibidem p. 280. Assim como Tocqueville não tinha ilusões acerca da democracia, também não tinha nenhuma ilusão acerca da religião. Ele via a religião, mesmo com seus excessos e perversões, como preferível à sua alternativa. "Eu julgaria que seus cidadãos estariam menos arriscados a tratarem-se brutalmente uns aos outros se eles pensassem que suas almas passariam para o corpo de um porco do que se eles não acreditassem em nada." Ibidem, p. 519-20 (vol. II, parte 2, cap. 15).

de religião. O "Discurso de Despedida", de Washington, é eminentemente citável: "De todas as inclinações e hábitos que levam à prosperidade política, religião e moralidade são os apoios indispensáveis". Como se estivesse alertando seus compatriotas de que o esclarecimento não era substituto para a religião, Washington os aconselhava a não "favorecer a suposição de que a moralidade possa ser mantida sem a religião. Seja qual for a importância concedida à influência de uma educação refinada em mentes de estrutura peculiar, a razão e a experiência, ambas, proíbem-nos de esperar que a moralidade nacional possa prevalecer à exclusão do princípio religioso".[56] John Adams atingiu ainda mais o cerne da questão: "Nossa constituição foi feita somente para um povo moral e religioso. Ela é completamente inadequada para o governo de qualquer outro".[57] A tentativa da Revolução Francesa de estabelecer uma república secular extraiu dele o famoso comentário: "Eu não sei o que fazer de uma república de 30 milhões de ateus".[58] Benjamin Franklin, ele próprio um deísta, concordava: "Se os homens são tão perversos, como nós podemos constatar agora, com religião, o que seria deles sem ela?".[59]

---

[56] George Washington, *Writings*, Nova York, Library of America ed., 1997, p. 971. Washington foi mais longe do que Madison no favorecimento do reconhecimento e da prática da religião, mas foi cuidadoso o suficiente para preservar os princípios da liberdade e do pluralismo religioso. Assim, ele tomou providências para que os capelães militares fossem pagos pelo governo e cuidou para que houvesse capelães para cada denominação. Embora ele não hesitasse em invocar a divindade em suas declarações públicas, ele o fazia em uma linguagem não denominacional – "Ser Todo-Poderoso" ou "Grande Autor". Ver Vincent Phillip Munoz, "George Washington On Religious Liberty", *Review of Politics*, inverno de 2003.

[57] *Works of John Adams*, IX, 229 (carta aos oficiais do Primeiro Regimento, 11 de outubro de 1798).

[58] *Political Writings of John Adams*, p. 663 (carta a Richard Price, 19 de abril de 1790, acusando o recebimento do sermão que inspirou as *Reflexões* de Burke).

[59] William Cabell Bruce, *Ben Franklin Self-Revealed*. Nova York, 1917, p. 90.

Mesmo aqueles dentre os Fundadores que não eram fiéis devotos, ou aqueles que eram mais cautelosos quanto ao apoio do governo à religião (de maneira mais notável, Madison), respeitavam a religião e as crenças religiosas de seus compatriotas. Por vezes foi dito, depreciativamente, que os Fundadores possuíam uma visão utilitária ou funcional da religião, valorizando-a como um recurso social e político. Mas essa visão da religião não é imprópria. Compreender a religião como a fonte última da moralidade e, portanto, de uma boa sociedade e de uma política sólida, não é degradante para a religião. Ao contrário, tal visão presta honras à religião – e a Deus – como sendo essencial ao bem-estar da humanidade. E também confere ao homem, que é considerado capaz de subordinar sua natureza inferior à sua natureza superior, o poder de venerar e prestar obediência a algo acima dele.

Se os Fundadores não olhavam para a religião como inimiga da liberdade, tampouco as igrejas olhavam para a liberdade como a inimiga da religião. As várias seitas e denominações tinham um óbvio suporte na liberdade religiosa e apreciavam, como Tocqueville, a relação entre a liberdade política e a liberdade religiosa. Muitas delas, especialmente após a passagem da Lei do Selo, eram entusiastas apoiadoras do republicanismo e da Revolução.[60] Elas chegaram a essa posição não através da atenuação ou secularização de suas religiões, mas através da espiritualização da própria política. "Longe de banir a cultura política do domínio dos conceitos religiosos", escreve um historiador, "os ministros estenderam o baldaquino do sentido religioso de tal modo que até mesmo a causa da liberdade se tornou sagrada".[61]

---

[60] Antes da guerra, e em seus estágios iniciais, muitos metodistas eram legalistas, talvez por deferência a Wesley, que, como um bom Tory, defendia seu país na luta contra as colônias. No fim da guerra, contudo, eles se juntaram à causa americana e eram respeitados como bons cidadãos e patriotas.

[61] Hatch, *Sacred Cause of Liberty*, p. 2-3.

RELIGIÃO E ILUMINISMO

A religião, portanto, não era vista como uma ameaça à liberdade. Nem foi considerada, e isso é talvez ainda mais notável, como ameaça ao Iluminismo – à razão, à ciência e à vida intelectual em geral. Cotton Mather é hoje lembrado por seus inflamados sermões sobre bruxaria e possessões satânicas, que ajudaram a provocar os julgamentos das bruxas de Salém (os quais ele não aprovava inteiramente). Mas ele também foi um fervoroso estudante de astronomia e do sistema copernicano e (como Wesley na Inglaterra) um persistente advogado em face da grande resistência popular com a vacinação contra a varíola. Bem informado acerca das ciências naturais, ele foi o primeiro americano nativo a ser nomeado membro da Academia Real, e foi laureado com um doutorado honorário em Divindade, pela Universidade de Glasgow, o coração do Iluminismo escocês. Desapontado em seu desejo de se tornar reitor de Harvard (sua *alma mater*), ele foi um personagem ativo na fundação de Yale.

Assim, também Jonathan Edwards, o principal líder do Grande Despertar, estava longe do estereótipo de religioso fanático, retrógrado e repressivo. Graduado e, por um período, o principal tutor em Yale, suas leituras eram variadas e ecléticas, sendo admirador de Newton, como todo mundo era, mas também de Locke, Hutcheson e outros filósofos escoceses. Impressionado pelo *Ensaio Sobre o Entendimento Humano*, de Locke, ele adaptou seus princípios psicológicos e epistemológicos a sua própria interpretação do calvinismo. Ele entrou também em contato com os métodos estatísticos que haviam se tornado populares no mundo científico, usando-os para chegar à feliz conclusão de que o milênio levaria a um aumento tão rápido na taxa de nascimentos que a porcentagem de absolvidos superaria de longe aquela dos condenados. Embora Edwards tenha caído em desgraça entre seus paroquianos por conta do excessivo rigor doutrinário, ele era suficientemente respeitado entre os leigos, a ponto de ser nomeado o reitor da Faculdade de Nova

Jersey (posteriormente Princeton). Ele havia acabado de assumir o cargo quando faleceu, em 1758, de varíola.

Outros reitores universitários exibiam a mesma combinação de devoção religiosa e aprendizado secular. Em 1768, a presidência da Faculdade de Nova Jersey foi assumida por John Witherspoon, um clérigo calvinista escocês (membro da mais rigorosa das duas seitas calvinistas da Escócia), que foi persuadido a vir para a América por Benjamin Rush, um evangélico que era então um estudante em Edimburgo. Witherspoon trouxe para a faculdade não apenas suas crenças religiosas, mas também a filosofia do senso comum de Thomas Reid, ambas refletidas em seu popular curso sobre filosofia moral. (Entre seus alunos estava Madison, que desenvolveu e manteve por toda a vida um grande interesse por teologia.) A combinação de filosofia escocesa e calvinismo, modificada no decurso do tempo, perpassou a faculdade, fazendo dela um grande centro intelectual da América e fazendo do próprio Whiterspoon uma figura pública notória – na realidade, um dos signatários da Declaração de Independência. O reitor de Yale, Ezra Stiles, era ainda mais excêntrico, mas não menos erudito. Ministrava aulas de astronomia, teologia e filosofia, e conduzia experimentos com eletricidade (com o equipamento fornecido por Benjamin Franklin). Politicamente mais radical do que seus colegas, ele se descrevia como um democrata (usando a palavra no sentido favorável, diferentemente da maioria de seus contemporâneos) e apoiava a Revolução Francesa com entusiasmo, não desanimando nem mesmo com o Terror.

A associação de ciência com secularismo é geralmente simbolizada pela figura de Benjamin Franklin, o mais celebrado inventor e empreendedor científico tanto em terras estrangeiras como na América, ainda que ele tivesse sido um deísta que acreditava em um Ser Supremo e em um estado futuro no qual recompensas e castigos encontrariam os justos e os injustos. Em sua *Autobiografia*, ele relembrava a primeira vez que ouvira George Whitefield pregar. Decidido a não contribuir com a coleta, ele se percebera, à medida que o sermão prosseguia, tão arrebatado, que pensou em dar, a princípio, alguns cobres; depois, alguns poucos dólares de prata, e, por fim, acabou dando cinco peças de ouro.[62] Embora ele tenha resistido às tentativas de Whitefield de convertê-lo, eles permaneceram bons amigos até a morte deste. Mas Franklin tornou-se mais religioso à medida que ia ficando mais velho: "Quanto mais eu vivo", disse no discurso em que propôs que cada encontro do Congresso se iniciasse com uma oração, "mais vejo provas convincentes desta verdade – que Deus governa os assuntos dos homens. E se um pardal não pode cair no chão sem que Ele o saiba, é provável que um império possa se erguer sem Sua ajuda?".[63]

Homens intensamente religiosos não nutriam menos respeito ou se encantavam menos pela ciência. Benjamin Rush, um evangélico ardente, contabilizou alguns "primeiros" ao seu favor: ele foi o primeiro professor de química da América (posteriormente, foi professor de medicina na Universidade da Pensilvânia), estabeleceu o primeiro dispensário gratuito e ajudou a fundar a primeira sociedade antiescravagista. Como um médico prático, ele fez incansáveis tentativas de melhorar os serviços médicos no exército e, sob grande risco para sua própria saúde, cuidou de doentes durante a epidemia de febre amarela em 1793. Se sua cura para essa doença (a sangria e a purga

---

[62] Ainda assim, Franklin não ficou tão intimidado pela oratória de Whitefield a ponto de se esquecer de seus aspectos mais mundanos. Ouvindo-o pregar uma manhã, na Filadélfia, Franklin ficou curioso sobre o número de pessoas que estavam presentes e que podiam ouvi-lo. Andando pelas ruas, Franklin mediu até qual distância Whitefield podia ser ouvido e, então, considerando dois metros quadrados para cada pessoa naquela área, ele computou que Whitefield poderia ser ouvido por mais de 30 mil pessoas. Franklin alegrou-se por sua precisão ao saber da conta publicada pelo jornal que noticiava a presença de 25 mil pessoas ouvindo a pregação naquele campo (ver *The Autobiography of Benjamin Franklin*, Nova York, 1995 [reimpressão da ed. de 1886], p. 133-35).

[63] Citado em Walter Isaacson, *Benjamin Franklin: An American Life*, Nova York, 2003, p. 451 (discurso de 28 de junho de 1787).

dos pacientes) e sua teoria acerca da causa (os eflúvios provenientes dos esgotos abertos e dos fétidos pântanos) estavam errados, suas recomendações de medidas sanitárias e de saúde pública foram absolutamente salutares.

O temperamento do país estava refletido em suas duas proeminentes instituições intelectuais: a Sociedade Filosófica Americana, fundada por Franklin em 1744 (e reorganizada em 1768), e a Academia Americana de Artes e Ciências, fundada por John Adams em 1780. Ambas visavam primariamente encorajar a busca pela ciência, teórica e prática, e ambas eram constituídas de clérigos de todas as denominações, assim como de cientistas, médicos e figuras publicamente proeminentes. O sucessor na Faculdade de Nova Jersey, e genro de Whiterspoon, Samuel Stanhope Smith, um clérigo presbiteriano, foi eleito para a Sociedade Filosófica Americana quando assumiu a reitoria da faculdade em 1786. (Seu discurso para a sociedade, no ano seguinte, sobre a "Variedade da Espécie Humana", sustentava que os negros não eram inferiores aos brancos e que, devido ao clima e ao meio ambiente, eles estavam embranquecendo com o passar do tempo.) Em um período memorável na história das sociedades, Jefferson presidiu a Sociedade Filosófica Americana quando foi eleito presidente dos Estados Unidos – ao mesmo tempo em que John Adams, seu oponente na disputa presidencial, presidiu a rival Academia Americana de Artes e Ciências.[64]

O historiador Henry May, documentando a sensibilidade religiosa que perpassava o Iluminismo americano, assinalou pesarosamente: "Pode-se talvez lastimar pelo espaço tão pequeno que teve o Iluminismo cético na América" – o Iluminismo antirreligioso, aquele dos *philosophes*.[65] John Adams, que fundou a Academia Americana de Artes e Ciências seguindo o modelo da Academia Francesa de Ciências, não

---

[64] May define essa situação curiosa como "uma coincidência muito improvável para se repetir na política americana" (*The Enlightenment in America*, p. 278).

[65] Ibidem, p. 137.

concordaria. Ele admirava a inclinação científica do Iluminismo francês, mas não todas as suas tendências céticas. Ele admirava ainda menos as ideias de natureza humana e perfectibilidade que encontrava nos *philosophes*. Para Jefferson, que tinha predileção por Helvétius, Adams escreveu:

> Eu nunca li um raciocínio mais absurdo, uma sofistaria mais grosseira (...) do que os astutos esforços de Helvétius e Rousseau a fim de demonstrar a igualdade natural da humanidade. *Jus cuique*, a regra de ouro, agir com os outros como gostaria que agissem com você, é toda a igualdade que pode ser sustentada ou defendida pela razão ou pelo senso comum.[66]

Ele ficou ainda mais indignado quando leu que d'Alembert havia dito a Frederico, o Grande, que "se ele [d'Alembert] tivesse presente quando Deus criou o mundo, poderia ter dado a Ele alguns bons conselhos". "Tu, piolho, pulga, carrapato, formiga, vespa ou qualquer verme que sejas", enfurecia-se Adams, "foi este estupendo universo feito e ajustado para dar-te dinheiro, sono ou digestão?".[67]

Isso aconteceu em uma época posterior da vida de Adams, quando ele já podia se confortar com o pensamento de que o Iluminismo cético *à la France* não tinha tido virtualmente nenhuma influência nos anos formativos da América. A *Encyclopédie* estava tanto nas maiores bibliotecas universitárias quanto nas bibliotecas privadas de alguns dos Fundadores, mas era raramente tomada como referência, muito menos citada. Voltaire foi o único *philosophe* que ficou bem conhecido na América antes da Revolução. Porém, foram suas histórias de Luís XIV e Carlos XII, muito mais do que seus trabalhos polêmicos e antirreligiosos, que ficaram disponíveis posteriormente e que se tornaram populares. Madison leu as *Cartas acerca da Nação Inglesa*, de Voltaire, na faculdade, e gostava de repetir sua piada sobre

---

[66] *Works of John Adams*, X, 53 (13 de julho de 1813).
[67] Spurlin, *The French Enlightenment in America*, p. 115.

o efeito salutar da multiplicidade de seitas.[68] Mas esse era o Voltaire pró-ingleses, não o defensor da tese de *écrasez l'infâme*. Rousseau tornou-se conhecido na América apenas depois da Revolução e, mesmo assim, foi *Emílio* e não *O Contrato Social* que era geralmente lido (e nem sempre com aprovação).

OS DESFAVORECIDOS E OS MARGINALIZADOS

Se o Iluminismo americano foi notavelmente deficiente no que diz respeito ao espírito cético, é porque ele teve uma dívida maior para com os filósofos morais britânicos do que para com os *philosophes* franceses, ainda que não tenha traduzido o senso moral em uma "sociologia da virtude" e seu Iluminismo não tenha produzido a pletora de iniciativas de caridade, sociedades filantrópicas e propostas de reforma social que foram tão memoráveis na Grã-Bretanha.

Essa dimensão social foi menos proeminente na América, pois o país estava mais focado em preocupações políticas imediatas – mais em "políticas de liberdade" do que em uma "sociologia da virtude". Além disso, a América não teve os sérios problemas sociais que os britânicos tiveram de enfrentar ou ao menos não experienciaram tais problemas com a mesma urgência. A pobreza era menos incômoda em uma terra tão grande e com uma população tão móvel. Na realidade, muitas pessoas inteligentes, não apenas os antifederalistas, consideravam o luxo um problema social muito maior do que a pobreza. O francês *émigré* para a América, J. Hector St. John de Crèvecoeur, escrevendo como um "Fazendeiro Americano" (tendo em mente a comparação com um fazendeiro francês), relatava que os agricultores na América viviam em relativo "conforto". Todos tinham pão e carne, os idosos e enfermos eram auxiliados pelo distrito no qual residiam,

---

[68] Ver, anteriormente, p. 65, n. 69.

e "os verdadeiros pobres, nós não os temos nesta feliz nação".[69] Em suas *Notas sobre o Estado da Virgínia*, Jefferson observava que ele nunca tinha visto um nativo americano mendigando nas ruas ou nas estradas; aqueles que mendigavam normalmente eram estrangeiros que não tinham se fixado em uma paróquia e, portanto, não recebiam auxílio de nenhuma delas.[70] Escrevendo de Paris alguns anos depois, ele impressionou-se com o contraste entre os dois países:

> Dos vinte milhões de pessoas que provavelmente habitam a França, eu sou da opinião de que há dezenove milhões delas que são mais miseráveis e mais amaldiçoadas em todas as circunstâncias da existência humana do que os mais evidentemente miseráveis de todos os Estados Unidos".[71]

Crèvecoeur e Jefferson podem ter sido excessivamente otimistas, mas eles deram testemunho de uma percepção comum de que a pobreza não era um sério problema e de que estava sendo adequadamente aliviada pelos agentes locais e pela caridade privada.

Tampouco o analfabetismo era visto como um problema, motivo pelo qual a educação superior recebeu mais atenção do que a educação elementar. Na Nova Inglaterra, onde a educação básica era garantida por lei, praticamente todos os homens eram alfabetizados; John Adams observou que um iletrado era tão raro quanto um

---

[69] J. Hector St. John de Crèvecoeur, *Letters from an American Farmer and Sketches of Eighteenth-Century America*. Ed. Albert E. Stone. Londres, 1986 (1. ed. 1782), p. 240. (Essa passagem aparece nos *Sketches*, uma dúzia de ensaios omitidos das *Letters* publicadas originalmente, e impressos pela Yale University Press em 1925.)

[70] Jefferson, *Writtings*, p. 259 (*Notes on the State of Virginia*, questão 14). Nessa "revisão" das leis da Virgínia, entretanto, Jefferson propôs um ambicioso plano de auxílio aos pobres (nunca foi promulgado), que incluía recursos para o aprendizado de crianças pobres e para escolas muito similares às escolas de pobres da Grã-Bretanha. Ver Ralph Lerner, *The Thinking Revolutionary: Principle and Practice in the New Republic*. Ithaca, N.Y., 1987, p. 65.

[71] *Jefferson's Letters*. Ed. Wilson Whitman. Eau Claire, Wis., s.d., p. 32 (carta à Mrs. Trist, 18 de agosto de 1785). Cinco anos depois, Jefferson falava de uma república de 30 milhões.

jacobita ou um católico. Jefferson propôs um curso uniforme de educação elementar para a Virgínia, mas ele não o perseguiu nem o desenvolveu com a mesma paixão e dedicação que empregou na Universidade da Virgínia. Mas Jefferson não estava sozinho em prol da causa da educação superior. Em um período relativamente curto de tempo, outras faculdades foram fundadas e rivalizavam em qualidade com as antigas instituições britânicas.

A filantropia também não alcançou na América as mesmas proporções alcançadas na Grã-Bretanha. Quakers e metodistas foram membros ativos na reforma de prisões e hospícios, em variadas causas de caridade e, mais notavelmente, no movimento abolicionista. Mas não havia nada como a florescente ocupação filantrópica, tão notável entre os britânicos. A mais ambiciosa empreitada foi a fundação da colônia da Geórgia em 1732, por James Oglethorpe. Subsidiada pelo Parlamento, foi pensada para ser um refúgio para "os mais aflitos, virtuosos e diligentes".[72] (Imigrantes da Alemanha e da Itália eram permitidos, mas não judeus ou católicos.) A colônia era controlada por regulações rígidas que governavam a propriedade, a venda e o uso da terra – os administradores, por exemplo, não podiam obter lucro pessoal dela –, e por regras detalhadas para a produção de seda, que era a principal indústria. A escravidão era proibida na colônia, bem como a venda e o consumo de bebida alcoólica. Em duas décadas, o experimento, incluída a indústria da seda, provou ser um fracasso, e a administração voltou às mãos da Coroa, sob a qual as restrições, econômicas e morais, foram suspensas e a colônia prosperou.

Contudo, pesavam sobre a América dois problemas dos quais a Grã-Bretanha foi felizmente poupada, os índios e os escravos: ambos

---

[72] Daniel J. Boorstin, *The Americans: The Colonial Experience*. Norwalk, Conn., 1987 (1. ed. 1958), p. 79.

provaram ser praticamente intratáveis. Se não por outras razões, ao menos por uma questão econômica, o deslocamento dos índios era uma pré-condição para a própria existência dos colonos. A ocupação nativa de caça e agricultura de subsistência era incompatível com uma economia agrícola mais sofisticada, sem falar da indústria e do comércio. Colonos e comunidades lidaram com a situação da melhor forma que puderam, sem princípios firmes ou políticas que os guiassem. O que eles possuíam, somado a um claro reconhecimento de seus próprios interesses e necessidades, era um forte senso de superioridade, como seres humanos, como cristãos e como cidadãos. "Selvagens", no vocabulário popular, era sinônimo de índio, significando um povo sem leis, moral ou qualquer coisa que lembrasse civilização. A Declaração de Independência expressou a visão da América esclarecida quando se queixava que os britânicos incitavam "os selvagens índios cruéis, cujo conhecido comportamento de guerra é uma destruição indistinta de todas as idades, sexos e condições".[73]

Como todos os seus conterrâneos, George Washington não tinha dúvida de que o futuro estava com a civilização superior, mas quis trazer esse futuro à realidade da maneira mais pacífica possível. Em 1783, ele recomendou a compra da terra dos índios, em vez de expulsá-los por força das armas. Vários anos mais tarde, em sua mensagem ao Congresso, ele lembrava a seus contemporâneos que eles tinham uma responsabilidade especial para com essa "raça obscurantista". "Um sistema que corresponda aos compassivos princípios da religião e da filantropia para com uma raça obscurantista de homens, cuja

---

[73] Muitos anos depois, falando sobre a guerra de 1812, Jefferson repetiu a acusação de que a Inglaterra havia "seduzido" os índios a massacrarem os brancos, evitando, assim, a amalgamação dos dois povos e levando à "brutalização, se não ao extermínio, desta raça na América". Essa era outra insistência, notava amargamente Jefferson, da "cupidez anglo-mercantil" que havia inundado a terra com sangue, na Irlanda e na Ásia, bem como na América. Ver Jefferson, *Writings*, p. 1312-13 (carta a Alexander von Humboldt, 6 de dezembro de 1813).

felicidade depende materialmente da conduta dos Estados Unidos, seria tão honroso para o caráter nacional quanto para os ditames de uma política sólida."[74] Mais tarde, em um discurso aos cherokees proferido pouco antes de seu Discurso de Despedida, Washington lhes assegurava que havia dado muita atenção ao problema e tinha chegado ao "único caminho" que permitiria que índios e brancos gozassem das boas coisas da vida. Esse caminho era o da assimilação. Os índios tiveram de desistir de seus hábitos tradicionais e de suas ocupações (a caça, por exemplo) e adotar os dos brancos. Em uma comovente nota pessoal, ele dizia a eles que, assim como ele próprio estava se aposentando da vida pública, eles estavam sendo convidados a se aposentarem como uma nação.[75]

Confrontando o mesmo problema quando se tornou presidente, Jefferson insistia que os interesses, tanto dos brancos quanto dos nativos, seriam mais bem servidos se os índios se convertessem a uma economia agrícola, fazendo, assim, um uso mais econômico da terra. Ele olhava adiante para um tempo no qual os dois povos aprenderiam a "se encontrar e se misturar, a se integrar, e se tornar um só povo", com os índios sendo cidadãos plenos dos Estados Unidos. Essa ideia era tão nova que Jefferson temia que chocasse os índios (os índios, dizia ele, não os brancos) até mesmo se fosse apenas uma cogitação. Mas eles poderiam se familiarizar gradualmente com ela, se encorajados a vender suas terras ao governo como o primeiro passo para "o progresso natural das coisas". No meio tempo,

---

[74] Washington, *Writings*, p. 788 (mensagem ao Congresso, 25 de outubro de 1791). Tocqueville se refere vagamente a essa passagem: "Nós somos mais ilustrados e mais poderosos que as nações indianas; é para nossa honra que os tratamos com bondade e até mesmo com generosidade" (*Democracy in America*, p. 320 [vol. I, parte 2, cap. 10]). Os editores da obra de Tocqueville notam a diferença entre sua citação e a afirmação de Washington.

[75] Washington, *Writings*, p. 956 (Discurso para a Nação Cherokee, 29 de agosto de 1796).

ele aconselhava seu correspondente a guardar aquele audacioso pensamento para si mesmo.[76]

Enquanto Washington apelava ao "caráter nacional" dos americanos, para se comportarem honrosamente com os índios, outros se preocupavam, achando que o caráter americano não era tão apto a essa tarefa; na realidade, pensavam que ele já havia se degradado pela luta com os índios. John Jay alertava seus compatriotas, dizendo que eles estavam sendo reduzidos a "selvagens brancos", assassinando índios a sangue-frio por nada mais do que suas terras. Não seria melhor para os brancos, perguntava ele, estender suas colônias gradualmente, em vez de lançarem suas tendas pelas vastidões selvagens, distantes entre si e de outras facilidades da civilização? Ele previa consequências terríveis se os brancos persistissem nesse caminho. "Devemos ocupar as vastidões selvagens com selvagens brancos que se tornarão mais terríveis para nós do que os amarelos que agora as habitam?"[77]

O problema da escravidão era ainda pior do que o dos índios. Aquela via de assimilação não parecia estar disponível aqui. Quakers e metodistas, certamente, tinham uma solução, e uma tropa de panfletários e pregadores concordava com eles: tal solução não era nada menos do que a abolição da escravatura. A escravidão, declaravam as atas da Conferência Metodista em 1780, "é contrária às leis de Deus, dos homens e da natureza, e agressiva à sociedade, contrária aos ditames da consciência e da pura religião". Os pregadores metodistas concordaram em libertar seus escravos e persuadiram muitos de seus paroquianos a fazerem o mesmo; em um condado, nas últimas duas décadas do século, os metodistas foram responsáveis por quase 750

---

[76] Jefferson, *Writings*, p. 1115-16 (carta a Benjamin Hawkins, 18 de fevereiro de 1803).

[77] Citado por Lerner, *The Thinking Revolutionary*, p. 150.

alforrias.⁷⁸ Suas congregações eram também hospitaleiras para com os negros (como também o eram para os pobres); em 1790, os negros eram um quinto dos membros.

A maioria das pessoas, incluindo pensadores e homens bem-intencionados, como Patrick Henry, investia contra o "mal lamentável" da escravidão enquanto acreditava que a "inconveniência" de viver sem escravos era tão grande que tornava a abolição impraticável.⁷⁹ Havia muita coisa em jogo para muitas pessoas. Não apenas por razões de "inconveniência" (um eufemismo para "economia"), mas também por razões políticas. Enquanto a guerra estava sendo travada e um novo governo estava sendo forjado, pensava-se ser um elemento de divisão e, portanto, imprudente conduzir um sério debate sobre o assunto, deixando-o para que se resolvesse sozinho. Essa crença persistiu até bem depois de o novo governo estar firmemente estabelecido, de tal modo que Washington, assim como estava esboçando seu testamento que previa a libertação de seus escravos – não após sua própria morte, mas após a morte de sua esposa –, estava preparando seu Discurso de Despedida, no qual cuidadosamente não menciona o assunto da escravidão (exceto, interessantemente, como uma metáfora, na qual uma nação seria "uma escrava" de suas paixões se ignorasse seus interesses e deveres).⁸⁰

Os Fundadores, como os historiadores, estavam bastante conscientes de que a Constituição havia falhado em realizar aquela intrépida afirmação da Declaração que dizia que "todos os homens são criados iguais" e dotados dos mesmos "direitos inalienáveis" à "vida, à liberdade e à procura da felicidade". A violação de tal preceito era flagrante, primeiro na cláusula que equacionava cinco escravos com

---

⁷⁸ Dee E. Andrews, *The Methodists and the Revolutionary America, 1760-1800: The Shaping of an Evangelical Culture*. Princeton, 2000, p. 125, 130.

⁷⁹ Bernard Bailyn, *The Ideological Origins of the American Revolution*. Ed. revisada, Cambridge, 1992, p. 236.

⁸⁰ Washington, *Writings*, p. 973.

três homens brancos (para fins de representação e taxação), permitindo a importação de escravos (por vinte anos) e requerendo a devolução dos escravos que escapavam a seus donos. Que os Fundadores estavam profundamente preocupados com essas cláusulas é evidente, por conta do cuidado que tiveram de nunca usar a palavra "escravos" (nem mesmo "pretos" e "negros"), na Constituição. O eufemismo "outras pessoas" como distintos das "pessoas livres" na cláusula dos três quintos, ou "pessoa detida para serviço", na cláusula acerca de escravos fugitivos, permitiu que salvassem suas consciências dando aos escravos o *status* de seres humanos, mesmo enquanto negavam sua igualdade e sua liberdade. O *The Federalist* exibia a melhor face de tais disposições, aceitando o argumento de que a cláusula dos três quintos reconhecia o escravo "como um sujeito moral, não como um mero artigo de propriedade", e defendendo a cláusula sobre o comércio escravo de vinte anos como uma alternativa melhor do que a de não prescrever limite nenhum. "Deve ser considerado, como grande ponto conquistado em favor da humanidade", declarou Madison, que o "tráfico não natural" de escravos pudesse terminar após vinte anos, e que nesse ínterim tal comércio seria desencorajado pelo governo federal e talvez abolido em certos estados.[81]

Todavia, como no caso dos índios, havia mais coisas envolvidas no assunto da escravidão do que interesse ou prudência. Havia também uma convicção profunda e muito difundida acerca das inegáveis diferenças das raças e da inferioridade dos negros. Quando Hamilton propôs, durante a guerra, que os soldados negros fossem encorajados a se alistar, dando a eles "sua liberdade juntamente com seus mosquetões", ele sabia que essa sugestão encontraria muitas oposições por conta do "preconceito e do interesse próprio".[82] E quando os quakers, após a adoção da Constituição, pediram ao Congresso que primeiro

---

[81] *Federalist 54*, p. 349; *Federalist 42*, p. 268.
[82] *American Enlightenment*, ed. Koch, p. 568 (Hamilton a Jay, 14 de março de 1779).

desse um fim à importação de escravos e, então, abolisse a escravidão, o único nome que impunha respeito era o do já idoso e doente Benjamin Franklin. (De qualquer modo, os quakers já eram suspeitos porque não lutaram na guerra.) Hamilton, contudo, um abolicionista, não apoiou a petição porque ela prejudicava sua própria agenda financeira; e Madison se posicionou a favor da abolição do comércio de escravos, mas tinha uma postura ambígua acerca da escravidão.

Mais controversa e, talvez, mais inesperada, foi a atitude de Jefferson. Em sua constituição para a Virgínia, ele propôs que os escravos fossem emancipados e, então, devidamente equipados, armados e mandados para o estrangeiro para colonizarem tais lugares como um "povo livre e independente". Para substituí-los, igual número de pessoas brancas seria induzido a emigrar para a América. Essa custosa e incômoda transferência de população seria justificada, dizia ele, pelo preconceito arraigado dos brancos, pela memória dos negros e das injúrias que eles haviam suportado, e pelas qualidades "físicas e morais" dos negros, que sempre dividiriam as raças e "produziriam convulsões que provavelmente nunca terminarão senão através do extermínio de uma ou de outra raça".[83] Quarenta anos depois, em sua *Autobiografia*, Jefferson repetiu essa proposta:

> Nada está escrito mais certamente no livro do destino do que o fato de que essas pessoas não são livres. Nem é menos certo que as duas raças, igualmente livres, não possam viver sob o mesmo governo. Natureza, hábito e opinião traçaram linhas de distinção indeléveis entre eles. Está ainda em nosso poder dirigir o processo de emancipação e deportação pacificamente e, em tal grau lento, de modo que o mal irá arrefecendo insensivelmente e seu lugar será *pari passu* preenchido por homens brancos trabalhadores.[84]

---

[83] Jefferson, *Writings*, p. 264 (*Notes on Virginia*, questão 14). Os negros, dizia Jefferson, eram muito inferiores aos indígenas; estes tinham habilidades artísticas e verbais que nunca foram encontradas nos negros.

[84] Ibidem, p. 44 (*Autobiography*).

Naquela época, essa ideia não pareceu tão bizarra como agora. Apenas dois anos antes, Madison havia endossado uma proposta similar que fora posta em circulação por uma sociedade filantrópica. Mas em lugar de transportar para a África apenas os escravos libertos, como queria a sociedade, Madison sugeriu que tal política deveria ser estendida a todos os negros, e que o governo arcasse com o custo do transporte, pois tal empreitada era para o benefício de toda a nação.[85]

Foi justamente no que diz respeito ao tema da escravidão que a política de liberdade chocou-se com a sociologia da virtude. O filósofo político Herbert Storing tentou reconciliar os dois. O primeiro propósito dos Fundadores, argumentava ele, era a criação de uma união destinada a ser "o maior instrumento de liberdade jamais feito". Embora a ideia de liberdade fosse gravemente violada no caso dos negros, a união, dedicada à ideia de liberdade, provaria ser eventualmente o instrumento de sua libertação. Assim, a escravidão, assumidamente um mal, era "um mal a ser tolerado, cujo ingresso na Constituição não foi permitido senão pela porta dos fundos, de maneira relutante e inconfessa, sob a presunção de que a casa seria verdadeiramente adequada para viver somente quando tal visitante fosse embora, e que de fato ele, por fim, iria".[86]

Se essa era a estratégia dos Fundadores, ela finalmente se efetivou – mas apenas depois de uma guerra sangrenta e traumática, a Guerra

---

[85] *American Enlightenment*, ed. Koch, p. 458-60 (Madison a Robert J. Evans, 15 de junho de 1819).

[86] Herbert J. Storing, "Slavery and Moral Foundations of the American Republic". In: *The Moral Foundations of the American Republic*, ed. Robert H. Horwitz (2. ed., Charlottesville, Va., 1979), p. 225. Storing segue argumentando que a liberdade proclamada na Declaração era, em si mesma, equívoca, pois ela pressupunha o direito lockeano de autopreservação, o qual era igualado ao interesse próprio, criando, assim, um conflito entre o direito (ou liberdade) do escravo e o direito de seu senhor.

Civil, que foi, talvez mais do que a Revolução, o evento mais cataclísmico da história americana. Pode-se dizer que Abraham Lincoln perseguia a mesma estratégia, travando uma guerra que tinha o duplo propósito de preservar a união e abolir a escravatura – preservar a união, pode-se dizer, *a fim de* abolir a escravatura. Nesse sentido, Lincoln foi o verdadeiro herdeiro dos Fundadores. A política da liberdade que havia construído a união resultava, mais de meio século depois, na abolição da escravatura.

No *The Federalist*, Madison solicitava àqueles que haviam levantado objeções a uma ou outra cláusula da nova Constituição, que eles deveriam ter em mente os defeitos da antiga. "Não é necessário", raciocinava ele, "que esta [a nova Constituição] seja perfeita: é suficiente que aquela [a antiga] seja mais imperfeita".[87] As primeiras palavras do preâmbulo da Constituição confirmavam esse princípio: "Nós, o povo dos Estados Unidos, a fim de formarmos uma união mais perfeita (...)". Não a união *perfeita*, que poderia bem ter sido o objetivo de um "legislador filosófico", mas apenas uma união *mais perfeita*. Os filósofos morais britânicos teriam endossado esse sentimento modesto. Os *philosophes* franceses, que aspiravam ser legisladores filosóficos, talvez não.

---

[87] *Federalist 38*, p. 236. Ver, também, *Federalist 85*, p. 561.

Epílogo

Na América de hoje, o Iluminismo ainda está vivo e bem. Biografias – escritas por renomados historiadores não hagiógrafos – dos Fundadores ("Pais Fundadores", como eles foram um dia conhecidos) tornaram-se praticamente uma indústria, inundando as livrarias e aparecendo regularmente nas listas de mais vendidos. O *The Federalist*, disponível em diversas edições, é considerado bibliografia básica em cursos de ciências políticas, é citado regularmente, e de maneira mais frequente à medida que o tempo passa, em debates e decisões legais, tanto por liberais quanto por conservadores.[1] A Revolução, que foi o resultado do Iluminismo, é celebrada como um feriado nacional, como o aniversário de George Washington, cujo Discurso de Despedida é lido anualmente nessa data no Senado dos Estados Unidos. Esses tributos à história não são ritos cerimoniais de um povo sentimental ou romântico. Eles são parte de uma história viva, como fica evidente pela própria Constituição, que, mais de dois séculos depois, é a base incontestável da lei e do governo da mais antiga república. Mesmo outro evento bastante notável, e de longe mais sangrento, a Guerra Civil, é

---

[1] Bernard Bailyn estima que em 210 anos de existência da Suprema Corte (até janeiro de 2000), o *The Federalist* foi citado 291 vezes: uma vez no século XVIII, 58 vezes no XIX, 38 na primeira metade do século XX e 194 na segunda metade. Ver Bernard Bailyn, *To Begin the World Anew: The Genius and Ambiguities of the American Founders*. Nova York, 2003, p. 104. Ver, também, p. 126-30.

visto como uma consequência da Revolução, consumando as premissas do Iluminismo e o fundamentando.

Tocqueville, o mais perspicaz de todos os comentadores, teve um lapso momentâneo quando confessou ter dúvidas sobre a viabilidade permanente da república americana:

> Eu desejo enormemente acreditar na perfectibilidade humana; mas até que os homens tenham mudado em suas naturezas e tenham sido completamente transformados, eu devo me recusar a acreditar na longevidade de um governo cuja tarefa é manter unidos quarenta povos dispersos sobre uma área igual à metade da Europa, evitar rivalidades, ambições e conflitos entre eles, e unir as ações de suas vontades independentes rumo à realização dos mesmos projetos.[2]

Próximo ao fim desse capítulo, entretanto, após uma exposição sobre as diversas naturezas das partes que compõem a União, Tocqueville chega à conclusão exatamente oposta:

> Chegará um tempo, contudo, no qual se poderá ver 150 milhões de homens na América do Norte, iguais entre si, todos pertencentes à mesma família, que terão o mesmo ponto de partida, a mesma civilização, a mesma linguagem, a mesma religião, os mesmos hábitos, os mesmos costumes e, através dos quais, o pensamento circulará da mesma forma e será tingido das mesmas cores. Todo o resto é duvidoso, mas isso é certo.[3]

Tocqueville estava sendo indevidamente pessimista no primeiro caso e, talvez, excessivamente otimista no segundo. Sucessivas ondas de imigração, bem como uma população que é quase o dobro da antecipada por ele, diminuíram a uniformidade da civilização, da linguagem, dos hábitos e dos costumes. Mas a despeito de todas as pressões no sentido de uma sociedade multiculturalista, as

---

[2] Alexis de Tocqueville, *Democracy in America*. Trad. e ed. Harvey C. Mansfield e Delba Winthrop. Chicago, 2000 (1. ed. francesa 1835, 1840), p. 363 (vol. I, parte 2, cap. 10).

[3] Ibidem, p. 395.

instituições políticas e sociais do país permaneceram intactas. Todo o resto, como disse Tocqueville, pode ser duvidoso, mas isso é certo. Contudo, é surpreendente vê-lo dizer que apenas a "fé na perfectibilidade humana" poderia persuadi-lo da longevidade dos Estados Unidos. Ninguém sabia melhor do que ele que era precisamente a fé na *im*perfectibilidade humana e os arranjos políticos derivados de tal crença que sustentaram o país – um país unido – através de todos os turbilhões de sua história.

Assim como foi singular a fundação dos Estados Unidos, também foi a do Iluminismo, no qual ela foi baseada. E foi igualmente singular o comprometimento duradouro ao Iluminismo, os "hábitos da mente" e os "hábitos do coração", que inspiraram os Fundadores e que são uma fonte de inspiração ainda hoje. Não há nada igual na França ou na Grã-Bretanha. A literatura sobre o Iluminismo francês é vasta, mas é em grande parte uma literatura acadêmica, de apaixonado interesse para historiadores, mas de pouca relevância para os assuntos contemporâneos – exceto, talvez, como uma história cautelar. Se o Iluminismo francês inspirou a Revolução Francesa e a Revolução inspirou o Terror, isso é causa maior de inquietação do que de satisfação. Na verdade, a república que surgiu no despertar do Iluminismo – a Primeira República Francesa, como entrou para a história – foi há muito superada por outras repúblicas e mesmo por monarquias, de tal modo que ela dificilmente pode ser objeto de celebração ou veneração. Hoje, nos primeiros anos do novo milênio, o escritório do ministro das relações exteriores da França é adornado não com os retratos de Voltaire ou de Rousseau, mas com o de Napoleão, que transformou a república em um império e presidiu, então, sua queda ignominiosa. A "glória" da aventura militar e a derrota – que dificilmente é o espírito do Iluminismo francês, para não falar sobre quão curioso é esse ideal para um ministro de Estado.

Os destinos do Iluminismo britânico não têm sido menos estranhos. Finalmente, após séculos de negligência, ele ganhou seu lugar como um objeto histórico – porém apenas isso. Adam Smith é muito admirado, até mesmo reverenciado em alguns círculos, mas sua autoridade é raramente invocada na Grã-Bretanha de hoje. Na verdade, essa autoridade foi solapada uma década depois de sua morte, com a publicação do *Ensaio Sobre o Princípio da População*, de Thomas Malthus, em 1798. O "princípio da população" de Malthus, em que a população é sempre mantida abaixo do nível dos meios de subsistência, foi apresentado como uma lei da natureza com toda a inevitabilidade de uma lei biológica (ele foi derivado das duas características primárias dos seres humanos: a paixão sexual e a necessidade de alimento) e com toda a certeza de uma lei matemática (o aumento geométrico da população comparado com o aumento aritmético da subsistência). Malthus escreveu seu livro como uma refutação da ideia de perfectibilidade aperfeiçoada por Godwin e Condorcet. Mas ele foi realmente efetivo como uma refutação da ideia mais modesta de progresso de Smith, em que o sistema de liberdade natural promovia o bem-estar das "camadas mais baixas da população", o princípio de população condenava essas camadas mais baixas à perpétua "miséria e vício".[4]

O princípio de Malthus foi logo seguido pela "lei de ferro" dos salários, de David Ricardo; a combinação dos dois teve o efeito de desmoralizar a economia política e viciar a filosofia moral associada a ela. Ao fim do século XIX, Alfred Marshall, que havia sido conferencista sobre "ciência moral" antes de iniciar seus estudos sobre economia, tentou restaurar a dimensão moral da economia baseando-a sobre uma concepção kantiana de homem: um homem possuidor, por natureza e pela razão, de um instinto moral semelhante à regra de ouro. "Está tudo em Adam Smith", diz-se que Marshall

---

[4] Para uma discussão de Malthus em relação a Smith e a seus sucessores, ver Gertrude Himmelfarb, *The Idea of Poverty: England in the Early Industrial Age*, Nova York, 1983, p. 100 e passim.

teria dito acerca de seu próprio trabalho.⁵ Mas Marshall, e Smith ainda mais, foram logo submersos pelo *éthos* radicalmente diferente expresso na famosa observação de um membro liberal do Parlamento, ecoado cinicamente pelo príncipe de Gales, "Nós somos todos socialistas agora".⁶

Quase um século depois, Margaret Thatcher tentou recuperar um velho *éthos* ao reviver a ideia de "valores vitorianos". Ela foi acusada de glorificar o individual à custa da sociedade; na verdade, de negar a realidade da sociedade. Tivesse ela voltado no tempo, até Smith e os filósofos morais, teria descoberto que o senso moral era a gênese daqueles valores, e que tal senso conferia a esses valores um inegável caráter social.

Os filósofos morais britânicos, mesmo os mais conhecidos deles, Smith e Hume, não gozam hoje da reputação ou da estatura de seus predecessores, Hobbes e Locke, para não falar dos filósofos clássicos. E por uma boa razão. Seus trabalhos carecem da profundidade e da gravidade da grande filosofia. E as virtudes sociais que eles estimavam – empatia, compaixão e benevolência – são igualmente carentes da grandeza das virtudes clássicas: heroísmo, coragem, sabedoria. Ainda assim, suas filosofias morais merecem séria consideração e respeito. Elas são, como disse Tocqueville em outro contexto, "de todas as teorias filosóficas, as mais apropriadas às necessidades dos homens de nosso tempo". Tocqueville fez esse comentário sobre o interesse pessoal "propriamente entendido", mas ele se aplica bem ao senso moral, novamente, propriamente entendido.

---

⁵ Joseph A. Schumpeter, *History of Economic Analysis*. Ed. Elisabeth Boody Schumpeter. Nova York, 1954, p. 835.

⁶ Gertrude Himmelfarb, *Poverty and Compassion: The Moral Imagination of the Late Victorians*. Nova York, 1991, p. 309.

> É uma doutrina [Tocqueville falava do interesse próprio] não muito sublime, mas clara e segura. Ela não procura atingir grandes objetivos; mas ela atinge tudo aquilo que almeja sem muito esforço. (...) Ela não produz grande devoção; mas sugere sacrifícios pequenos a cada dia; por si mesma ela não pode tornar um homem virtuoso; mas ela forma uma multidão de cidadãos que são regulados, temperantes, moderados, previdentes, senhores de si; e se ela não conduz diretamente à virtude através da vontade, ela os leva próximo da virtude insensivelmente pelos hábitos. (...)
>
> Se [tal doutrina] vier a dominar inteiramente o mundo moral, virtudes extraordinárias sem dúvida serão mais raras. Mas penso também que as maiores depravações seriam então menos comuns. (...) [Ela] talvez evite alguns homens de se elevarem acima do nível ordinário da humanidade; mas muitos outros que estavam despencando para baixo desse nível atingiriam-no e se manteriam aí. Considerando alguns indivíduos, eles seriam rebaixados. Vendo a espécie, ela seria elevada.
>
> Eu não devo ter receio de dizer que [tal doutrina] parece-me, de todas as teorias filosóficas, a mais apropriada às necessidades dos homens de nosso tempo. (...) As mentes dos moralistas de nossos dias devem se voltar, portanto, principalmente para ela. Mesmo se eles a julgarem como imperfeita, ainda teriam que adotá-la como necessária.[7]

Como o interesse próprio, a ideia de um senso moral, presente nos seres humanos de maneira inata ou pelo hábito, era "não muito sublime, mas clara e segura". Ela não elevava uns poucos indivíduos "muito acima do nível ordinário da humanidade", mas permitia que muitos, que poderiam estar despencando para abaixo daquele nível, a alcançassem e aí permanecessem. Ela não encorajava indivíduos a "virtudes extraordinárias", mas os encorajava a virtudes ordinárias e os desencorajava à prática das "maiores depravações". Ela era, resumidamente, uma ideia eminentemente humana. Especialmente em uma época de grande turbulência econômica, social e política, a ideia

---

[7] Tocqueville, *Democracy in America*, p. 502-3 (vol. II, parte 2, cap. 8).

de um senso moral era, como dizia Tocqueville sobre o interesse próprio, "mais apropriada às necessidades dos homens".

É irônico que essa filosofia tenha, hoje, mais ressonância nos Estados Unidos do que na Grã-Bretanha. Tendo derivado seu próprio Iluminismo, em grande parte, daquele de seu país natal, os Estados Unidos está agora retribuindo a Grã-Bretanha ao perpetuar o espírito de seu Iluminismo. Somos frequentemente lembrados do tema do "excepcionalismo" americano. A América foi excepcional na época de sua fundação e continua a sê-lo hoje. Os europeus queixam-se de que os Estados Unidos são excessivamente individualistas, religiosos e moralistas (este último, maliciosamente). E de fato o são, pelos padrões europeus, incluindo aí os padrões britânicos atuais. Mas não pelos padrões britânicos de outrora. Se a América é hoje excepcional, é porque ela herdou e preservou aspectos do Iluminismo britânico que os próprios britânicos descartaram e que outros países (mais notavelmente, a França) nunca adotaram.

Os Estados Unidos, mais do que qualquer outro país, preservaram a visão sobre a economia política de Adam Smith, um sistema de liberdade natural que governa a política bem como a economia. Os libertários protestam que os Estados Unidos são insuficientemente liberais, no sentido rigoroso e individualista da palavra. Mas Smith nunca foi um libertário nesse sentido. Ele foi um filósofo moral, assim como um economista político, e é essa amálgama que caracterizava a Grã-Bretanha de então, como o faz com os Estados Unidos de hoje. Os americanos tomam por óbvio o que os europeus enxergam como um inexplicável paradoxo: que os Estados Unidos são os mais capitalistas e, ao mesmo tempo, os mais moralistas dentre todos os países.

Assim, os Estados Unidos são também, de longe, um país mais religioso – religioso em observância e em convicção – do que qualquer país europeu da atualidade. Um sábio historiador francês, François

Furet, disse-me uma vez que a França tinha se tornado tão secular que há muito não era mais anticlerical (isso foi antes de os imigrantes islâmicos serem vistos como uma ameaça ao *laïcisme* francês). O mesmo pode ser dito da Grã-Bretanha hoje, que não tem um movimento que vise à separação entre a Igreja e o Estado, porque a Igreja oficial acomodou-se ao *éthos* popular de tal modo que não há incentivo para tal separação. Assim, também as igrejas dissidentes são hoje apenas uma sombra de suas identidades anteriores e não são mais um poder com o qual se possa contar ou ao qual resistir. Por contraste, nos Estados Unidos, o evangelicalismo é uma grande força social, bem como religiosa.

Com efeito, a América sobrepôs à política da liberdade algo muito semelhante a uma sociologia da virtude. Após décadas de desuso, virtude é mais vez uma parte considerável do vocabulário político e social, aceita como uma ideia e um ideal mesmo quando, como frequentemente ocorre, ela é violada na prática. E a restauração da ideia de virtude no sentido privado foi acompanhada por sua restauração no sentido público – a virtude social da compaixão. Essa ideia foi a única contribuição do Iluminismo britânico. O que era uma virtude religiosa foi transmutada em uma virtude secular, e um dever privado tornou-se uma responsabilidade pública. Essa foi a conquista não apenas dos filósofos britânicos que tiveram a ideia de compaixão em alta conta, mas também dos metodistas e dos evangélicos, que puseram aquela ideia em prática sob a forma de filantropia e boas obras. Foi na Grã-Bretanha que a "paixão pela compaixão" (na frase memorável de Hannah Arendt) surgiu primeiro. Na França, explica Peter Gay, a campanha para abolir a tortura, como a para expulsar os jesuítas, fazia parte da "luta para impor a vontade racional do homem sobre o meio ambiente".[8] Na Grã-Bretanha, a campanha para a abolição da escravatura, como outros movimentos reformadores, foi

---

[8] Peter Gay, *The Party of Humanity: Essays in the French Enlightenment*. Nova York, 1964, p. 130.

motivada não pela "vontade racional", mas pelo zelo humanitário, pela compaixão mais do que pela razão.

Revivida hoje nos Estados Unidos, essa ética ultrapassou os limites dos partidos políticos. Por muito tempo sob os cuidados dos liberais, para os quais ela serviu para justificar cada um dos atos de engenharia social, a "política da compaixão" foi ridicularizada pelos conservadores como uma abordagem delicada e, ainda pior, ingênua, diante dos problemas sociais, na qual o sentimento prevalecia sobre a razão, as intenções sobre os resultados, e a boa vontade sobre a boa ação – em todos os casos, tendo o efeito de aumentar a esfera de ação do governo e do Estado. No entanto, hoje, o "conservadorismo compassivo" tem sido abraçado não apenas por muitos conservadores (na realidade, a parcela dominante dos conservadores), mas também por muitos liberais que procuram fortalecer a sociedade civil e, assim, reduzir o papel do Estado por meio da canalização do sentimento de compaixão em iniciativas voluntárias e comunitárias. É esse o propósito das muito divulgadas propostas para substituir o bem-estar público pelo "mutirão público", e para integrar as obras de caridade religiosas ao amplo sistema de auxílio. A proposta final é aumentar o senso moral tanto do doador como do receptor, encorajar as afecções sociais de um enquanto se respeita a dignidade e a integridade moral do outro.

Sociologia da virtude, ideologia da razão e política da liberdade – as ideias que ainda ressoam hoje. Mas elas carregam consigo o incremento de mais de dois séculos de experiências históricas e memórias. E outras ideias agora competem por nossa atenção: igualdade, notadamente, mas também nacionalismo e etnicidade, classe e gênero, diversidade cultural e homogeneidade global. Se os três Iluminismos anunciaram a modernidade – ou ao menos um novo estágio na modernidade, ou novas variações da modernidade –, os pós-modernos talvez estejam certos ao chamar esta época de uma era pós-moderna. Mas as ideias de virtude, liberdade e razão não se originaram na modernidade; tampouco foram substituídas ou tornaram-se obsoletas com o advento da pós-modernidade. Nós estamos ainda, de fato, patinando nas verdades e falácias, nas pressuposições e convicções sobre a natureza humana, na sociedade e na política praticada pelos filósofos morais britânicos, pelos *philosophes* franceses e pelos Fundadores americanos.

Índice Remissivo

A

Academia Americana de Artes e Ciências, 274-75
Adams, Abigail, 250
Adams, John, 245, 248, 254, 257, 259, 269-70, 274-77
Adams, Samuel, 254, 259-60
Addison, Joseph, 28, 33, 187
Alembert, Jean le Rond d', 30, 37-38, 204, 209-10, 217, 236, 275. *Veja também* Iluminismo francês
Anglicanos *veja* Igreja da Inglaterra
Antifederalistas, 41, 249
Antissemitismo *veja* judeus
Antoninus, 200
Arendt, Hannah, 26, 95, 241, 294
Arianismo, 131
Arminianismo, 77, 162, 169, 172

B

Bacon, Francis, 22, 168
Bagehot, Walter, 218
Bailyn, Bernard, 249, 287
Barrington, John Shute, 56
Beccaria, Cesare Bonesana, Marchese di, 56
Bentham, Jeremy, 56, 129-30
Berkeley, George, 21, 54
Berlin, Isaiah, 103, 216, 246
Bernard, Thomas, 178
Blackstone, Sir William, 247
Boswell, James, 21, 169
Bowdler, Thomas, 169
Burke, Edmund, 23, 30-33, 41, 57, 103-32, 157, 175, 178, 184
 e cavalaria, 125
 e estética, 104, 109-10, 184-85
 e Índia, 106-07, 119
 e judeus, 208
 e liberdade, 115-19
 e Montesquieu, 35
 e preconceito, 122-24
 e Price, 132-35
 e reforma, 178
 e religião, 68, 117-19, 123-24, 131, 143
 e Revolução Americana, 113-17, 119-21, 126-28, 132
 e Revolução Francesa, 30, 35, 103-04, 110, 117, 119-21, 125-28, 133, 135, 149, 253
 e romantismo, 181-85
 e Smith (economia política), 83, 103-11, 116
 e Wilkes, 110-12
Butler, bispo Joseph, 33, 57, 63, 66-67, 73
Byron, lorde (George Gordon), 208

C

Calas (caso), 220-21
calvinistas, 159, 171-72, 272
caridade *veja* filantropia
Carlyle, Thomas, 31
cartistas, 172
Catarina, a Grande, 214-15
Clark, J. C. D., 78
Cobban, Alfred, 33
Coleridge, Samuel Taylor, 120, 153-54, 169
Commager, Henry S., 34
commonwealthmen, 28, 62
Condorcet, Marie-Jean Caritat, marquês de, 37, 130, 152
Constituição Americana, 42
Coram, Thomas, 178
Crèvecoeur, J. Hector St. John de, 276-77
Cromwell, Oliver, 208
Cropsey, Joseph, 96

D

Darnton, Robert, 21
Declaração de Direitos (britânica), 120
Declaração de Independência, 100, 261-62, 272, 278-80, 282
Declaração dos Direitos do Homem e do Cidadão (francesa), 129, 238, 251
Defoe, Daniel, 186
Diderot, Denis, 21, 31, 39, 101, 198-209, 217-18, 223
　e Catarina, a Grande, 214-15, 230
　e educação, 231-34
　e *Encyclopédie*, 37, 198-209, 218
　e os pobres, 232-34
　e razão, 39, 200-02, 218-20, 222
　e religião, 203-04, 206
　e Shaftesbury, 36, 222
Dissidentes, 117-19, 129-55, 159, 174, 188, 294
Dubos, abade, 29

E

East India Company, 112
economia
　e fisiocratas, 217
　e Godwin, 145
　e Jefferson, 255-56
　e Paine, 137-39
　e Priestley, 134
　e Smith, 81-101, 116, 134, 145, 217, 245
　e Turgot, 232
Eden, Sir Frederick Morton, 189
educação
　e a Revolução Francesa, 237-38, 240
　e as mulheres, 150, 190
　e o Iluminismo americano, 262, 276
　e o Iluminismo britânico, 93-95, 187-90
　e o Iluminismo francês, 227-32
　e Paine, 120-134
　e Smith, 93-95, 139
　e Voltaire, 229
Edwards, Jonathan, 271-72
Encyclopaedia Britannica, 26, 31
Encyclopédie, 21, 26-27, 30, 37-38, 76, 198-104, 209-10, 215, 217, 224, 230-36, 242, 275; *veja também* Iluminismo francês
Erasmo, 105
Escolas de Caridade (movimento), 187-90
escravidão
　e Iluminismo americano, 274, 281-85
　e Iluminismo britânico, 192, 294
　e Iluminismo francês, 221
Euclides, 217
Evangélicos, 78, 157, 173-74, 188, 193, 263, 293-95

F

Federalist, The, 29, 41-42, 71, 198-99, 211, 247-53, 268, 283, 286
Ferguson, Adam, 19, 58, 130

Fielding, Henry, 176, 182, 185
filantropia
    e Iluminismo americano, 278
    e Iluminismo britânico, 178-94, 294
    e Iluminismo francês, 232-35
fisiocratas, 209, 216-17, 233
Foster, Lei (1870), 94
Franklin, Benjamin, 147, 151, 181, 261-52, 269, 273-74, 284
Fraternidades, 191
Frederico, o Grande, 214-15, 275
Furet, François, 294

G

Gandhi, Mohandas K., 160-61
Gay, Peter, 23-24, 40, 78, 202, 220, 294
Gibbon, Edward, 27, 33-34, 36, 55, 73-77, 83, 104
Gilbert, Thomas, 178
Godwin, William, 33, 129-30, 144-55, 290
Goldsmith, Oliver, 37, 185
Grande Despertar, 263-64, 271
Guerra Civil Americana, 285-87

H

Halévy, Elie, 130, 159-60, 192-93
Hamilton, Alexander, 41, 199, 249-50, 258-59, 283-84
Hanway, Jonas, 178, 193
Hartley, David, 143
Hastings, Warren, 112-13, 128
Hazlitt, William, 142
Hegel, George Wilhelm Friedrich, 25-26, 30, 87, 159, 250
Helvétius, Claude, 36-37, 56, 101, 202, 204, 210-12, 215-16, 223-24, 236, 275
Henry, Patrick, 282
Herman, Arthur, 33, 43
Hoare, Henry, 178
Hobbes, Thomas, 52, 59, 111, 206, 259

Hogarth, William, 179-85, 193-94
Holbach, barão d', 35-36, 201, 204-05, 215-16, 222-24, 236
Howard, John, 178
huguenotes, 207, 220
humanismo cívico,
Hume, David, 33, 36-37, 41, 47-48, 58-59, 65-71, 100, 129, 183, 271
    e Gibbon, 65, 73-74
    e Iluminismo americano, 257-58
    e Iluminismo francês, 39, 64
    e Locke, 59
    e religião, 64-71, 78, 131, 170
    e Rousseau, 35
    e Smith, 69-70, 81-83, 97, 100-01
Hutcheson, Francis, 32-33, 41, 49, 54-57, 129, 162, 182-83, 271

I

Igreja Católica, 75, 201
Igreja da Escócia, 66, 73
Igreja da Inglaterra, 66, 76-77, 118, 135, 157, 173, 175, 192
Iluminismo americano, 27-28, 39-42, 115-17, 245-86, 287-88, 293-94
    e ciência, 271-74
    e educação, 261, 277-78
    e escravidão, 278, 281-85
    e índios, 277-81
    e liberdade, 40-42, 115-17, 209, 245-46, 254, 276, 285, 294-95
    e os pobres, 276-77
    e religião, 261-79
    e virtude, 254-63
Iluminismo britânico, 22-23, 27-34, 38-43, 48-174, 194, 221-24, 276, 293-96
    e economia política, 83-101
    e educação, 93-95
    e filantropia, 178-93
    e liberdade. *Veja* Burke, Edmund; Smith, Adam; Wesley, John

e os pobres, 89-90, 93, 98, 134-38, 223, 234
e radicais, 129-55
e religião, 63-68, 170, 174
Iluminismo escocês, 32-33, 52, 129, 256, 271. *Veja também* Iluminismo britânico
Iluminismo francês, 15, 20-28, 38-43, 197-242
   e censura, 209-10, 221
   e compaixão, 224-27
   e despotismo esclarecido, 214-18
   e educação, 227-42
   e filantropia, 232-35
   e Iluminismo americano, 274-75
   e liberdade, 208-18
   e os pobres, 222-27
   e radicais britânicos, 130-35
   e razão, 20, 39-42, 200-208, 211, 218-19, 224
   e religião, 64-65, 76, 200-08, 261-62
   e vontade geral, 218-20, 239
   veja também Revolução Francesa
Índia, 112-13, 119
índios americanos, 278-80, 283

J

jansenistas, 65
Jaucourt, Louis de, 207, 211, 234
Jay, John, 247-48, 281
Jefferson, Thomas, 41, 250-57, 274-77
   e antifederalistas, 257-58, 276
   e Constituição da Virgínia, 252-53
   e economia, 258, 280
   e escravidão, 281-84
   e indígenas, 284
   e pobreza, 221
   e religião, 261, 267-68
   e Sociedade Filosófica Americana, 274
Johnson, Samuel, 168-169, 186, 191
Jones, Griffith, 178
judeus, 206-08, 264

K

Kant, Immanuel, 30, 290
Kors, Alan, 231

L

Lamettrie, Julien de, 202, 223-24
Laqueur, Thomas, 189
Lecky, W. E. H., 158
Lei Fabril (1864), 94
Lênin, 160-61
liberdade
   e comércio, 96-97, 217, 294
   e religião, 117-19, 124-25, 131, 162
   e virtude, 254-61
   veja também Iluminismo americano; Iluminismo britânico; Iluminismo francês
Lincoln, Abraham, 286
Locke, John, 32-33, 35, 49-50, 63, 95, 100, 104, 162
   e Iluminismo americano, 256, 259, 271-72
   e Iluminismo britânico, 48-52, 57
   e Iluminismo francês, 227-30
   e Shaftesbury, 49-53
   e Wesley, 169
Lucian, 105
Lutero, Martin, 159-60

M

Madison, James, 248-53, 256, 258-59
   e escravidão, 283-85
   e religião, 268-69, 271, 274-76
Maitland, William, 176-77
Malthus, Thomas, 90-91, 290
Mandeville, Bernard, 53-56, 175, 185-88, 224-25
Maria Antonieta, rainha da França, 125-26, 149
Marshall, Alfred, 290-91
Marty, Martin, 264-65
Marx, Karl, 94-95

Mather, Cotton, 271
May, Henry, 274
Mercier de la Rivière, 216
metodista (e wesleyanismo), 79, 118-19, 157-74, 185-89, 192, 263, 270, 278, 281-82, 294. *Veja também* Wesley, John
Mill, James, 130
Milton, John, 184
Mirabeau, Victor Riqueti, marquês de, 217
Montesquieu, Charles-Louis de Secondat, barão de, 35-38, 42, 56, 200
   e Iluminismo americano, 246-48, 254-55, 259
   e Iluminismo britânico, 56, 104, 234
   e Iluminismo francês, 207-09, 220
More, Hannah, 175, 186
Morley, John, 31
mulheres
   direitos das, 149-50
   e educação, 150
   e religião, 200

N

Napoleão Bonaparte, 159-61, 289
Newton, Sir Isaac, 22-23, 32-33, 35, 47-48, 63-64, 217, 271-72
Nietzsche, Friedrich Wilhelm, 64
Noll, Mark, 263-64
North, Frederick, Lorde, 82-83

O

O'Brien, Conor Cruise, 104, 126
Oglethorpe, James, 278
Owen, David, 174
Ozouf, Mona, 240-41

P

Paine, Thomas, 34, 36, 42, 104-05, 129-30, 137-41, 149-50, 153-54, 200
   e auxílio aos pobres, 135, 138-40
   e Burke, 103-04
   e Iluminismo americano, 247, 250, 253
   e razão, 129, 132, 140-41, 153-54
   e religião, 131-32, 149-50
   e Smith, 82-83, 103-04, 134-35, 136-40
Paley, William, 33
Palmer, Robert R., 34
Pitt, William, 82-83, 152-53, 191
Platão, 252
Plumb, J. H., 159-61
pobres e auxílio aos pobres
   e Iluminismo americano, 276-78
   e Iluminismo britânico, 88-99, 134-35, 190-91, 223, 234-35
   e Iluminismo francês, 227, 232-35
   e metodismo, 160-66
   e Paine, 138-39
   e Revolução Francesa, 236-37, 241-42
   e Smith, 88-93, 97-99
Pocock, J. G. A., 33-34, 78, 104, 128
Pope, Alexander, 47-48
Porter, Roy, 33-34, 43, 78, 179, 194
Price, Richard, 33, 129-36, 153-54
   e Burke, 120-21, 126, 132-135
   e religião, 131-32, 141-44
   e Smith, 82-83, 134
Priestley, Joseph, 33, 36, 42, 129-32
   e religião, 75-76, 131-32, 141-44, 153-54, 263-69
   e Smith, 134-35

Q

quakers, 65, 278, 281-84
Quesnay, François, 36, 216-17

R

Radcliffe, Sra. Ann, 185
radicais (britânicos), 129-55

e economia, 134-40
e governo, 132-38, 145-46
e milenarismo, 141-45, 151-54
e razão, 144-49, 151, 153-54
e religião, 131, 140-44
veja também Godwin, William; Price, Richard; Priestley, John
Rawls, John, 50
razão *veja* Iluminismo americano; Iluminismo britânico; Iluminismo francês
Rebelião de Shay, 250-51
Reid, Thomas, 32-33, 58, 272
religião *veja* Iluminismo americano; Iluminismo britânico; Iluminismo francês
republicanismo, 131-33, 145-46, 236, 260, 263-64, 270
Revolução Americana, 25-26, 40, 248-54, 287-88
   e Burke, 112-17, 119-22, 126-27
   e Revolução Francesa, 43, 120-21, 265
   e Smith, 116-17
Revolução Britânica ("Revolução Gloriosa"), 43, 120-21, 133, 136-37, 158-59
Revolução Francesa, 26-27, 42, 131, 143-44, 152, 154-55, 235-42, 247, 269, 272, 289
   e Burke, 20, 35, 104, 108-09, 117-18, 119-22, 126-28, 133, 135, 149-50, 253
   e os pobres, 236-37, 241-42
   e Revolução Americana, 43, 120-21, 265
   e Revolução Britânica, 120-21
Reynolds, Richard, 178
Ricardo, David, 290-301
Richardson, Samuel, 185
Robbins, Caroline, 28
Robespierre, Maxmilien, 237-42

Roche, Daniel, 231-32
romantismo, 155, 182-86
Rousseau, Jean-Jacques, 28-30, 38-39, 41, 101, 104, 185, 200, 209-11, 236
   e América, 275-76
   e compaixão, 224-26
   e contrato social, 218, 238-39, 276
   e educação, 149-50, 227-29
   e Hume, 35
   e Montesquieu, 209-10
   e Revolução Francesa, 240-41
   e Smith, 38, 225
   e vontade geral, 88, 214, 218, 239
Rush, Benjamin, 144, 259-61, 272-75
Ruskin, John, 83-84

S

Schumpeter, Joseph, 84, 75
Semmel, Bernard, 161-74
Shaftesbury, Anthony Cooper
   e Mandeville, 175-76
   e religião, 63-64, 67, 76, 78
   e senso moral, 48-57, 175-76, 183-84, 221-22
   Terceiro Conde de, 33-37, 49-50, 129, 182-84, 187, 208, 221-22; *veja também* Iluminismo britânico
Shakespeare, William, 168-69
Shelley, Mary Wollstonecraft, 149-50
Shelley, Percy Bysshe, 126-27, 151
Sieyès, abade Emmanuel-Joseph, 238
sistema Speenhamland, 191
Smith, Adam, 32, 37-38, 48-49, 182-84, 222, 289-91, 293
   e América, 116, 262-63
   e Burke, 103-112
   e economia política, 83-84, 97-98, 218, 290
   e educação, 93, 134-35
   e filosofia moral, 60-62, 82-84
   e Gibbon, 75-76

e Mandeville, 53-55, 188, 224-25
e radicais britânicos, 134-40, 190
e religião, 67-73, 75, 174
veja também Iluminismo britânico
Smith, Samuel Stanhope, 274
Smith, Sydney, 157-58
Sociedade Filosófica Americana, 274
Sociedade Revolucionária, 21, 126
socinianismo, 77, 131-32
Southey, Robert, 153-55
Steele, Richard, 28-29, 33, 187
Stephen, Leslie, 157-58
Sterne, Laurence, 36, 171, 185
Stewart, Dugald, 32-33, 83-84
Stiles, Ezra, 272
Stone, Lawrence, 182-83
Storing, Herbert, 285
Swift, Jonathan, 69

T
Thatcher, Margaret, 291
Thompson, E. P., 83-85, 160-61, 166-67
Thornton, John e Henry, 178-79
Tocqueville, Alexis de, 22, 158-59, 197-98, 200, 232
    e associações políticas, 177-78
    e Iluminismo americano, 262-63, 268-69, 287-89
    e Iluminismo britânico, 79, 197-98
    e Iluminismo francês, 200
    e interesse próprio, 291-92
    e religião, 200, 262-63, 265, 267-68
    e Revolução Francesa, 240-41
Toland, John, 27
Trenchard, John, 27-28
Trevor-Roper, H. R., 77
Trimmer, Sarah, 178
Turgot, Anne-Robert-Jacques, 36, 208-09, 216-17, 232-33, 235

U
unitarianismo, 131-32, 141-42, 266-67

V
Venturi, Franco, 27-28, 32-33, 35-37
Voltaire, 31, 34-40, 64, 101, 174, 206-10, 235, 242
    e educação, 229-32
    e Frederico, o Grande, 214
    e Iluminismo americano, 275-76
    e Iluminismo britânico, 30-31
    e judeus, 205-07
    e Montesquieu, 212-14
    e os pobres, 223
    e religião, 64, 71, 104, 141-42, 200-02, 220
    e revolução, 235-36
    e Rousseau, 34-35, 199-200
    veja também Iluminismo francês

W
Walpole, Horace, 36
Washington, George, 268-69, 279-82, 287-88
Wesley, Charles, 158-59
Wesley, John, 23, 158-73, 271
Whitefield, George, 159, 167-68, 170-71, 272-73
Wilberforce, William, 173
Wilkes, John, 110-12, 128
Witherspoon, John, 272
Wollstonecraft, Mary, 149-50, 190.
    Veja também Godwin, William
Wood, Gordon S., 245-47
Wordsworth, William, 120, 126-27, 153-55

Y
Young, Arthur, 89-90

Outras obras relacionadas:

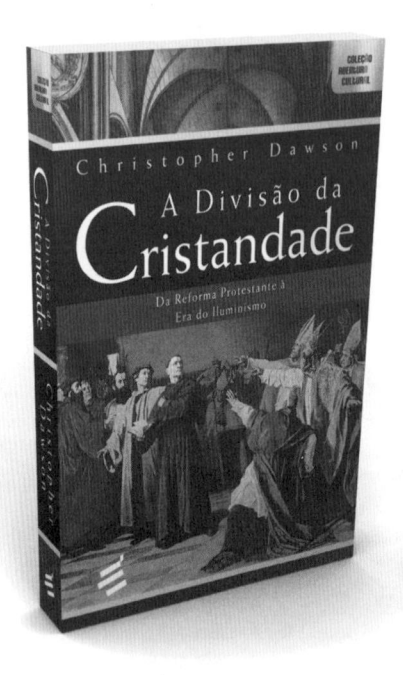

O autor apresenta um painel magistral dos fatores que levaram a uma das maiores rupturas da história ocidental, cujas consequências ainda hoje vemos entre nós. O enfraquecimento da unidade medieval, a Renascença, as Reformas, as culturas da cristandade dividida, o Iluminismo e os antecedentes da Revolução Francesa são alguns dos temas apresentados em estilo fácil e acessível.

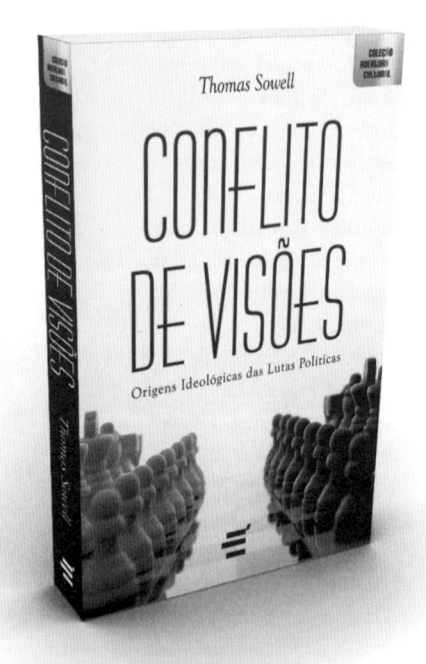

Thomas Sowell revela os pressupostos das disputas políticas e ideológicas e a lógica das diferentes visões de mundo. Termos como "justiça", "igualdade" e "poder" assumem sentidos completamente diferentes quando ditos por um liberal, por um conservador ou por um progressista. Mais do que um conflito de interesses, as lutas políticas são verdadeiros conflitos de visões.

facebook.com/erealizacoeseditora
twitter.com/erealizacoes
instagram.com/erealizacoes
youtube.com/editorae
issuu.com/editora_e
erealizacoes.com.br
atendimento@erealizacoes.com.br